RAPPORT

sur

MA MISSION AU SAHARA

OCTOBRE 1893 — MARS 1894.

FERNAND FOUREAU

Correspondant du Ministère de l'Instruction Publique

RAPPORT

SUR

MA MISSION AU SAHARA

ET

CHEZ LES TOUAREG AZDJER

OCTOBRE 1893 — MARS 1894

ADRESSÉ

A Monsieur le Ministre de l'Instruction Publique
A Monsieur le Ministre des Colonies
A Monsieur le Gouverneur Général de l'Algérie
A l'Académie des Inscriptions et Belles-Lettres

PARIS
Augustin CHALLAMEL, Éditeur
LIBRAIRIE COLONIALE
5, rue Jacob, et rue Furstenberg, 2

Septembre 1894

AVANT-PROPOS

A la fin d'août 1893, j'avais tout préparé en vue de mon nouveau départ pour le Sahara, continuant ainsi les Missions qui m'avaient été confiées par le Ministère de l'Instruction Publique, Département auquel j'appartenais plus spécialement, et par le Gouvernement Général de l'Algérie.

J'étais cette année Missionnaire de l'Instruction Publique, du Sous-Secrétariat d'Etat des Colonies, du Gouvernement Général de l'Algérie, et de l'Académie des Inscriptions et Belles-Lettres.

Mon but était le même qu'en 1892 et 1893, c'est-à-dire : pénétrer chez les Touareg Azdjer, traverser leur territoire et essayer d'aller jusque dans l'Aïr.

Mais avant de partir dans cette direction pour accomplir la mission qui m'était confiée, j'avais dû, pour déférer au désir de M. le Gouverneur Général de l'Algérie — qui attachait une grande importance à ce travail — faire d'abord un lever rapide de la route qui réunit El Goléa à In-Salah jusqu'à Aïn El-Guettâra.

Non seulement des raisons d'ordre tout patriotique me commandaient d'obtempérer à ce désir, et d'exécuter dans les meilleures conditions possibles la reconnaissance nécessaire dans cette direction, mais encore je devais à M. le Gouverneur Général d'obéir sans hésiter, ne fût-ce que pour reconnaître sa haute et persistante bienveillance, et l'aide et l'appui qu'il n'avait cessé de me donner sans compter dans mes précédentes missions comme dans celle-ci, du reste.

J'ai parcouru cette année 4600 kilomètres et je les ai entièrement levés à l'échelle de 1,100,000°. Cet itinéraire s'appuie sur 138 observations astronomiques (1).

J'ai pu faire un bon nombre d'observations magnétiques qui offriront un certain intérêt, puisqu'à part mon excellent ami et collègue Teisserenc de Bort, personne n'a fait de magnétisme aussi loin au sud dans ces régions.

Mon travail, à ce point de vue, est plus complet que celui des précédentes années, parce que j'avais emmené un ancien matelot, Villatte, ex-timonier détaché à Montsouris, qui prenait les top à la montre et inscrivait les lectures, etc., tandis que, dans mes premiers voyages, j'étais dans l'obligation de tout faire moi-même.

J'ai pu en outre relever l'altitude d'un très grand nombre de points et compléter ainsi la carte hypsométrique de toute la partie nord du Sahara déjà sillonnée par mes itinéraires antérieurs.

De même les échantillons géologiques que j'ai recueillis démontrent pour la première fois la présence, dans le Sahara central, sur de très vastes surfaces, du terrain carbonifère, constatation précieuse, on le comprendra facilement (2).

---

(1) Tous les calculs ont été développés sous la direction et la surveillance toute obligeante de M. Oltramare, astronome à l'Observatoire.
(2) Toutes les déterminations sont dues à la bienveillante obligeance de M. Munier-Chalmas.

L'organisation de ma caravane et de mon escorte était la même que celle des autres années et telle que je l'ai déjà décrite dans mes précédents rapports. J'emmenais avec moi un de mes amis, M. Louis Leroy, et le matelot Villatte. L'escorte et les hommes de convoi se composaient de 43 Chambba de Ouargla armés de carabines Gras obligeamment prêtées par le Ministère de la Guerre. Ces hommes, sans exception, étaient montés sur des mehara qui leur appartenaient. Tous les chameaux du convoi étaient la propriété de la mission. Je n'employais moi-même que des mehara comme montures ; cet animal si précieux au Sahara se passe de boire pendant un long espace de temps et de plus se contente de la nourriture qu'il peut trouver sur le chemin.

RAPPORT

SUR

MA MISSION AU SAHARA

I

DE BISKRA A EL-GOLEA ET A EL-HADJ-MOUSSA.

22 octobre 1893. — Départ de Biskra dans l'après-midi ; le voyage pendant quelques jours nous fait traverser le désert de Mokrane que j'ai déjà antérieurement décrit et sur lequel il est inutile de revenir. Le 24 nous campons à Hassi Zreig ; le 28 nous passons aux puits de Dzioua où nous abreuvons le convoi, et nous arrivons enfin à El-Bour, faubourg de Negoussa, le 1ᵉʳ novembre.

2 et 3 novembre. — Séjour pour laisser à mes hommes le temps de visiter leurs tentes et pour pouvoir me rendre moi-même chez l'officier chef du poste de Ouargla. — Nous allons seulement camper le 3 à une dizaine de kilomètres au sud de Negoussa.

4 novembre. — Nous suivons pendant 5 kilomètres la route de Negoussa à Ouargla ; nous la quittons en A par le travers et à courte distance de la petite oasis de Bour-el-Haïcha pour nous diriger vers Bamendil en cheminant sur le bord du chott. Après avoir dépassé Bamendil, nous contournons le chott par l'ouest. Il est partout bordé d'une ceinture très peu épaisse de palmiers qui poussent au pied des éboulis du plateau supérieur. Nous suivons ce chott jusqu'à son extrémité sud-ouest en D. A partir de ce point D commence à notre gauche une vaste surface de Haïchat réservée par l'Etat et où les pâturages sont défendus. Cette réserve est limitée par des pylones servant de bornes et elle s'étend jusque par le travers de E, point où nous faisons une courte halte au puits dit Hassi el-Baghla, dont l'eau est de bonne qualité; à partir de là, la route se développe sur des surfaces de reg composé d'éléments détritiques de calcaire gris compact très dur, avec une très faible végétation clairsemée de Guedhom et de Belbal.

Nous quittons en F la plaine basse sur laquelle nous étions, pour monter par une pente de 2 kil. de développement assez douce sur le plateau qui domine d'environ 60 mètres. La rampe se déroule entre des gour, érodés par les intempéries, qui sont à sol argilo-sableux traversé de veinules verticales de gypse.

Nous sommes à peu près par le travers et au N.-O. de l'Areg Touareg. Dès G nous marchons sur une hamada extrêmement dure, de calcaire grèseux, avec roches de gypse qui apparaissent de temps en temps. La végétation est presque nulle.

5 novembre. — Nous sommes rejoints dans la matinée par M. de Froberville qui visite en touriste le Sud algérien et qui sera des nôtres jusqu'à Hassi el-Hadjar. La hamada est de même nature que la veille, sa très faible végétation est composée de Dhamrane, d'Adjerem, et de Chorreïkat, mais tout cela est sec actuellement.

Le Djebel Abbad, que nous avions en vue hier et sur lequel s'appuie l'Areg Touareg, n'est tout simplement que la pointe nord-est du plateau que nous parcourons.

En A descente très douce par les sinuosités d'un petit ravin dans une première cuvette B entourée de gour et située à 40 m. environ au-dessous du plateau; son sol est du reg ferme. En C la route, après avoir franchi la petite ligne de crête de la bordure sud de la cuvette B, descend lentement dans une immense cuvette D et O qui se nomme Houdh Sebkha et qui sert d'estuaire à un ouad venant du N.-N.-O. En vue, à droite, les gour Bou-Charef, à gauche les oghroud Zemoul el-Djouad en K.

En D le sol est du reg mêlé de hamada où affleurent des dalles de calcaire gris compact. En O grande cuvette estuaire avec nombreuses places de terrain de sebkha. En R sebkha pure avec gypse et extumescences de gypse en petits mamelons érodés. A partir de R successions de petites cuvettes à sol de sebkha s'ouvrant dans un sol de hamada de détritus de calcaire dur gris compact.

Nous campons dans le Houdh Sebkha même, à 4 ou 5 kil. de la pointe sud des gour Bou Charef. D'après les cartes, l'ouad Sebseb se jetterait dans cette cuvette; il n'en est rien et en réalité il se jette un peu plus haut dans l'ouad Touïel.

Nous récoltons ici d'assez nombreux silex taillés et des coquilles qui jonchent le sol (Cardium edule et Melania, échantillon n° 1 en A du 6 novembre).

6 novembre. — Nous continuons à marcher dans le le houdh de la veille. Le sol est troué de cuvettes de gypse en roches friables et en poussière avec de petites buttes de gypse. Nous montons ensuite en pente très douce sur des plateaux B qui ne sont que la suite des gour Bou Charef et dont le sol ondulé est de reg de grès roux en petits éléments avec du Neçi et du Dhamrane.

En C descente d'une marche du plateau pour tomber dans l'ouad Touïel ou ouad Touil, plaine de reg de grès assez fin presque sans végétation, à part quelques taches de Dhamrane et de Neçi dans les petites cuvettes qui ondulent le terrain.

Devant nous s'élèvent 3 petits gour M qui signalent le puits, à droite au loin apparaît la brèche du plateau qui domine le lit de l'ouad après lui avoir ouvert un passage par une large coupure à la hauteur de C; cette brèche court parallèlement à notre route et se rapproche peu à peu de nous.

Nous passons au pied des gour M, puis nous descendons dans la cuvette du puits dit Hassi el-Hadjar, vaste dépression, où arrive l'ouad Touïel, et qui est bordée de hauteurs dans toute sa partie nord surtout. Son sol est de gypse en roche et en poussière avec de petites buttes de gypse fortement déchiquetées par les intempéries.

7 novembre. Séjour. On abreuve les chameaux et on remplit d'eau les outres et les tonneaux. On trouve dans la partie sud-est de la cuvette qui contient le puits, non loin de deux petits oghroud isolés, de nombreuses coquilles (cardium edule, var. des chotts, échantillon n° 2). M. de Froberville se sépare de nous, pour prendre la direction d'Hassi-Djemel.

8 novembre. — La route serpente au milieu de gour confus qui s'élèvent de tous côtés et dont la hauteur presque uniforme est de 35 m. Les houdhs qui les séparent sont généralement en sol de reg de grès assez fin, mêlé de débris de calcaire et de quelques cailloux de quartz. Les premières collines ont leur sommet composé de *safia* ou roches plates de calcaire gris très dur et très compact ; plus loin, il y a beaucoup plus de grès et le safia se fait rare. Tous les ravins traversés ce jour se jettent dans ou vers la cuvette de Hassi el-Hadjar, et appartiennent par conséquent au système de l'ouad Touïel. En somme, la contrée que nous traversons (jusqu'en H du moins) est une chaâba formant le rebord du grand plateau calcaire qui vient de l'ouest et dont nous suivons presque la bordure. Partout la végétation est pauvre, et elle est nulle dans le reg des Houdhs ; quant aux plateaux, ils fournissent du Dhamrane, un peu de Sffar et de Neçi, du Reguig, et dans le sable seulement, du Éhébile, sorte de graminée très voisine du Sffar.

En C affleurements de grès roux qui s'effrite sous l'effort du vent. D plateau de calcaire compact. E plateaux de poudingue calcaire gréseux très rugueux et très dur qui se termine en F par des affleurements de gypse en roche blanche.

En G grande cuvette nue de reg rouge qui se trouve à 25 mètres en contre-bas du plateau, elle se nomme Mehareg-el-Ameur. En H nous remontons sur l hamada, qui n'est autre que le plateau venant de l'ouest. A partir de ce point les gour disparaissent ; nous marchons sur un terrain ondulé composé de roches de poudingue calcaire où tous les éléments agglomérés sont visibles ; surface très rugueuse. La végétation est représentée par du Dhamrane, du Sffar, du Neçi, du Reguig et un peu de Baguel. En P nous franchissons une ligne peu épaisse de très petites dunes séparées par des espaces de hamada. Cette chaîne se nomme El-Arig ; elle n'a guère qu'un kil. d'épaisseur ;

elle se poursuit au sud jusqu'à Hassi-Berkan, et au nord jusqu'à Hassi Zelfana. Cette chaîne constitue la base sud des areg Fogani et areg Tahatani qui, plus au nord, forment deux branches écartées de 10 kilom. environ, mais qui se réunissent, à notre droite, hors de portée de notre vue, en une seule chaîne que nous traversons.

9 novembre. — Nous marchons sur la même hamada que la veille; en A et B petits ravins affluents de gauche de l'Ouad-el-Fahl, que nous traversons lui-même presqu'aussitôt. Cette rivière, qui vient de fort loin, n'a cependant ici que 200 mètres de largeur entre des berges de 20 à 25 mètres de hauteur; elle va se perdre non loin de nous dans l'Est, vers le ghourd isolé qui porte le nom de Zmila-mta-ouad-el-Fahl.

Les plateaux parcourus aujourd'hui sont ondulés, surtout pendant les 20 derniers kilomètres. Ils nourrissent du Dhamrane, du Sffar, du Chorreïkat, du Gouzzah. Les cuvettes sont nues, avec quelques plaques de Neçi; leur sol est du reg de grès et de calcaire. Les plateaux sont de roche très dure (calcaire avec nombreux grains de quartz, avec galets brunâtres, provenant de la même roche, et galets de calcaire blanc. Poudingue, échantillon n° 3). Le sable des ouad contient un peu de Ehébile; çà et là aussi quelques rares touffes de petit Alenda (Ephedra fragilis); à partir de D la végétation diminue. Le sol est du gros reg de grès avec les sommets en calcaire comme le n° 3, avec quelques affleurements de gypse. En E cuvettes de reg et grès avec affleurements de gypse, presque plus de végétation. En F, cuvette importante encaissée d'une dizaine de mètres, reg de grès et quelques plaques de Neçi.

A partir de G les ondulations de la plaine s'accentuent

et le medjebed, qui partout est très visible, se met à serpenter autour des petites cuvettes, jalonné par de très nombreux Djedar de pierre.

En N nous relevons à droite, à 7 kilom. environ, une chaîne de hauteurs qui font suite aux berges des Oudeïat Seder et qui se nomment Harchane-Afzaïla. Il n'existe point au pied de ces hauteurs d'ouad proprement dit, mais c'est là cependant la suite du thalweg des Oudeïat Seder. Nous campons au pied de ces collines qui, s'incurvant vers le sud, coupent notre ligne de marche.

Nous avons recueilli sur notre route de ce jour quatre ou cinq sauterelles migratrices vivantes ; nous nous demandons d'où elles peuvent provenir.

10 novembre. — Départ sur la même hamada que celle de la veille. Les cuvettes de reg fin et roux de grès sont très nombreuses et entièrement dépourvues de végétation ; quant aux plateaux, ils en ont fort peu, et c'est presque uniquement du Dhamrane sec.

En B cuvette remarquable de reg rouge fin (grès), entourée de mamelons d'une dizaine de mètres, et qui se termine au sud au ghourd isolé de Talesmout.

En C quelques affleurements de gypse en roche ; puis survient une succession de cuvettes et de petits gour. Les bordures de plateau sont en roche de poudingue calcaire en assez grandes dalles ; la surface même des plateaux est formée de débris de dimension moyenne de même nature géologique que les poudingues n° 3 (échantillon n° 4).

En F petits ravins allant du sud au nord et rejoignant l'ouad Zirara très probablement. A partir de G, jusqu'au campement du soir, la hamada se fait plus dure que dans sa partie orientale. En H cuvette de reg de grès rouge contenant un affluent de gauche de l'ouad Zirara dont nous traversons le sillon en I; il n'a ici que 30 ou 40 mètres de largeur. En J un promontoire des berges de droite de l'ouad Zirara, nommé Djerf-el-Begra, est surmonté d'un Djedar de pierre. A partir de ce point jusqu'en R nous remontons le cours de cette rivière pendant 1500 m. environ. Les berges ont ici 10 à 15 m. et leur plus grand éloignement de sommet à sommet ne dépasse pas 250 m.

En N nous descendons dans une cuvette de 8 à 10 mètres. En O, affluent de gauche de l'ouad que nous allons bientôt atteindre, l'espace qui nous en sépare est composé de grandes dalles de poudingues polies et brillantes. Nous campons sur le bord de l'ouad Medhaâb-Debouba dont le lit est encombré de blocs de poudingue et surtout de blocs de calcaire blanc très compact et très dur. Sur ses berges, qui n'ont guère plus de 8 m., pousse un peu de Dhamrane et de Gouzzah; mais tout cela est maigre et sec.

11 novembre. — Nous laissons l'ouad, qui s'éloigne vers le nord, pour marcher sur une hamada de calcaire gris sombre (calcaire compact subgrenu, subcristallin, et grès calcarifère passant à des calcaires sableux — échantillon n° 5). Le poudingue d'hier (n°ˢ 3 et 4) tend à disparaître et ne se mélange plus qu'en de rares points aux détritus ou aux dalles du calcaire n° 5.

La hamada de ce jour est largement ondulée; mais les cuvettes de reg ont entièrement disparu; très peu de végétation sèche de Dhamrane.

En A roche n° 5 en grandes dalles; en B mêmes affleurements avec cristallisations paraissant appartenir à des quartz. A partir de B, tous les sommets sont composés de roche n° 5 presque blanche ou gris clair et bleuâtre; dans les fissures de cette roche pousse du Gouzzah.

En C petite vallée sans issue. A partir de D le medjebed décrit d'innombrables détours pour éviter les emplacements de roches bouleversées.

En F descente du premier étage des berges de l'ouad Djafou, bientôt suivi d'une seconde et dernière marche ; ces deux étages réunis ne dépassent pas 25 mètres ; des ravins serpentent dans l'intervalle de ces deux marches rocheuses. Nous campons sur le bord même de l'ouad Djafou dont le lit contient un peu de Neçi.

Nous avons encore rencontré aujourd'hui quelques sauterelles vivantes.

12 novembre. — La route traverse l'ouad Djafou dont la largeur, de pied de berge à pied de berge, est de 1200 mètres. Après avoir franchi les berges de droite, qui ont 25 à 30 mètres, par des ravins à sol de sable, nous marchons sur le plateau composé de grandes dalles du calcaire indiqué hier. De C en D nous avançons dans de petites dunes qui forment la pointe sud de l'Erg-el-Medhaâb. Le plateau lui-même porte aussi ce nom parce que le medjebed y disparaît complètement, le sol étant de roche recouverte en grande partie de sable qui nourrit du Gouzzah, de l'Aarfedj, du Sogh, du Reguig, du Semhari et un peu de Rtem. En O plateau très ondulé avec de vagues petits lits de ruisseaux se dirigeant vers le sud. Nous descendons ensuite dans une grande cuvette F (35 mètres au-dessous du plateau), dans laquelle nous passons tout près d'un petit mamelon nommé Koudiat-bel-Barour, ainsi appelé parce que les indigènes prétendent que c'est là qu'a été inhumé Ben Barour, celui qui a donné lieu à la légende que j'ai déjà racontée dans un précédent rapport. La cuvette F est entourée de Kef élevés, irréguliers, et composés du même calcaire déjà signalé. Les rebords sont çà et là couronnés de petites dunes où poussent des touffes de Rtem, de Drinn et de Semhari.

Nous escaladons cette ceinture de Kef en K par un ravin à forte pente, qui nous amène sur un sommet peu étendu (1500 mètres environ) que nous descendons en G par une très rapide pente de sable. Du haut de ce plateau la vue est très étendue : on découvre l'erg de Mechgarden, les gour Ouargla, le gour Guenina, etc... La descente G se nomme Châbet-el-Had et tous les gour de ce point font partie des Gour-el-Aggabi.

Nous avançons sur un sol de reg composé de détritus de calcaire qui, en I, se change en hamada dure de poudingue calcaire noir et brun mêlé de sable. De larges espaces sont occupés par de grandes dalles de poudingue de calcaire polies et nues. Nous traversons ensuite l'erg Khanem, longue ligne de dunes de 7 à 800 mètres de largeur et qui s'étend environ sur une dizaine de kilomètres avec une orientation nord-sud. Nous campons à la pointe sud d'un petit erg détaché, mais faisant partie de l'erg Khanem.

13 novembre. — Nous continuons la marche sur une hamada nue, ondulée, de détritus calcaires mélangés d'affleurements de roche en grandes dalles polies. En A, petite ligne de collines qui nous barre la route et dont la pente ouest descend sur une plaine de reg qui nous conduit à un massif de gour nommé Hadjar Azereg (les pierres bleues) à éboulis énormes. Entre deux de ces gour, où le Medjebed passe pour ainsi dire en défilé (B), on marche sur d'immenses dalles de calcaire absolument poli, blanc violacé ou bleuâtre, très compact et très dur.

En C petit ravin, puis hamada facile et peu dure, que les Arabes appellent Ouad-el-Faïdh. En D sorte de chaâba à sol

de calcaire en dalles, mêlé de nebka avec calcaire roulé.
— Il y a là un peu de Metnane, du Baguel, du Drinn et du Chorreïkat. En E cuvette mi-partie hamada, mi-partie nebka, avec Drinn très abondant où paissent des chameaux dont les gardiens commencent par se sauver à notre approche. En F hamada qui se termine en G par une descente noyée de sable ; en K, nous traversons la pointe sud des gour Ouargla qui se terminent ici par un grand erg se prolongeant très loin vers le sud-sud-ouest. On marche ensuite sur une hamada ondulée coupée de deux sillons : l'ouad Integ Kebir et l'ouad Integ Serir, qui vont se jeter dans la Chaâba au nord d'El-Goléa.

Nous descendons enfin du haut de la hamada par une magnifique pente de sable très raide dans la cuvette où se trouve El-Goléa, et nous allons camper au petit village d'Hassi el-Gara, annexe de l'oasis et situé à cinq kilomètres du bordj de commandement.

14 et 15 novembre. — Séjour. Je me rends près du chef de poste, capitaine Gaudron, chef des affaires indigènes, qui a reçu du Gouverneur Général des instructions à mon sujet. Cet officier me met au courant des dernières nouvelles et de la situation actuelle d'El-Goléa. Il veut bien se mettre à ma disposition et me prie de lui demander tout ce dont je pourrai avoir besoin pour la mission que je vais remplir vers In-Salah. Je trouve ici le capitaine du génie Almand sur le point de partir dans la direction du Gourara, pour procéder à la construction d'un fort que l'on a décidé d'élever à Hassi el-Ahomar dans l'ouad Meguiden. J'apprends en outre, — ce dont j'avais été prévenu avant mon départ, du reste, — que l'arrivée ici d'une forte colonne à destination du Sud est imminente. Comme je suis chargé d'éclairer précisément la route d'une fraction de cette colonne, je n'ai plus qu'à partir et même à me hâter d'exécuter mon travail.

Je me dispense de parler d'El-Goléa, que tout le monde connaît. Décrire cette oasis — où la découverte récente de l'eau artésienne promet de féconds résultats — serait de la superfétation.

Les environs immédiats d'El-Goléa sont assez pauvres en pâturages; je ne pouvais donc songer à laisser en ce point mon convoi et ceux de mes animaux que je ne devais pas emmener avec moi dans le raid sur In-Salah; je me décidai donc à pousser à 80 kilom. plus au sud jusqu'à Hassi El-Hadj-Moussa, situé au pied de hautes dunes dont les replis cachaient une végétation assez belle pour assurer la nourriture de mes chameaux pendant mon absence.

16 novembre. — J'ai pris ici, comme guide spécial pour la région où je vais, un Chambbi nommé Lakhdar-ben-Abdelkader-ben-Sliman, homme très sûr et de plus connaissant sur le bout du doigt les moindres détails de la route; j'ai été absolument satisfait de ses services et de son caractère.

Nous quittons Hassi el-Gara en contournant les dunes qui se terminent à l'est en siouf couverts d'une forte végétation de Zita et de Belbal; nous côtoyons constamment la bordure est de cette Haïcha en marchant sur un sol de chott qui depuis C jusqu'en E devient une véritable Sebkha avec cristaux de sel impur. A gauche nous avons la brèche des hamada qui borde le chott en diminuant peu à peu de hauteur; à droite, un peu avant E, nous avons par notre travers le ghourd El-Asseïla, au pied duquel est un puits de même nom. En G nous montons sur la brèche signalée plus haut, qui s'est incurvée dans l'ouest, et se dirige vers notre droite, et n'a plus guère qu'une quinzaine de mètres que l'on monte par une pente très douce pour arriver sur la hamada sans végétation qui s'étend devant nous. A droite, nous avons à 2 kilomètres, le ghourd El-Khecheïba avec ses deux puits, — Hassi el Barrania et Hassi el Dakhlania — le premier à 4 kilom. au nord de l'autre et tous deux situés dans l'Haïcha, au pied est du ghourd El-Khecheïba (eau excellente).

Nous cheminons sur un sol de hamada mélangée de reg avec cailloux ronds de petite dimension, mais parsemée de grandes dalles de calcaire gris ou blanc violacé. Je recueille des débris d'ammonites, malheureusement indéterminables.

Nous passons ensuite par le travers (4 kilom.) et à gauche du ghourd et du puits de Kceïba, puis par le travers (à 6 kil.), et toujours à gauche du Ghourd-es-Chouf. Nous descendons ensuite dans un petit thalweg nommé Saâb-el-Abed, et passant au pied de trois ou quatre petits gour appelés El-Gouirat, nous allons camper sur la limite des dunes faisant suite au Ghourd-es-Chouf, point séparé des El-Gouïrat par 5 kilom. d'un reg assez fin. Autour du campement seulement, ont rouve un peu d'Alenda et du Zita.

En K, à gauche chaîne de dunes recouvrant une ligne de falaises crétacées qui émergent encore en certains points. Au pied de cette falaise en W, cuvette blanche en détritus de roche calcaire.

17 novembre. — Nous commençons d'abord par suivre d'assez près pendant quelques kilomètres le pied de la falaise signalée hier, que nous atteignons en A pour entrer dans une sorte de chaâba qui nous permet d'en escalader le sommet en C. Cette falaise s'éteint à notre droite en un promontoire D qui se nomme El-Marokkât et qui rejoint les sables de la chaîne de dunes dites Draâ Mezaourou.

La hamada qui commence en C est composée de poudingues calcaires blanchâtres d'abord, puis bruns. En E le poudingue prend diverses colorations où domine le rouge brique, et parfois on marche sur de grandes dalles de calcaire rose, rouge ou brun.

On ne trouve sur toute la hamada d'aujourd'hui que très peu de végétation, Dhamrane, Chorreïkat et Gouzzah et aussi du Semhari, mais seulement dans les siouf de très petite dimension que nous sommes appelés à traverser.

En H, petite montée très douce. En P et en Q traversé de petites dunes de 1 à 3 mètres qui relient entre eux les Oghroud Semhari et le Ghourd Houdh-el-Ma, le premier à droite, l'autre à gauche. Ces petites rides sont difficiles pour le passage des chameaux.

En J la route descend dans une grande cuvette de reg de calcaire noir sur sous-sol de gypse en poussière blanche mêlé d'argile rougeâtre. Cette plaine est traversée par une sorte de thalweg qui en un point forme la Dayet-Cheikh-bou-Zian où poussent quelques touffes de Tarfa. En L, cuvette de Borreïg en petits cristaux et en poussière.

A notre gauche, depuis ce matin court une ligne de dunes assez élevées qui s'arrête à la hauteur de J et démasque alors une seconde chaîne qui lui est parallèle et vers laquelle nous marchons pour camper à son pied ouest au puits d'El-Hadj-Moussa.

II

DE HASSI EL-HADJ-MOUSSA A HASSI EL-MONGAR.

TADEMAYT — RÉGION D'IN-SALAH.

18 et 19 novembre. — Séjour. Nous installons le camp un peu au-dessus du puits sur les premières petites dunes. Les masses de sable qui nous dominent à l'est sont les dernières que l'on rencontre sur la hamada dans la direction de l'est et du sud-est. Ce sont ici les dernières manifestations du grand erg occidental. J'organise tout mon monde pour un assez long séjour, pendant que j'irai moi-même vers le sud remplir la tâche qui m'a été confiée par M. le Gouverneur Général.

Pour exécuter le raid vers In-Salah, mon convoi était trop lourd et m'aurait forcé à marcher lentement ; j'avais, de plus, de trop mauvais renseignements sur la route pour m'engager sur les hamada du Tademayt avec tous mes chameaux et mes 43 hommes, ce qui, dans les circonstances du moment, aurait pu en outre amener des complications de nature à gêner l'action du gouvernement français.

Je décidai donc de laisser ici sous le commandement de mon ami L. Leroy : mon matelot Villate, mes hommes, ma tente, mes bagages et mon convoi, et de ne prendre avec moi que cinq Chambba choisis montés comme moi à mehari, et enfin de n'emporter exclusivement que la nourriture indispensable pour vingt jours.

Il ne s'agissait pas ici de faire un travail minutieux, appuyé sur des positions astronomiques, ce qui m'aurait alourdi et retardé, mais seulement d'exécuter à la boussole un consciencieux et exact relevé de la route, en notant les points d'eau, les passages difficiles et les ressources en tous genres des pays traversés.

Mes chameaux sont maigres, l'été qu'ils viennent de passer a été fort dur à cause du manque de végétation dans notre Sahara. Le repos forcé qu'ils vont prendre pendant mon absence va les remettre en bon état, car les pâturages, me disent les bergers du troupeau, sont bons et composés de Dhamrane et de Had verts.

20 novembre. Je quitte avec mes cinq hommes le campement d'Hassi el-Hadj-Moussa, nous traversons quelques rides de sables et en A nous sommes par le travers à 2 kilomètres des puits d'El-Meksa que domine le ghourd du même nom. De A en B plateau de calcaire blanc et violet assez dur. De B en C cuvettes de reg sur gypse (spécialement Borreïg), sorte de chaâba se rattachant à gauche à des mamelons couverts de sable qui forment la pointe sud-ouest du Ghourd Ghalloussane. En C nous rejoignons le Medjebed d'El-Goléa à In-Salah. En E houdh de gypse avec mamelons déchiquetés de gypse cristallisé en roses, puis hamada de calcaire noir noyé d'un peu de sable.

En F passé au pied du « Garet-el-Medjebed ». En G on grimpe, par un ravin de roche peu commode, sur la hamada qui domine de 25 à 30 mètres. Cette hamada est affreuse, couverte de grandes dalles et de détritus de calcaires gris très rude; elle est légèrement ondulée et entièrement dépourvue de végétation. Çà et là on rencontre des emplacements couverts de détritus plus fins où le medjebed bien battu permet de marcher assez facilement.

En H Djedar cylindrique en pierre de 2 m. 50 de hauteur environ.

En I bas-fond d'argile, sorte de Daya ou cuvette dont les abords sont pavés en dalles bouleversées très dures. En J ravin contenant l'ouad Tilmas qui va se déverser vers le nord-ouest, dans l'ouad Meguiden. Il contient du Gouzzah et quelques pieds de Djedari. La descente de ses berges de pierre est difficile, bien qu'elles soient peu élevées. En K, le medjebed traverse un petit ravin affluent de l'ouad.

En L hamada nue et dure, brune, à éléments moyens noyés dans un peu de sable. Calcaire gris fortement usé par le frottement du sable poussé par le vent et présentant pour cette raison des aspérités aiguës analogues à celles de la surface d'une grosse râpe.

Le mirage reste très intense toute la journée. En M, descente assez dure dans l'ouad Saret dont les berges ont une quinzaine de mètres et le lit 150. La route suit, en la remontant, la rivière pendant 2500 mètres. On relève dans son cours quelques touffes de jujubiers, de Gouzzah, de Remeth. Les berges diminuent peu à peu et le sol de l'ouad est du gros gravier.

De O jusqu'un peu avant P on marche sur du reg fin.

En Q on traverse un espace à sol argileux horizontal, fendillé: c'est une des Daya connue sous le nom de « Dayet-et-Tell ».

Le terrain se continue facile en gros reg ou hamada fine jusqu'au couchage de ce jour, couchage qui se trouve au milieu de la plaine nue, sans bois ni pâturages;

nous sommes près du point R où s'élèvent 5 ou 6 Djedar de la route.

21 novembre. — La route se poursuit sur le même terrain. En A nous passons près d'une touffe isolée de jujubier nain située au milieu d'une petite Daya (la seconde « Dayet-et-Tell ») à surface d'argile. La marche continue jusqu'en C sur une hamada facile, sorte de reg plat dont les éléments ne grossissent un peu qu'à partir de B.

En C nous suivons pendant 1500 mètres la tête de l'Ouad Bejiag qui va rejoindre l'Ouad Chebbaba un peu à droite de la route. Entre ces deux ouad nous cheminons dans une chaâba et entre des mamelons de calcaire noir et de silex très durs et très difficiles.

En E descente rapide de 10 à 12 mètres dans l'ouad Chebbaba, qui nous amène aux puits du même nom. Ces puits sont signalés par 8 ou 10 maigres palmiers qui poussent dans le lit même de la rivière. En dehors de ces arbres on trouve ici du Rtem, du Drinn, un peu de Diss, du Gouzzah et des touffes de gros joncs un peu partout.

A partir de l'ouad Saret, toutes les rivières que j'ai traversées jusqu'à la crête sud du plateau font partie du système de l'ouad Mya et versent ainsi leurs eaux dans le bas-fond de Ouargla où vient s'éteindre cette grande artère de notre Algérie de l'extrême-sud, qui du reste, quelle que soit l'ampleur des crues supérieures, ne contient jamais d'eau courante à l'époque actuelle en aval de la région d'Inifel. Il est inutile de rappeler que tous ces ouad dans la partie élevée du Tademayt ne coulent que très rarement, après de grands orages ou de fortes pluies.

Tout est aride et sec sur ces plateaux; la végétation, déjà si insignifiante, se cantonne uniquement dans les lits de rivières; et les hamada, aussi bien que les mornes qui leur font suite vers le sud, sont entièrement nus et désolés.

Dans cette saison, il fait un froid très vif, et j'étonnerai peut-être beaucoup en disant que j'ai subi à diverses reprises des minima de 6° au-dessous de zéro, et que, pendant cette partie de mon voyage, le thermomètre restait constamment au-dessous de zéro au moment du lever du soleil.

Comme je n'avais pas emporté de tente, je me levais à peu près tous les matins en secouant de ma couverture la couche de gelée blanche et de givre qui lui donnait une rigidité de planche, de même qu'à mes moustaches.

Si nous avions à souffrir de la dureté de l'hiver *dans le Sahara*, d'autre part nous allions être fort bien partagés du côté de l'eau potable ; en effet, la pluie était tombée avec une certaine violence une quinzaine de jours avant mon passage, si bien qu'à partir de l'ouad Mya supérieur nous ne buvions plus d'autre eau que celle des grandes flaques (mechera) des ouad, infiniment meilleure que celle des puits.

L'ouad Chebbaba a environ 500 mètres de largeur en ce point. Nous remontons sa berge sud, en suivant un ravin compliqué de chaâba, en terrain très dur jusqu'en G point où nous rejoignons le niveau supérieur de la hamada. En H cette dernière fait place à de petites cuvettes à sol d'argile, entourées de reg fin. Ces cuvettes produisent quelques touffes d'une petite graminée que l'on nomme Lemmad, et qui du reste se trouve en faible quantité dans les têtes de tous les petits ouadi du plateau. Les cuvettes nourrissent aussi quelques touffes de Reguig.

Le mirage continue à être constant et très intense. En I et en J « Dayet-el-Hadj-Merâbet », vaste cuvette divisée en deux parties et dont le sol est d'argile fendillée qui a été recouverte, il y a peu de temps, par les pluies. Celle placée en J a une surface presque double de l'autre ; les deux nourrissent des touffes de jujubiers, du Gouzzah, du Noggued, de l'Attassa, et un peu de Reguig. Toutes ces plantes sont sèches, sauf les jujubiers et quelques rares pieds de coloquinte.

A partir de K la hamada devient rugueuse et difficile et reste ainsi jusqu'à l'ouad el-Far thalweg sans berges où nous campons. Cette rivière, fort étroite du reste et qui se jette dans l'ouad Mya, nourrit quelques jujubiers, du Gouzzah, etc.

22 novembre. Nous quittons l'ouad el-Far par un ciel superbe ; mais une demi-heure à peine après notre départ, nous sommes enveloppés par un brouillard épais et glacé que pousse un vent assez vif de N.-N.-E. Le Medjebed remonte l'ouad Noggued, sorte de rigole plate et sans berge, à terrain de reg facile jusqu'en G où nous le quittons pour marcher à nouveau sur la hamada, qui est constamment dure jusqu'au campement du soir. En B Dayet Chaïba, petite cuvette d'argile et de gravier. En D et E, ouad Sebiba et ouad Guid-en-Naâm que nous traversons à leur point de jonction. Tous deux sont sans berges et on rencontre dans leurs lits des jujubiers du Lemmad et du Gouzzah.

En G commence une chaâba tortueuse et difficile où serpente l'ouad Goundïa dont les berges sont abruptes et qui nous amène dans l'ouad Tabaloulet au point où il reçoit l'ouad en-Naâm. Nous trouvons là de grands Ethels, du Ghalga, du Rtem, du Gouzzah et du Tâtrat. Le Medjebed remonte l'ouad en-Naâm, encombré de roches. En I nous abandonnons cette rivière qui vient de l'ouest et nous remontons un petit ravin qui en J nous ramène sur une hamada de calcaire et de silex noir. Nous avons en vue devant nous une ligne de hauteurs rapprochées.

Voici maintenant que le passage des rivières devient très difficile ; les rivières elles-mêmes se multiplient, leurs berges ont plus de hauteur et la hamada tend à se transformer en un massif montagneux très accidenté, qui continue à s'élever jusqu'à la crête du Bâten, où il atteint environ 700 mètres d'altitude.

Tantôt le sentier me fait suivre les méandres capricieux et difficiles des ouad ; tantôt il se déroule au milieu des roches rugueuses en coupant les lacets des ouad ou en passant de l'un dans l'autre.

Les montagnes sont en calcaire gris sale, rugueux, à structure de râpe.

En K nous entrons dans une chaâba où le Medjebed serpente en zigzags, suivant pendant quelque temps l'ouad Retmaïa (L). Des ravins compliqués et difficiles nous conduisent dans l'ouad Tiboukhar à berges immédiates de 25 à 35 mètres de hauteur, d'une descente peu aisée. Cette rivière large de 150 à 200 mètres nourrit de grands Ethels, du Rtem, etc. ; elle est fort encaissée et son sol est pavé d'énormes galets.

On remonte sa berge sud en suivant un ravin ardu. En N ce ravin fait place à une hamada noire facile. De nombreux mamelons sont en vue à gauche et devant nous.

En O on entre dans une chaâba qui nous amène à l'ouad Tineldjam. La descente est abrupte et ne s'effectue qu'à la file indienne ; ce sont deux escaliers de roche dure de chacun 20 à 25 mètres d'élévation et séparés par un palier de 300 m. L'ouad Tineldjam contient des

Ethels, des Tarfa, trois ou quatre Tamat, du Rtem et les autres petites plantes habituelles. Nous l'atteignons à un point où se réunissent deux branches et où le sol est jonché de roches et d'énormes galets. Nous remontons la branche la plus méridionale pendant 6 kilomètres, en circulant au milieu des roches éboulées des berges très élevées et abruptes de cette rivière.

En Q nous quittons le Tineldjam pour remonter un de ses affluents de droite, l'ouad el-Hadj-Brahim, ravin des plus tortueux et des plus difficiles. Les berges ont 15 à 20 mètres et son lit est tellement encombré de roches et de gros galets qu'on n'y marche que fort difficilement. Nous campons sur un petit espace sableux au pied d'une touffe énorme de jujubiers.

23 novembre. — Le Medjebed continue à remonter l'ouad El-Hadj-Brahim avec les mêmes difficultés que la veille. En A confluent de l'ouad Mkhamla, nous quittons le lit du El-Hadj-Brahim pour couper par la droite une de ses boucles et nous penons un raccourci (Guettât) dit Guettât-Ben-Mabrouk, ainsi nommé à cause d'un certain Chambbi, Ben-Mabrouk, qui, a près avoir pris des chameaux aux Touareg, a tenu tête *seul* à 40 de ces derniers en ce point (B). On voit encore le petit rempart de pierres qu'il avait élevé et derrière lequel avec son fusil il mit en déroute les 40 assaillants munis seulement de lances. L'ouad El-Hadj-Brahim, qui maintenant n'a plus de berges, reste à notre gauche jusqu'en C, point où nous le traversons pour la dernière fois. De A en C la hamada est facile, elle continue de même jusqu'en E, point où nous commençons à descendre un petit ravin qui nous amène en F à l'ouad Gouzmougzouz, rivière sans berges qui se déverse au loin dans l'ouad Mya. Nous remontons en sol de reg facile le bord d'un ouad sans berges, affluent de droite du Gouzmougzouz. A partir de G nous foulons une hamada à éléments fins ou moyens jusqu'à l'ouad Noggued, rigole large et plate que nous traversons. Cette hamada se poursuit jusqu'en I, point où elle se fait chaâba à sol de roches rousses à éléments bouleversés et rugueux; ce terrain se continue jusqu'aux oudeï Seder que nous franchissons en J et J'. Ces rivières petites et sans berges nourrissent quelques touffes de Chihh, du Krom, des jujubiers et du Gouzzah. Sur la rive sud de la branche la plus méridionale des oudeï Seder se trouve un atelier assez important de silex taillés.

En K on marche sur un sol de roches bouleversées, sentier peu facile dans une chaâba sinueuse. Depuis L et pendant 300 ou 400 mètres, le Medjebed ne forme presque plus qu'une seule très large piste; il est bordé d'une quantité de petits tas de pierres enlevées du sentier par les caravanes, sans doute pour rendre la marche des chameaux moins pénible. Ce point, comme tous ceux où les vigies de route sont un peu élevées et un peu importantes, se nomme *Benia*, mot dont la racine signifie « construire ».

En M, ravin de l'ouad Chabreg que nous descendons par un sentier extrêmement difficile qui serpente au milieu des rochers. Les berges sont élevées et ce ravin est fort encaissé. Il nous amène en N à son confluent avec les deux ouad Mseïlili et ouad Mïate qui eux-mêmes se réunissent en ce point. Là les berges comptent au moins 30 mètres; nous sommes dans une sorte de cirque entouré de montagnes abruptes et nues et peuplé de grands Ethels. Un beau soleil éclaire ce paysage grandiose et à l'aspect fantastique, où règne un morne et absolu silence. Nous marchons dans le creux de l'ouad Mïate, véritable carrière d'énormes galets amoncelés, et nous décrivons avec lui une courbe dans l'est pour revenir bientôt sur la ligne de visée que nous atteignons en arrivant dans l'ouad Mya, au point même de son confluent avec l'ouad Miate. Cette jonction est dominée par un gour très typique qui se nomme tout naturellement « Garet-el-Melaga », le mamelon du confluent.

Nous remontons maintenant l'ouad Mya, dont les berges de la rive gauche sont ici plus hautes que celles de la rive droite ; elles comptent environ 30 à 40 mètres et sont très abruptes. L'ouad a, ici, une largeur variable de 250 à 400 mètres ; mais le thalweg des petites crues y est souvent très étroit. La rivière est encaissée. Nous suivons son cours sinueux, généralement sur de gros galets roulés au milieu desquels la marche est difficile, parfois sur de l'argile ou du gravier, et aussi quelquefois sur le premier échelon des basses berges, lorsque les falaises de roche s'écartent un peu. Partout les laissées de crues montrent que l'eau a garni le lit entier de berges à berges. On rencontre dans l'ouad Mya de beaux Ethels et de beaux Tarfa ; il y a en outre du Krom, du Rtem, du Gouzzah, et en certains points du Drinn et du Diss.

A partir de Q les berges de la rive droite deviennent aussi élevées que les autres qui vont en s'abaissant peu à peu. Une chaîne assez haute domine la rive droite. En somme, la rivière s'est frayé un chemin au milieu d'un véritable massif montagneux important.

De R en R' on suit un raccourci escaladant le haut des berges de rive gauche, mais il est fort rude et de difficile accès. Le lit de la rivière, quoique un peu plus long, est de beaucoup préférable.

En S nous arrivons aux Tilmas Djelgoum, point d'eau situé sur le bord gauche de la rivière, dans le fond d'un

Khelidj à berges de sable argileux qui n'a guère qu'une vingtaine de mètres de largeur sur une longueur dépassant 200 mètres. Djelgoum est signalé par 5 ou 6 petits Djedar de pierre élevés sur le sommet de la berge qui domine immédiatement les puits. Il suffit de creuser à un mètre au maximum dans le fond du Khelidj signalé pour trouver aussitôt dans le gravier une eau abondante et excellente. Nous passons bientôt devant l'embouchure de l'ouad Khallachene, affluent de gauche du Mya. A partir de ce point les berges de rive droite s'élèvent et celles de gauche s'abaissent, pour se relever du reste un peu plus loin.

Les affluents se multiplient et le lit de l'ouad reste encombré de galets de grandes dimensions. En X nous rencontrons dans un creux du thalweg une large mare d'eau douce (mechera). C'est là que s'est arrêtée la crue survenue il y a quelques jours à la suite de pluies générales sur le plateau supérieur. Un peu plus loin nous arrivons, au milieu de la rivière, au point d'eau permanent de Tilmas Ferkla, tout à fait analogue à Djelgoum ; il est pour le moment recouvert d'une vaste mechera de crue qu'auront bien vite bue le soleil et le vent.

Nous campons à 3 kilomètres en amont de Ferkla sur le bord d'une large mechera, au pied même de la berge de rive droite.

Comme nous faisons de longues journées, il me faut travailler le soir ; or, comme je n'ai point de tente, il est à peu près impossible d'avoir de la lumière autrement qu'au moyen du feu de campement ; c'est donc avec cet éclairage très imparfait que je suis obligé de faire le tracé de mon itinéraire et le relevé de mes notes de chaque journée.

En face de nous, dans un affluent de gauche nommé ouad

Zerourokh, sont campés des Zoua, nomades d'In-Salah. Depuis près de deux ans ils n'ont pas quitté la région et leurs tentes ne se sont jamais rapprochées d'un village depuis cette époque. Quelques-uns des propriétaires se contentent d'aller de temps à autre au Mzab ou à In-Salah pour s'y ravitailler. Ils nous prenaient pour les éclaireurs de la *mealla*, colonne française, à la venue de laquelle ils s'attendent.

Un de mes hommes, El-Hadj, dont le mehari boite fortement depuis hier, me demande de laisser sa monture à ces Zoua. Je l'y autorise, mais il faut trouver le moyen de décharger le chameau qui porte les vivres pour permettre à El-Hadj de le monter de temps en temps. Nous décidons en conséquence de laisser à notre campement une partie de nos provisions de bouche. Nous ne faisons en cela, du reste, que suivre une coutume très répandue chez les nomades du sud algérien, et ce n'est pas non plus la première fois que j'ai recours à ce procédé. Dans notre cas particulier, nous nous sommes bornés à escalader une des berges basses de l'ouad et, déplaçant un certain nombre de pierres, nous avons légèrement excavé le sol, mis les bagages sur une couche de Drinn, puis, recouvrant le tout de pierres plates pour préserver de la pluie, nous avons rétabli le sol dans son état primitif. Ce travail s'est fait la nuit, à l'abri des regards indiscrets.

24 novembre. — La route continue à remonter l'ouad Mya, dont la largeur ici atteint de 400 à 500 mètres. Les arbres qui peuplent son cours égayent la vue fatiguée par l'uniformité des plateaux rocheux. Le Diss devient très fréquent sur les bords de l'ouad, de même que le Mrokba. En A, presque aussitôt après l'ouad El-Khâr, affluent de droite, se trouvent les Tilmas Tinkelmane. Ces Tilmas ne contiennent d'eau que d'une façon intermittente et pendant quelques mois seulement après les crues ; actuellement elles sont sous une mare comme celles de Ferkla. Des Djedar sur la berge de rive droite les signalent aux passants, et un palmier sans stype pousse dans leur voisinage.

A la hauteur de A nous quittons le lit du Mya pour prendre sur sa rive gauche un raccourci (de B en C), raccourci très dur, à montées et à descentes multiples en terrain de roche.

En C nous traversons l'ouad Mya qui fait un grand coude dans le sud et nous nous engageons sur sa rive droite, dans un raccourci qui traverse un pâté montagneux très important, composé de calcaires de diverses natures, mêlés de beaucoup de silex et de parties gréseuses. En D, gara Tinkrempt haute de 60 à 70 mètres ; descente abrupte et montée plus abrupte encore dans une série de ravins de roche. De grands mornes de 20 à 70 mètres dominent le Medjebed qui s'accroche sinueux au flanc des mamelons. En F, faîte du passage. Ce raccourci se nomme Châbet ou Guettât-el-Merâbta, magnifique et sauvage défilé du haut duquel on plane sur un amoncellement confus de gour et de montagnes dénudées, de couleur sombre et d'un merveilleux effet.

De F en G, descentes et montées relativement faciles. En G, descente d'un ravin facile, à vallée profonde et assez large, sauf à son embouchure dans l'ouad Mya, où il arrive resserré et pavé de gros galets. Nous voilà donc de nouveau dans le Mya dont la largeur ici n'a guère moins d'un kilomètre. Nous marchons sur sa basse berge de rive droite en bon sol de reg.

En I nous sommes au confluent de l'ouad Diss et de

l'ouad Tilemsine, qui réunis forment l'ouad Mya dont nous avons conséquemment atteint la tête. Ce confluent est couvert de beaux Ethels et forme un vaste estuaire dont l'ouad Diss est incontestablement le plus important rameau.

Le Medjebed se déroule sur la basse berge de rive droite de l'ouad Tilemsine, puis, le traversant en biais, il coupe une des boucles d'est de la rivière (de V en K) par un raccourci sur la rive gauche. En K on traverse de nouveau le Tilemsine après avoir descendu sa berge, ici très abrupte. Nous suivons cet ouad pendant un certain temps ; il est généralement semé de gros galets, mais il nourrit une assez belle végétation.

En L, passé aux Tilmas-el-Adham qui ne contiennent d'eau que très peu de temps après les grandes pluies ou les crues. Elles sont recouvertes actuellement par une mechera. Nous marchons sur la basse berge de rive gauche en un bon sol de reg, puis, traversant l'ouad, nous changeons de berge sans changer de sol.

Les berges hautes ne sont plus continues, des chaâba multiples se creusent entre les mornes qui commencent à diminuer de hauteur.

En M nous descendons d'un raccourci pour retomber dans le Tilemsine par une pente très dure et très difficile. En N nous côtoyons une longue mechera pleine d'eau à laquelle nous remplissons nos outres. Le Medjebed s'avance sur la berge basse de rive droite jusqu'en O, point où nous relevons les Tilmas-bou-Lasba qui sont aussi sous l'eau de la crue et qui la conserveront encore pendant plusieurs mois. A partir de ce point l'ouad forme des îles, et ses berges s'abaissent sensiblement des deux bords.

De nombreuses flaques d'eau s'étendent un peu partout. Nous marchons maintenant tantôt dans l'ouad, tantôt sur ses bords, en terrain difficile. En Q, les berges s'abaissent davantage et font ainsi pressentir le voisinage du plateau supérieur, source des diverses rivières.

En R, confluent de l'ouad Tilemsine et de l'ouad Seder, nous abandonnons le premier et nous remontons l'ouad Seder dont le cours est excessivement tortueux. Les berges sont encore plus basses que celles du Tilemsine. Nous marchons tantôt sur une rive, tantôt sur une autre, sans difficulté notable, attendu que nous sommes sur un plateau où l'ouad ne forme bientôt plus en quelque sorte qu'une forte rigole.

Depuis T les Ethels ont disparu et il ne reste plus dans le lit de la rivière que des jujubiers, quelques Tarfa, du Rtem et un petit nombre d'autres plantes insignifiantes. Toutes les montagnes traversées depuis l'ouad Tineldjam, les berges, les mornes, ne contiennent pas un atome de végétation. Tout ce qui pousse, ne pousse exclusivement que dans les Thalwegs. Nous campons dans l'ouad Seder, sur le bord même d'une mechera pleine.

25 novembre. — Nous partons par un vent glacé de N.-E. Le Medjebed remonte l'ouad Dhib. Les ouad ne sont plus que des rigoles insignifiantes, et en réalité nous marchons sur une hamada à sol dur qui nous amène en B à la ligne de faîte (environ 610 mètres) qui sépare le système de l'ouad Moussa-ben-Yaïch de celui de l'ouad Mya supérieur. On descend ensuite un petit ravin, le Chaâbet-et-Thyr, jusqu'à son confluent avec l'ouad Moussa-ben-Yaïch que nous atteignons en C. Cette rivière est un affluent considérable, de droite, de l'ouad Mya. Elle contient du Rtem, des jujubiers et quelques autres petites plantes, mais les Ethels et les Tarfa sont absents. Cette disparition de la végétation arborescente n'est pas un fait accidentel, mais bien un fait normal qui se reproduit d'une façon constante dans les mêmes cas ; cela prouve tout simplement que nous approchons du sommet du plateau et des sources des rivières. En même temps que les arbustes, disparaissent aussi les berges, et les rivières ne sont plus que des vallées presque plates au milieu de la hamada élevée qui constitue la crête du Tademayt.

Nous trouvons entre C et D, dans le lit de l'ouad que nous remontons, plusieurs grandes mecheras pleines d'eau ; la plus importante se trouve en D et, au dire des indigènes de la région, cette mechera gardera l'eau de la crue pendant trois ou quatre mois au moins. Les berges de rive gauche ont ici tout au plus une douzaine de mètres, et celles de rive droite ne sont que de simples ondulations. On suit de temps en temps le cours de l'ouad et on coupe ses boucles en terrain de hamada. En D hamada fortement ondulée. En E, petite gara sur le bord même de la rivière « Garet-el-Kahala », au confluent de l'ouad El-Irak. En F, Khelidj très resserré, comme à Djelgoum, dans le lit de l'ouad ; il a 300 ou 400 mètres de longueur. C'est là où se trouvent placés les Tilmas-Chebbaba-mta-Moussa-ben-Yaïch. Ils conservent de l'eau pendant cinq ou six mois, après chaque crue, et pour trouver le liquide, il suffit de creuser à 0 m. 80 c. ou 1 mètre dans ce Khelidj.

Après avoir marché pendant quelque temps sur une hamada noire assez facile, nous traversons en G une dernière fois l'ouad Moussa ben-Yaïch qui n'est plus qu'un petit ruisseau. La hamada continue jusqu'en H, point où nous franchissons (par environ 630 mètres) la ligne de partage des eaux qui sépare les bassins de l'Atlantique et de la Méditerranée.

De ce sommet se déroule à nos yeux vers le sud un immense et splendide horizon sur lequel se découpent des gour élevés, taillés régulièrement comme si la main des hommes leur avait donné des formes géométriques. D'innombrables mamelons noyés dans le mirage se superposent en véritable cascade; ce sont les témoins des différents étages du Bâten ou pente sud du Tademayt.

Cette pente est, de ce côté-ci, aussi rapide et courte qu'elle est longue et douce vers le nord. De plus, elle est profondément ravinée et creusée d'énormes sillons qui labourent ses flancs. C'est ce Bâten qui, un peu plus à l'est, borne au nord, de ses falaises brunes, l'immense reg d'Adjemor, plaine plate et sans végétation dont la limite sud est le plateau montagneux du Mouydir.

Nous montions sans cesse depuis El-Goléa, mais il nous faut maintenant descendre, et la première partie de cette pente est bien plus une dégringolade qu'une descente. Nous quittons le plateau supérieur. Le Medjebed — serpentant en de multiples détours — descend, en le suivant de plus ou moins près, le lit de l'ouad El-Guettâra, ravin tortueux et très difficile, dans lequel nous avançons péniblement sur des roches bouleversées, entre des blocs énormes, en décrivant des circuits très longs sur le bord de ravins hérissés d'éboulis, par des sentiers en corniche. La descente est vraiment effroyable et se développe sur plus de 2,000 mètres pour en faire tout au plus 1,000 en distance horizontale et pour en descendre 70.

C'est là le chemin ordinaire des caravanes, qui se maintient dans les mêmes conditions jusqu'à la source d'Aïn-El-Guettâra (en I), point d'eau caché dans les replis mêmes du ravin de ce nom, au milieu d'un indescriptible bouleversement. Un filet d'eau tombant seulement goutte à goutte, du haut de roches calcaires surplombantes en grandes stratifications horizontales, a donné le nom à cette aiguade. A quelques mètres plus bas on trouve 4 ou 5 trous dans la roche qui donnent une eau abondante et excellente.

Trois ou quatre touffes de palmiers poussent on ne sait comment dans ce désordre, et leurs palmes immobiles couvrent d'une ombre bleue les trous qui contiennent les sources. Aussitôt après la source commencent à apparaître les Tamat (Acacia cavenia), gommiers poussant seulement en touffes basses.

La première partie de ma mission était terminée en ce lieu, d'après les instructions que j'avais reçues ; mais il me semblait impossible de m'arrêter en un point aussi étrange et aussi difficile sans pousser en avant, tout au moins jusqu'au pied sud de la montagne, pour me rendre compte des difficultés de la route qui se poursuit vers In-Salah.

La route continue à descendre l'ouad El-Guettâra, qui n'est encore qu'un ravin très étroit, très encaissé entre des berges très abruptes et fort élevées. Le sol en est extrêmement difficile et jonché d'énormes galets et d'éboulis de roches de grandes dimensions, au milieu desquels disparaît le sentier. Les Tamat sont très nombreux partout. Peu à peu pourtant, le ravin s'élargit et les pentes de ses berges perdent de leur raideur. En I' il se resserre pendant une cinquantaine de mètres, pour s'élargir aussitôt après. Dès J il prend une certaine ampleur et nous marchons alors sur ses berges en sol de hamada assez facile. De grands massifs de plus de 100 mètres dominent les berges, mais d'assez loin.

Nous sommes là dans le Bâten, cette région de grands mornes qui s'éloigne vers l'est jusqu'à Hassi Messeguem. C'est un pâté montagneux fort important et d'un aspect imposant avec ses grès roux striés de blanc et de gris.

A partir de K, nous suivons l'ouad lui-même qui est devenu énorme et compte bientôt plus de mille mètres de largeur de berge à berge. En ce point, en effet, les berges basses commencent à se dessiner nettement, avec des hauteurs variant entre 20 et 30 mètres. Elles sont dominées au loin par les deux ou trois étages des grands mornes qui constituent le Bâten. Le lit de l'ouad est peuplé de Tamat et de quelques touffes de Mrokba, il est pavé de gros et moyens galets. En L les berges atteignent 40 et 50 mètres.

Du point β le profil du Bâten, en regardant vers l'ouest, présente la silhouette ci-dessous.

En M nous laissons la rivière s'éloigner vers le sud-ouest et nous escaladons sa berge de rive gauche pour marcher sur une hamada noire, assez rude.

En N, descente d'un raidillon assez difficile de 30 à 35 mètres qui nous conduit dans l'ouad Oumm-Khelida, où nous campons.

Nous avons rencontré aujourd'hui des Zoua et quelques chameaux épars appartenant à la même tribu.

26 novembre. — Départ par un vent violent de N.-E.

très froid après une nuit glacée. Le medjbed descend l'ouad Oumm-Khelida qui se jette bientôt dans l'ouad el-Abiod. La marche s'effectue tantôt dans le lit, tantôt sur les bords en terrain de hamada facile ; la vallée est large, les berges peu élevées sont de grès en petits sphéroïdes agglutinés. En A le lit est un peu encombré de sable où poussent des gommiers «Talha». En B confluent de l'ouad El-Abiod. En C, maâder de l'ouan en sol argileux, avec petites buttes de sable surmontées de Drinn et de Mrokba, puis le sentier s'avance sur un bon sol de reg plan constituant une grande plaine plate, qui ne s'ondule un peu qu'à partir de F.

L'ouad s'est divisé et se perd dans la plaine en plusieurs filets, comme toutes les rivières de cette région du reste.

En G on passe au pied d'une petite gara noire composée — de même que tous les mornes de ce côté-ci — de grès noirs, rouges et gris (grès grossiers en sphéroïdes agglutinés ; grès ferrugineux zôné. — Échantillon n° 7). Sur le reg qui suit G, je recueille de nombreux débris de bois silicifiés.

En Q, avant-dernier étage du Bâten, longue chaîne composée de gour déchiquetés. En H nous coupons le medjbed qui conduit du Gourara aux gisements d'alun de In-Has. En I on traverse de petits mamelons qui constituent les dernières ondulations de l'insignifiant massif qui s'élève à notre gauche.

Sur l'immense reg plat qui suit I, on constate çà et là des plaques de grès rose, violacé, gris-bleuâtre, ou brun sombre, toujours en petits sphéroïdes agglutinés. Malgré le vent qui souffle en tempête, nous sommes entourés de mirage.

Nous abordons le puits de Mongar dominé par un massif de gour de grès bruns et gris bleuâtre de 15 à 25 mètres de hauteur (échantillon n° 7). Le Hassi est situé au pied sud-ouest d'un petit gour isolé qui émerge à quelques centaines de mètres et dans le sud du massif précité.

Nous relevons de ce point et dans notre sud-ouest Zaouïet-Kahala, village avancé du Tidikelt, qui est à 18 kilomètres de nous. Sur le même azimut et à 15 ou 18 kilomètres plus loin se trouve le groupe d'In-Salah.

Nous campons tout près du puits dans l'estuaire ou Maàder de l'ouad El-Batachi, rempli de gommiers et de touffes de Drinn et contenant un campement de Zoua, nomades d'In-Salah.

Toute la région que nous venions de parcourir était — surtout dans sa partie méridionale — remplie de campements de Zoua, et les pluies récentes connues maintenant de la totalité des habitants allaient augmenter considérablement le nombre des tentes et grossir les troupeaux au pâturage ; car en ces pays une végétation fraîche suit de près les averses, et c'est une véritable bonne fortune pour ces nomades qui ne vivent presque exclusivement que de l'élevage des chameaux, des moutons et des chèvres.

Partout où le hasard nous avait fait rencontrer des Zoua, nous avions reçu d'eux le meilleur accueil, et cela m'avait paru assez naturel, puisque ces populations sont en rapports constants et excellents avec nos tribus du sud et conduisent même des caravanes au Mzab, à El-Goléa et à Ouargla. On ne pourrait pas en dire tout à fait autant des Oulad Ba-Hammou, tribu qui gravite dans le même cercle et qui appartient au même centre, mais dont les terrains de parcours s'étendent plutôt dans les régions du sud vers le Mouydir et le Deggant, et qui, constamment en contact avec les Touareg Ahaggar et Oulad-Messaoud, sont loin de nous voir d'un bon œil.

Nous avions aussi rencontré, aujourd'hui même, une caravane de Chambba habitant Zaouïet-Kahala, qui avec des Oulad Ba-Hammou et des Zoua d'In-Salah, convoyaient à El-Goléa des harratine du Tidikelt (Berbères bruns ou noirs semblables à nos Rouarha) en quête de travail.

En effet, dans ce pays la misère est grande et très nombreux sont les harratine qui vont vers le nord, cherchant à s'occuper soit à El-Goléa, soit au Mzab, soit à Ouargla.

Les Zoua vont en estivage sur le territoire d'El-Goléa : dans l'ouad Mya, l'ouad Chebbaba, l'ouad Skhouna, ils s'avancent même jusqu'à l'areg Khanem et les gour El-Aggabi dans le nord-est d'El-Goléa. Ils sont ainsi tout autant les nomades du cercle de Ghardaya que du Tidikelt.

Tous savaient que j'étais en route pour venir ici. Comment s'était répandue cette nouvelle que je n'avais communiquée à personne ? Je ne saurais le dire. Peut-être était-ce simplement déduit de ma marche sur El-Goléa, direction que je n'avais jamais prise auparavant.

Mon itinéraire à la boussole depuis El-Hadj-Moussa tendrait à changer de beaucoup la longitude jusqu'ici généralement admise pour In-Salah.

Bien qu'un cheminement à la boussole ne puisse jamais passer pour un document absolument précis, je serais cependant tenté de croire qu'il y a quelque chose de vrai dans mon affirmation ci-dessus, car jusqu'à Hassi el-Mongar j'ai presque toujours fait du sud et parfois du sud-est. Or, El-Goléa se trouve à peu près par 0°29' de longitude est et In-Salah par 0°24' de longitude ouest, soit environ 100 kilomètres de différence. Ce qui — si la longitude acceptée pour In-Salah est exacte — m'aurait forcé à faire constamment une route sud-sud-ouest.

D'autre part, de Hassi el-Mongar, je relevais Gour Rahoua à une assez courte distance et, du point terminus de mon voyage de 1890, j'avais en vue ce même gour.

La distance qui sépare Hassi el-Mongar et par conséquent In-Salah de ce point terminus de mon voyage de 1890 ne saurait donc être très grande. — Supposons 100 kilomètres au maximum. — Or, ce point terminus est situé par environ 1°43' de longitude est et la longitude acceptée pour In-Salah est de 0°24' ouest, ce qui ferait une distance de plus de 230 kilomètres. Il y a donc là une erreur évidente, et rien que de ce fait il est certain qu'In-Salah doit être reporté vers l'est (1).

27 novembre. — Pour reprendre la direction du nord, j'avais résolu de ne pas emprunter le ravin d'El-Guettâra, afin d'explorer un autre passage de la montagne que je savais exister un peu dans l'ouest du premier et qui peut-être serait meilleur comme route pratique. Les hommes de la caravane rencontrée hier prétendaient bien que ce passage était obstrué et rendu infranchissable par suite d'éboulis récents, mais j'avais tout lieu de penser que cette nouvelle était fausse et que c'était tout simplement pour m'empêcher de relever cette nouvelle route. Je me dirigeai donc vers le N.-O. en marchant sur le même reg signalé hier.

En B nous entrons dans des mamelons de détritus de roches roulées, mélangés de sable. La marche est fort difficile, attendu qu'il n'y a plus la moindre trace de medjebed — celui venant d'In-Salah et se dirigeant vers le ravin que nous visons reste loin dans notre ouest. — Nous ne quittons pas la hamada (depuis K) très dure coupée

(1) D'après le dessin de mon itinéraire, je trouve comme coordonnées probables pour In-Salah : latitude N. 27°11' et *longitude Est* 0°23'40".

par les ouad Sabaye et Djereïfate ; ce dernier en D a un large thalweg où poussent quelques rares gommiers et quelques misérables touffes sèches. Dans l'ouest nous avons en vue la garet Ed-Dhiab, à l'est de laquelle s'étend une plaine argilo-sableuse, le maâder Kosseur, où viennent s'éteindre les deux ouad précités.

Nous campons dans l'ouad El-Guettâra qui se réunit un peu en aval avec l'ouad Abkhokheune, lequel va se jeter aussi dans le maâder Kosseur.

La nuit est absolument glaciale et il nous est impossible de fermer l'œil.

28 novembre. — Nous entrons péniblement dans les gorges de l'ouad Abkhokheune dont nous remontons le cours semé de roches de toutes formes et de toutes grosseurs et peuplé de très nombreux Tamat et Talha (gommiers de deux variétés) parmi lesquels beaucoup sont mutilés par les Zoua et les Oulad-Ba-Hammou pour la fabrication du tan de très bonne qualité que fournit l'écorce de ces végétaux.

Ce n'est qu'à partir de A qu'apparaît de temps en temps le medjebed venant d'In-Salah, si tant est que l'on puisse donner le nom de medjebed à ce ravin. Il s'infléchit en innombrables détours au milieu des éboulis et des roches où serpente le lit de la rivière, encaissé entre des massifs de plus de 250 mètres de hauteur.

Ces grands mornes sont splendides, mais d'une absolue nudité. Leur couleur est uniformément marron rouge. Ils sont constitués par des grès mêlés d'assises de gypse cristallisé en lames, et de puissantes couches de marnes vertes, rouges et jaunes. On y relève aussi des stratifications horizontales de calcaire gris contenant de grands fossiles en hélice qu'il est impossible de détacher. On trouve aussi de grandes Ammonites. (Roches de calcaire gris, compact, fissile en plaquettes. — Sphéroïdes de limonite. — Échantillons n° 8.)

Parfois nous rencontrons un trou plein d'eau des crues ombragé par un gommier au milieu du chaos le plus invraisemblable, particulièrement en B; nous en profitons pour remplir nos outres.

Aussitôt après, et pour éviter une gorge abrupte, il nous faut suivre un sentier à flanc de montagne qui nous permet de gagner le niveau supérieur du ravin, mais avec mille peines, surtout à cause des mehara qu'il ne peut être en aucune façon question de monter pendant toute cette journée.

Là le spectacle est vraiment admirable : nous dominons de haut le cours de la rivière, partout jonché d'énormes éboulis et coupé de cascades formées par des roches plates, peu épaisses, à demi brisées et surplombant sur des cavernes d'où les gypses et les marnes ont été peu à peu entraînés par les eaux (en C).

Nous gagnons enfin, par un dernier sentier en colimaçon, le sommet du Bâten. Là nous franchissons la ligne de partage des eaux en G par environ 630 mètres d'altitude et il ne nous reste plus qu'à descendre.

Si le choix de ce chemin nouveau devait me satisfaire entièrement au point de vue du pittoresque et du sauvage, il n'en était nullement ainsi au point de vue des facilités de passage. En effet, si le ravin de Guettâra compte une dizaine de kilomètres tout au plus de route difficile, celui que je venais de suivre se tient pendant 30 kilomètres en défilé de montagne, en gorges abruptes dominées par des mornes à pics nus et très élevés, d'un aspect splendide et d'un accès quelquefois même périlleux.

Tous les ouad du versant nord du Bâten ont un cours relativement long; ils ont d'abord un lit plat et sans berges et ce n'est qu'assez loin de leurs sources qu'ils commencent à s'encaisser. Leur végétation est composée de divers tamarix, de jujubiers de Rtem et de quelques graminées et ombellifères.

Au contraire, toutes les rivières du versant sud sont courtes ; elles ont des berges énormes dès leur naissance, et peu après, alors qu'elles atteignent le reg, elles s'épanouissent en filets à peine distincts et se perdent presque aussitôt. Leur végétation n'est composée que de quelques graminées et ombellifères et de très nombreux gommiers des deux variétés déjà signalées.

Il est curieux de constater que ces gommiers ne se trouvent jamais sur le versant nord, tandis que parfois à 500 mètres seulement de distance horizontale ils jonchent les ouad du versant sud.

Cette forme des rivières explique parfaitement la constitution orographique du Tademayt, dont les pentes nord sont très douces et très longues, alors que ses pentes sud sont abruptes et tombent brusquement sur le reg, s'abaissant en deux ou trois ressauts énormes, de près de 400 mètres.

A partir de G nous suivons, en le descendant, l'ouad Tilemsine supérieur dont le thalweg est à peu près plat. Nous campons dans son lit même.

29 novembre. — Nous descendons encore pendant 5 kil., en le côtoyant dans l'ouest, l'ouad Tilemsine qui fuit ensuite vers l'est. Nous escaladons alors une petite ligne de faîte qui nous fait retomber ensuite par un sentier en colimaçon dans la vallée de l'ouad Diss. La véritable tête de l'ouad Diss est l'ouad Ouassah-El-Beïda, d'autant mieux nommé que ses berges sont blanches et son thalweg relativement large. Cette rivière vient de l'ouest.

La vallée de l'ouad Diss, que nous descendons, a une largeur qui oscille entre 1000 et 3000 mètres. Elle est dominée par de grands mornes plutôt que par des berges (calcaire concrétionné cristallin. — Echantillon n° 9) dont la hauteur varie entre 30 et 60 mètres. Le lit est couvert de beaux Ethels et Tarfa ; nous y rencontrons de nombreuses mecheras pleines d'eau.

Nous fermons notre circuit en rejoignant notre itinéraire d'aller exactement à la tête de l'ouad Mya au point I du 24 novembre. En cet endroit nous rattrapons la caravane venant d'In-Salah, que nous avions croisée le 26 novembre.

Des Zoua sont campés dans tous les affluents de l'ouad Diss, dont le principal est l'ouad Hamdi.

Nous reprenons dès maintenant et à rebours notre ancien itinéraire et nous allons camper dans l'ouad Mya au même endroit que le 23 novembre. Nous retrouvons intacts tous les objets laissés dans la cache pratiquée sur la berge.

30 novembre. — Dès le matin El-Hadj se rend aux campements des Zoua auxquels il avait confié son mehari la semaine précédente ; il nous rejoint ensuite avec son animal à peu près aussi boiteux que par le passé. Nous campons presque au même point que le 22 novembre

1ᵉʳ décembre. — Même route, mais à rebours que le 22 novembre ; nous campons au même point que le 21.

2 décembre. — Même route que le 21 novembre ; nous campons sur notre ancien campement du 20. Dès le point R commencent à apparaître les Oghroud du « Ras-El-Erg » ; c'est du reste après ce point que nous avions cessé de les voir les jours précédents.

3 décembre. — Nous faisons la même route que le 20 novembre et nous rejoignons le soir même mon convoi qui nous attendait à Hassi El-Hadj-Moussa. J'avais parcouru près de 650 kilomètres en quatorze jours ; mes hommes, mes mehara et moi-même nous étions parfaitement éreintés et gelés, mais j'avais fait — comme me le demandait M. le Gouverneur et dans le plus bref délai possible — le lever de la route d'El-Goléa à Hassi el-Mongar, et j'étais en mesure d'envoyer dès le surlendemain par un courrier dirigé sur El-Goléa, à M. le Gouverneur Général, un rapport sur mon travail et le dessin au 100000ᵉ de l'itinéraire parcouru.

Le plateau du Tademayt, qui se tient à des altitudes relativement élevées de 400 à 700 mètres, est par suite très froid pendant l'hiver, et durant cette période de mon voyage j'ai eu fréquemment à subir des températures qui dans la nuit descendaient jusqu'à 6 et 7 degrés au-dessous de zéro. Le Sahara n'est pas en effet, comme on le pense assez généralement, un pays exclusivement et constamment chaud, et dans beaucoup d'autres points de son étendue, le thermomètre descend aussi bas et peut-être même plus bas encore que dans le Tademayt.

Tout ce pays est nu, excepté dans le cours des rivières ; il nourrit de très nombreux mouflons dans la partie méridionale ; mais nous n'avions guère le temps de les chasser, sauf un peu pendant le retour, où je doublais un itinéraire déjà dessiné. Je dois avouer pourtant que la chance nous a peu favorisés et qu'un seul de ces animaux a pu être atteint, encore la vieillesse rendait-elle sa chair rebelle à toute cuisson.

4, 5, 6 et 7 décembre. — Séjour pour rédiger mon rapport, ma carte et mon courrier, et remettre tout le convoi sur le pied de route.

La hamada qui s'étend entre El-Hadj-Moussa et El-Meksa, sur la route que nous avions suivie les jours précédents, est bossuée de petits mamelons de calcaire caverneux, avec vacuoles remplies de silice. (Echantillon n° 11.)

Il pleut le 6 décembre à partir de 4 heures du soir et pendant toute la nuit du 6 au 7, ce qui nous force à séjourner le 7, tout étant absolument trempé : la bâche, les sacs, les chameaux et surtout les bâts ; or, comme ces derniers sont attachés avec des lanières de cuir, celles-ci se relâchent et tous les bâts s'ouvrent et se démolissent si on les emploie mouillés.

Le matin du 7, je congédie trois de mes hommes, l'un Lakhdar que j'avais pris à El-Goléa comme guide pour le Tademayt ; l'autre parce qu'il est atteint de paresse incurable ; le troisième enfin parce que son mehari s'est brisé une côte et qu'on a été forcé de l'abattre.

Le premier de ces 3 hommes rentre à El-Goléa et les 2 autres à Ouargla. Ils emportent mon courrier.

Pendant mon absence, le campement a reçu la visite de Kouïder-ben-Younès et d'Ali-bou-Tayeb (tous deux des Chambba-oulad-Amrane d'El-Oued). Ils reviennent du Gourara où ils ont enlevé 15 chameaux à d'anciens ennemis de leur famille. Nous leur avons fourni des vivres dont ils manquaient absolument. Leroy leur a confié son courrier qui de la sorte arrivera très rapidement à Touggourt où ils se rendent.

III

DE HASSI EL-HADJ-MOUSSA A TIMASSANINE

L'OUAD INSOKKI — LE MAADER — L'OUDJE DE
L'ERG — LE TINGHERT.

8 décembre. — J'avais été mis fort en retard par le raid que je venais d'exécuter et je désirais sans plus attendre me diriger vers le pays des Touareg Azdjer, puisque le but principal de ma mission était d'essayer de traverser leur territoire.

Je devais pour cela couper l'ouad Mya au sud du fort d'Inifel, gagner la pointe de l'Erg nommée Guern-el-Messeyed, suivre l'oudje sud et toucher Timassânine.

Mon ami Leroy est très souffrant d'un accès de rhumatisme et force lui est d'abandonner la selle pour monter sur un bât disposé de façon à ce qu'il puisse s'étendre.

Nous franchissons d'abord la chaîne de dunes d'El-Hadj-Moussa, épaisse de 1800 mètres, puis nous marchons dans une plaine basse, sorte d'ouad qui est la continuation nord du Houdh-el-Meksa et dont le sol est composé de détritus de calcaire violet noyés de sable et mélangés de beaucoup de silex. A notre gauche et dans le même ouad, au pied du massif de dunes, on relève Hassi ed-Drina, fameux par le rezzi Touareg de 86. En B nous atteignons les mamelons qui forment bordure de la hamada en calcaire dolomitique gris et hauts d'une quinzaine de mètres. De B en C, chaâba large et assez simple qui n'est que le débouché du Saâb-Er-Remeth qui, à partir de C, n'est qu'une rigole dans la hamada. Nous le remontons jusqu'en D. Ce Saâb est bordé de très petits mamelons de calcaire, il contient du Remeth, du Tatrât, du Guedhom et parfois un peu de Neçi. Son sol est constamment de reg. La hamada qu'il traverse est entièrement nue.

En D nous quittons le ruisseau et nous marchons sur une plaine de reg fin dans laquelle nous campons au milieu d'une insignifiante dépression. Nous avons suivi rigoureusement depuis ce matin la route d'El-Goléa à Inifel qui est ici très apparente.

9 décembre. — Départ sur un reg superbe en suivant toujours le Medjebed d'Inifel. En B la route descend du plateau par une double série de mamelons qui forment la bordure ouest du lit de l'ouad Saret. Nous arrivons alors dans un épanouissement de cette rivière qui forme ici Maâder et s'arrête au pied de la ligne de dunes A qui barre l'ouad, et qui cache son cours vers Inifel et son confluent avec l'ouad Mya. Ce point nommé Dayet Saret nourrit du Rtem, du Drinn, du Harta, etc... Nous abandonnons ici l'ouad Saret et le Medjebed d'Inifel pour faire une route plus sud. Le sol est de la hamada ondulée presque toujours en reg, sauf les sommets des petits mamelons de la chaâba que nous traversons depuis C' jusqu'à F. C'est en somme la bordure déchiquetée du plateau de l'ouest-sud-ouest qui vient se terminer ici, côtoyée par une chaîne de dunes de formation récente dont le col, au point de notre passage, a actuellement 40 mètres et les sommets 60 à 70 mètres, alors qu'en 1879 cette ride de sable avait une élévation moitié moindre. Nous traversons, aussitôt après, l'ouad Mya, dont le lit est ici assez resserré et qui contient encore des Ethels et du Rtem. Cette rivière, au nord d'Inifel, n'apparaît plus que comme une vallée assez confuse et souvent envahie par des dunes isolées ou par des chaînes sans cohésion. Toute la rive droite de l'ouad Mya est bordée par une chaîne de dunes P qui va s'éteindre assez loin au nord vers le Hassi el-Malah.

En H, petits mamelons nommés Toumïet-el-Ghourd. Ils sont situés sur le Medjebed d'In-Salah à Ouargla par Hassi Insokki, Medjebed que nous suivons jusqu'au campement.

Nous établissons nos tentes dans le Haniet-el-Baguel espèce de maâder qui n'est autre que la perte de l'ouad Mssédli qui lui-même n'est que la partie inférieure de l'ouad Insokki. Ce Maâder, à sol argilo-sableux, contient du Rtem, du Baguel, du Drinn et du Harta. Il est envahi par les dunes de la chaîne P, et c'est donc sous leur masse que le cours de l'Insokki vient rejoindre celui de l'ouad Mya.

10 décembre. — Nous remontons le Haniet-el-Baguel et l'ouad M'ssédli ; c'est un système assez confus de boucles, de branches de rivières qui disparaissent sous la chaîne P. Une grande branche double K et K' (c'est là l'ouad Mssédli) va se terminer en L par le Haniet-el-Baguel ; en outre, la branche K' projette deux petites branches S et T qui vont directement se perdre sous les dunes P. Il n'y a aucun cours d'eau dans l'est de la chaîne P.

Les branches S et T sont encombrées de sables ; quant à K et K', elles ont une très belle végétation, de même que le large épanouissement Z, dit Dayet-Insokki, qui contient du Rtem, de beaux Éthels, du Harta, du Harra, du Drinn, du Mrokba, du Guedhom, du Ghessal, de l'Alenda, du Gouzzah et quelques pieds de Krom. C'est en amont de ce point — origine unique de toutes les branches sus-indiquées — que la rivière prend le nom d'Insokki. Le sol en est argileux, à petites buttes couvertes d'une végétation véritablement très fourrée. Nous remontons ici l'ouad en suivant soit la rive droite, soit le thalweg même que nous n'abandonnerons pendant quelques kilomètres que pour marcher en terrain plus uni sur sa berge de droite jusqu'en F où nous rentrons dans le lit de la rivière. Depuis F' l'ouad est fortement ensablé et son lit est très encombré. Ses berges de droite sont peu importantes et discontinues, çà et là seulement quelques petits mamelons. En H ces berges se relèvent et prennent une hauteur qui de 25 m. passe bientôt à 40 mètres. Ces berges rocheuses sont connues sous le nom quelque peu prétentieux de Kef-el-Ouar, bien qu'elles n'aient rien d'effrayant ni de difficile. (Calcaire roux et blanc vacuolaire avec ammonites, etc., échantillon n° 12.) Le pied de ces falaises, battu par la rivière même à partir de H, est en sol de roche semblable, dénudée par le vent et par le passage des eaux. Le sol est très raboteux et très difficile.

Toute la rive gauche de la rivière depuis la Dayet Z est bordée par une chaîne continue de dunes assez élevées Y, qui n'est en somme que la continuation de la chaîne P.

Des troncs secs d'Éthels accrochés très haut dans les anfractuosités de la rive de roche montrent que les crues de cette rivière sont parfois considérables.

Nous campons dans l'ouad même, à huit kilomètres au

nord de Ghourd-el-Atchane qui est la suite de la chaîne Y de bordure.

11 décembre. — Nous quittons l'ouad Insokki — dont le lit va s'éloigner au sud vers l'Erg Megraoun — en escaladant la haute berge de sa rive droite par un raidillon assez dur qui débouche sur le reg du plateau. C'est là l'extrémité sud de la hamada Draâ-el-Atchane, ou pour spécifier, le reg de Messeyed, dont toutes les pentes vont vers l'erg. Nous avons en vue — mais considérablement modifiés par un violent mirage — à l'est le Draâ-el-Atchane, puis en allant vers le sud, toute la ligne de l'oudje de l'erg jusqu'aux Oghroud de Guern-el-Messeyed, vers lesquels nous nous dirigeons. Le sol de toute la plaine, à peine ondulée, est du reg en petits éléments de quartz roulé, poli et brillant au soleil.

En B quelques petites cuvettes insignifiantes dont les mamelons de bordure sont en calcaires compacts (échantillon n° 13). A partir de C, cuvettes et petits cours de Sioul nombreux et couverts de Neçi; le terrain continue ainsi jusqu'à D. Puis le reg redevient absolument plat jusqu'à l'ouad Messeyed où nous campons en un point situé au pied de l'erg, à onze kilomètres au sud-ouest du point de Talhaïat relevé par moi dès 1890.

12 décembre. — La rivière de Messeyed a bien coulé au printemps dernier, mais la crue n'a pas suivi celui des bras qui contient les nombreux Tilmas de ce lieu, aussi les trouvons-nous tous à sec, comme nous nous y attendions du reste.

Lorsque les crues atteignent le bras des puits, on trouve de l'eau dans ceux-ci pendant plus d'un an, à cause de la couche imperméable d'argile qui conserve le précieux liquide et ne lui permet pas de s'enfoncer peu à peu dans le sol. Nous faisons aujourd'hui et à rebours une partie de mon itinéraire du 8 mars 90 et celui entier du 7 mars 90, pour aller camper dans l'estuaire de l'ouad Tinersal.

Deux de mes hommes, envoyés dès le milieu du jour afin de constater s'il y avait de l'eau en amont dans la Guelta à laquelle j'avais bu en 1890, nous rejoignent le soir et nous disent qu'ils ont trouvé ce qu'ils cherchaient en creusant à petite profondeur dans le gravier du lit de la rivière. Le temps a été menaçant tout le jour.

13 décembre. — Séjour. — J'envoie boire à la Guelta indiquée hier la moitié de mes chameaux et je donne l'ordre d'y remplir ceux des tonneaux et des outres qui sont vides.

Le Maâder du Tinersal est d'un vert admirable. Des pluies tombées au printemps et dans l'été dernier ont fait couler à pleins bords toutes les rivières du côté nord-ouest du maâder et leur végétation est luxuriante; il y a là du Drinn, du Chihh, du Chabreg, de l'Habalïa en fleurs; c'est une vraie prairie dominée par des Talha.

Cette région, si favorisée lorsqu'il a plu, devient alors le lieu de campement privilégié des Zoua d'In-Salah et de quelques Oulad-Ba-Hammou; ainsi la famille d'El-Hadj-Mahdi-Ould-Badjouda, chef actuel d'In-Salah, a passé l'été entier de 1893 avec ses troupeaux précisément dans le maâder de l'ouad Tinersal. Ce maâder et celui de l'ouad innommé qui le précède à l'ouest, se réunissent à l'oudje et forment un long cordon de sol argileux à belle végétation. Ces maâder pénètrent entre les Siouf, et l'estuaire même dudit ouad innommé décrivant une courbe autour d'une dune récente vient finir derrière elle dans un grand chaudron à sol d'argile qui doit garder longtemps l'eau des crues et où on voit encore les traces de celle de l'été dernier. Tout y est d'une verdeur admirable et nulle part je n'ai rencontré d'aussi appétissant Dhamrane. Dans le prolongement du Tinersal même, il y a aussi des chaudrons semblables à celui cité ci-dessus et ils se poursuivent fort loin vers le nord, mais actuellement ils sont en partie envahis et coupés par des dunes et l'eau n'y arrive plus aux époques des crues.

Je me suis rendu compte de cette forme en escaladant les oghroud de bordure malgré un vent de nord-est insupportable et extrêmement violent ; je constate aussi par la même occasion que tous les pics de bordure et ceux du massif environnant ont ici de 180 à 200 mètres au-dessus de la plaine.

Le temps, qui était resté menaçant toute la journée, se gâte définitivement dans la soirée et à partir de 9 heures il pleut à verse.

14 décembre. — Séjour forcé à cause de la pluie qui n'a pas cessé de tomber pendant toute la nuit. Il pleut encore du reste ce matin et toutes les petites cuvettes du maâder sont recouvertes d'une mince couche d'eau, ce qui nous permet d'abreuver ceux de nos animaux qui n'avaient pas bu. A midi, la pluie a pénétré de 0^m15 cent. dans le sable.

15 décembre. — Il a encore plu dans la nuit et tout est si mouillé que nous ne partons qu'à 10 heures pour faire, à rebours, une partie de ma route du 6 mars 1890. Nous campons au point où l'ouad Gholga vient se perdre dans les dunes.

Nous avons recueilli aujourd'hui de beaux silex taillés, parmi lesquels il convient de citer une hache noire superbe (basalte). Notre route nous fait traverser l'ouad Djokrane, son lit fort large et presque plat est criblé de nombreuses mecheras laissées par la pluie d'hier, qui en outre a entièrement recouvert le thalweg d'une légère couche d'eau courante se dirigeant vers les Feidjs qui terminent cet ouad. Ces divers Feidjs sont, bien entendu, encombrés de dunes, mais ils se réunissent comme l'indique le dessin ci-dessous pour aller vers Hassi Ghourd-Oulad-Yaïch. C'est là une route difficile, mais que suivent pourtant les chasseurs Chambba.

16 décembre. — Le temps absolument couvert et menaçant n'arrête point notre départ. Nous suivons à rebours pendant quelques kilomètres mon itinéraire du 6 mars 90 jusqu'à l'ouad Itlou, puis, côtoyant immédiatement l'oudje et ses trois ou quatre éperons, nous gagnons mon ancien campement des 23-24 et 25 février 90 dans l'ouad Imgharghar où nous dressons nos tentes, à cause de la pluie qui a recommencé avec intermittence et qui menace de tremper toute ma provision de farine et de kouskouss.

Le maâder de l'ouad Imgharghar est plein d'eau un peu partout, les mecheras y sont disséminées de tous côtés, l'argile qui constitue le sol est détrempée ; mais cet ouad n'a pas coulé comme les autres et n'a pas reçu les pluies du printemps et de l'été signalées plus haut. Toutes ses touffes de végétation sont sèches, de même que ses gommiers qui n'ont pas une seule feuille.

Comme je connaissais déjà le Menkeb-Souf, comme d'autre part nous trouvions de l'eau partout et qu'en conséquence nous n'avions plus besoin d'aller boire à Hassi Messegguem que j'avais précédemment visité, je pris la résolution, à partir d'ici, de couper à travers l'erg par le plus court pour gagner Ben-Abbou; cela me permettait de relever entre ces deux points l'orientation et l'épaisseur des chaînes, et de déterminer le nombre et la disposition des gassis intermédiaires. Un de mes guides, Mohamed Maâttallah, connaissait un peu cette partie de l'erg et m'en avait déjà parlé en 1890. Il m'affirmait du reste qu'un jour nous suffirait pour traverser la pointe du massif.

17 décembre. — Nous marchons d'abord sur un reg un peu gros qui bientôt devient plus fin. Jusqu'en P nous suivons le pied immédiat des dunes. En C nous sommes par le travers du point A de ma route du 23 février 1890. En B, à notre gauche, bou   e méridionale d'un gassi fermé au nord. En D nous effleurons un des Menkeb du Draâ qui borde le gassi Dayet-er-Rtem (suivi en 90). Par notre travers, à droite, se dresse le dernier coude visible pour nous du Draâ Souf. En E, grand passage de reg ouvert entre le Draâ du Dayet-er-Rtem et le Draâ Souf.

Nous traversons le Draâ Souf par un Teniet F qui domine le reg de 30 à 35 mètres, les pics majeurs variant entre 200 et 300 mètres. Ce Teniet, qui n'a guère que 1,500 mètres d'épaisseur, nous amène sur le gassi G, lequel se confond plus au N. avec le gassi Dayet-er-Rtem. Sa traversée compte 5 kilomètres sur un terrain plan de reg fin.

Nous abordons aussitôt après une chaîne épaisse de 8 kilomètres — le Draâ du Menkeb-el-Beguira — Là l'escalade est beaucoup plus difficile, les cols se tenant entre 90 et 100 mètres et les pics majeurs ayant 250 à 300 mètres ; mais nous étions loin de regretter nos fatigues devant le spectacle magique qui nous attendait du haut de ces sommets. Depuis ma mission de 90 — pendant laquelle j'avais attaqué la partie la plus difficile de l'erg par son côté nord-ouest — il ne m'avait pas été donné d'admirer de semblables panoramas. Le paysage est d'une incomparable majesté : au milieu d'un silence absolu, sous un prodigieux ruissellement de lumière, on voit se dérouler en un immense horizon un véritable chaos de pics d'or fauve dont les flancs dans l'ombre prennent un ton violet d'une merveilleuse douceur, puis venant trancher sur la gamme des jaunes, du côté du sud, une longue ligne bleue semblable à la mer et qui n'est autre que la hamada de Tinghert ; çà et là des couloirs du même bleu sombre indiquent la direction des grands gassis qui s'éloignent vers le nord.

On a tout le temps de se livrer à une longue admiration, car si l'homme, pieds nus, escalade sinon sans fatigue, mais du moins rapidement, les échelons de dunes, il n'en est pas tout à fait de même du convoi de chameaux qui, lentement et avec des hésitations de tous les instants, n'atteint que péniblement la ligne de crête dont il lui va falloir descendre dans les mêmes conditions le versant opposé.

Nous marchons, après la traversée de cette chaîne, sur le gassi H, couloir de près de six kilomètres de largeur qui semble fermé au sud, ou du moins qui n'a de ce côté qu'une très petite ouverture. Son sol est du reg fin et plan. Nous franchissons la chaîne de bordure sud-est de ce gassi, ride assez élevée mais peu épaisse, au pied même de laquelle nous campons, sur la hamada de l'oudje sud que nous avons décidément atteinte. Des débris énormes de bois silicifiés nous entourent de toutes parts (échantillon 201).

Cette région de l'oudje est la seule jusqu'à ce jour où j'aie constaté la présence des bois silicifiés, et cela depuis la pointe sud-ouest de l'Erg jusqu'à Ghdamès.

Au pied des dunes on recueille aussi d'assez nombreux silex taillés, et parfois on reconnaît la trace d'ateliers importants ; c'est du reste leur limite sud ou à peu près; ceux que l'on récolte plus loin sont toujours épars, en petit nombre et assez grossièrement fabriqués. Il semblerait que la région de l'Erg est celle où l'on trouve les plus beaux silex taillés, bien qu'au nord du massif dans le sud algérien immédiat j'en aie aussi recueilli d'assez remarquables.

18 décembre. — Ce matin tout est couvert d'une très forte rosée et un brouillard intense nous enveloppe jusqu'à 9 heures. Il est vraiment curieux de constater la disparition, dans la brume, des sommets des grands oghroud de bordure qui nous dominent de 200 mètres.

Nous quittons notre campement situé au pied est du Draâ de bordure ouest du gassi Q, à l'ouvert duquel nous nous trouvons Le brouillard m'empêche de faire de longues visées et je ne puis ni relever ni recouper les éperons en arrière de nous. Nous marchons sur un reg absolument semé de troncs d'arbres silicifiés brisés. Les silex taillés sont nombreux. Par-ci par-là quelques plaques de grès blanc et roux, tantôt fin, tantôt à gros éléments. Il se présente surtout sur le sommet des petites ondulations de la plaine qui se mamelonne un peu à notre droite en face de A.

En B, roches diverses (grès et calcaires). En K nous sommes directement en face du milieu de l'ouverture du gassi C dans lequel se jette plus au nord le gassi Q précité. Ce gassi C se prolonge fort loin et va se fermer par des siouf tout près du point où en 1890 j'avais commencé à marcher sur les grands gassis.

En D le reg se mélange de calcaire de hamada, et de grès, et le sol est ondulé. En E nous sommes par le travers de l'embouchure du gassi E qui se ferme à une quinzaine de kilomètres au nord.

Nous campons dans le maâder de l'ouad Ben-Abbou au point précis de mon campement du 3 mars 1892. Ce maâder n'est pas favorisé comme ceux plus au nord; il n'a reçu que les pluies de ces jours derniers et non pas celles du printemps, si bien que tout y est sec, même les beaux gommiers qui élèvent leurs têtes à forme quasi sphérique au-dessus de petites buttes argileuses recouvertes de Drinn et de Rtem considérablement altérés, si l'on en juge par leur état de siccité actuel. Il ne reste pour toute trace des pluies récentes que des cuvettes argileuses à fond fortement boueux.

Depuis deux jours mes chameaux ne mangent guère qu'en rêve, et malheureusement il va en être de même ce soir et demain.

19 décembre. — Nous continuons à suivre l'oudje de l'erg et nous faisons à rebours ma route des 3 et 2 mars 1892 pour aller camper au pied ouest du Menkeb-Allal.

Nous avons croisé en route la trace de trois chameaux égarés appartenant à des gens d'Ouargla; je dépêche deux hommes à leur poursuite et ils nous les ramènent le soir au campement (ces chameaux ont été remis de ma part aux mains de l'officier chef de poste de Ouargla par mon ami L. Leroy qui m'a quitté à Timassânine).

20 décembre. — Nous faisons à rebours ma route du 1ᵉʳ mars 1892 et nous allons camper à El-Bïodh où nous arrivons de bonne heure.

21 décembre. — Séjour à El-Bïodh où mes animaux trouvent une belle végétation verte qui leur permet enfin de calmer leur faim depuis longtemps inassouvie.

Sur toute cette route de l'oudje je relève les traces des chameaux razziés en octobre par Bou-Khacheba sur les Oulad-Sahia, rezzi remarquable et dont les chameaux ont été vendus à In-Salah. L'historique de ce hardi coup de main est le suivant : le rezzi, venu des environs d'In-Salah, a bu à Hassi-Chebbaba, puis descendant l'ouad Mya et débouchant sur la hamada El-Atchane, un peu au sud d'Inifel, mais hors de la vue du fort, il a bu à Hassi Ghourd-Oulad-Yaïch, puis, passant à Hassi bel-Haïrane il y a tué 6 chouaf sur 7 hommes. De là se dirigeant vers Touggourt, le rezzi a volé près de 400 chameaux aux environs de Matmat. Obliquant ensuite vers le sud-est pour éviter les parages de Ouargla, il a été boire à Hassi Bottine, a pris le Gassi Touil, côté oriental, et stationné deux jours à Mouileh-el-Guefoul pour y abreuver les animaux. En ce point il a été rejoint par une quarantaine d'hommes des Oulad-Sahia, qui pour la plupart n'étaient pas armés ou l'étaient fort mal. Une bataille a eu lieu, bataille dans laquelle les Oulad-Sahia ont eu 10 hommes tués et à peu près autant de blessés.

Le rezzi a touché ensuite à Ben-Abbou, Hassi Messegguem, Hassi-Farès-Oumm-el-Lill et In-Salah. Il comptait 42 hommes, tant dissidents Chambba que Touareg et Oulad-Ba-Hammou.

22 décembre. — En quittant El-Bïodh, nous faisons exactement la route que j'avais parcourue le 11 janvier 93 et nous allons camper au même point. Il fait un vent de nord-ouest extrêmement violent, qui soulève des masses de sable fort gênantes pendant la première partie de la route qui s'effectue sur la bordure de l'erg.

23 décembre. — Comme il me semble fastidieux et inutile de doubler mes propres itinéraires quand je puis faire autrement, je me décide à chercher un passage nouveau vers Timassânine. Nous remontons donc jusqu'en B le cours de l'ouad où nous étions campés, puis le laissant à gauche, nous cheminons directement sur la hamada composée de calcaires durs de toutes couleurs, où domine cependant le noir. En D, à notre gauche, un ouad qui se prolonge jusqu'au puits de Mouileh-el-Guefoul.

En E nous descendons du plateau par le Châbet Taguentarine, chaâba beaucoup moins raide que celle plus à l'est qui nous avait servi de route l'année précédente; puis, franchissant une dernière petite falaise formée de collines calcaires en G (calcaire sableux avec Oursins voisins des Cyphosomes. Echantillon n° 14), nous atteignons le lit de l'Igharghar. Son sol est du reg très humide encore à cause des récentes pluies qui ont été ici considérables (il a plu sans discontinuer du 16 au 20 décembre). Çà et là s'élèvent solitaires au milieu du reg quelques rares touffes de Ghessal.

A partir de M le reg se mélange de Bakhbakha à allure de Sebkha et où les chameaux enfoncent notablement.

Depuis H nous sommes entourés de gour composés de stratifications calcaires supportées par des couches épaisses de marnes verdâtres et rougeâtres qui se délitent et s'éboulent. En I, véritable sol de Sebkha recouvert d'un peu de reg. De nombreuses mecheras pleines d'eau brillent sur la plaine, mais leur accès est difficile à cause de la boue qui les entoure.

En J, partie de la hamada et éboulis des gour entièrement composés de fossiles (Ammonites. — Sénonien. Echantillon n° 15).

En K nous retrouvons le reg sur lequel nous côtoyons à son pied sud une petite ligne de dunes isolées. Nous allons camper au milieu de la hamada, dans un petit ouad qui se déverse vers le nord et où nous trouvons une assez belle nourriture pour le convoi.

Le Tinghert a ici 3 étages : savoir Q et Q' étage supérieur, R et R' second étage au pied duquel nous nous trouvons ; il ne reste plus qu'un étage à descendre pour arriver dans le Djoua.

24 décembre. — Nous partons sur une hamada blanche jonchée de fossiles (Strombes et Ptérocères) qui nous conduit jusqu'au rebord du 3ᵉ étage du Tinghert que nous descendons par une chaâba assez difficile, à son origine surtout. Nous rejoignons, au pied de la falaise, mon itinéraire du 13 janvier 1893. Dans les éboulis on trouve des Oursins et des Ostrea columba et olisoponensis. De puissantes assises horizontales d'argile accompagnée de petits bancs réguliers d'une substance blanche non encore déterminée forment le soubassement de la falaise. (Echantillon n° 16.)

Toute la plaine argilo-gypseuse qui mène à Timassânine est profondément ravinée par les pluies récentes ; les ravins ont rongé leurs berges, les falaises se sont éboulées et le fond de la plaine contient encore un chapelet de petites mares pleines d'eau, mais entourées d'un sol détrempé à tel point que les chameaux y enfoncent jusqu'au ventre.

J'envoie quatre hommes devant nous, en éclaireurs à Timassânine. Un de ces hommes me rejoint un peu avant mon arrivée pour m'annoncer que tout est tranquille, mais qu'il y a à la Zaouïa une caravane de Touareg.

Nous campons à Timassânine au même endroit que les années précédentes.

IV

LE DJOUA. — L'ERG D'ISSAOUAN

25 au 28 décembre. — Séjour à Timassânine. Je trouvai à Timassânine une caravane Touareg qui revenait de Ghdamès après avoir été en Tunisie à Foum-Tatahouine et jusqu'à Gabès. Ces gens regagnaient leurs campements situés dans la vallée des Ighargharen et dans l'ouad Samene, et ils avaient essuyé de fortes pluies entre Ghdamès et Timassânine ; leurs bagages consistant en sucre et en blé avaient même été enlevés pendant la nuit par une crue subite de la rivière dans le lit de laquelle ils étaient campés. Les jours suivants, ils retrouvèrent à grand'peine en aval les sacs de cuir qui contenaient le blé fortement mouillé et gonflé ; quant au sucre, il ne restait naturellement plus que les enveloppes.

Ils me dirent dès l'arrivée : « Cela ne nous étonne pas qu'il y ait un *roumi* ici, car nous avons eu ces jours derniers en route de la pluie et de grands froids ; nous étions donc à peu près sûrs de trouver un Européen à la zaouïa ». Ces gens pensent en effet que nous apportons toujours la pluie et le froid. Au moment où nous campions à la zaouïa de Sidi-Moussa — c'est le nom que les Arabes donnent à la petite oasis de Timassânine à cause du tombeau de Sidi-Moussa qui dresse près des palmiers et dans leur Est sa Koubba blanche — deux seulement des Touareg de cette caravane étaient présents, les autres étant restés avec leurs animaux dans un petit ravin, le châbet Taguentourt, distant de 8 ou 10 kilomètres seulement, et où un de leurs chameaux s'était cassé la jambe en descendant dans les éboulis de roches calcaires glissantes. Je leur prêtai un chameau sur leur demande, pour leur permettre d'aller rejoindre leurs compagnons en détresse, et ils le chargèrent de deux outres. Le lendemain matin seulement la caravane revint complète à Timassânine, apportant l'animal mort, entièrement dépecé, et partagé en une quantité de morceaux dont la chair, d'une dureté extrême à cause de la vieillesse, était rebelle à toute mastication. Le hartani El-Hadj-Embarek, gardien des palmiers, hérita de presque toute cette viande qu'il se mit en devoir de faire sécher comme provision pour les jours de famine.

Nous avions trouvé El-Hadj-Embarek campé dans une sorte de gourbi sans toiture, enclos édifié avec des branches de palmier. Il a abandonné sa misérable maison, que les pluies on tellement endommagée qu'il craint de la recevoir sur la tête.

J'avais l'habitude de donner un chameau à cet homme ; mais devançant mon cadeau, il me fit comprendre cette année qu'il préférerait de beaucoup recevoir de l'argent. En voici la raison : l'argent est facile à cacher et nul passant ne peut savoir si El-Hadj-Embarek est nanti ou non de Douros, tandis qu'un chameau se voit et lorsque quelque caravane de Touareg ou quelques cavaliers Touareg *nobles* passent ici, ils s'empressent de s'emparer tout simplement des animaux dudit El-Hadj qui, n'étant qu'Amghidi — c'est-à-dire serf — n'a qu'à s'exécuter sans rien dire, suivant la coutume des Touareg.

Il sut me convaincre par ses arguments et j'acceptai sans difficulté de lui donner mon cadeau en argent. Je lui achetai en outre, à quatre ou cinq fois leur valeur, trois moutons touareg, afin de donner un peu de viande aux hommes de mon escorte.

Ces moutons touareg — en arabe *Demmane* — ressemblent plutôt à des chèvres, et ils portent comme toison du poil et non pas de la laine ; leur tête fortement busquée, ornée d'énormes oreilles pendantes, est bien celle du mouton, mais ils ont seulement quelques touffes de laine sur les épaules et parfois sur la croupe, tout le reste du corps étant recouvert de poils courts et durs.

Dans tout le pays des Azdjer il n'existe pas d'autres moutons, bien que ceux d'Algérie puissent certainement y vivre ; les Touareg disent que ces moutons supportent mieux la soif que ceux de nos contrées. Ils ont aussi plus de poids et fournissent une plus grande quantité de viande. On en voit de temps en temps quelques-uns aux environs de Touggourt, où ils sont amenés par des chasseurs ou des marchands du Souf venant de Ghdamès.

Après m'être renseigné près des Touareg de la caravane et avoir appris que les chefs Azdjer étaient campés — comme je le supposais d'ailleurs d'après les nouvelles antérieurement reçues — dans l'ouad Tikhamalt ; après avoir appris en outre que la vallée des Ighargharen comptait d'assez nombreux groupes de tentes, je résolus de gagner le lieu de séjour des *Kebar* par une route nouvelle et inexplorée, qui avait le double avantage de me permettre de voir un pays neuf et d'éviter les nombreuses distributions de vivres et de cadeaux que j'aurais été dans l'obligation de faire, suivant la coutume, en empruntant une route couverte des campements des Ifoghas, des Azdjer et même des Issakkamaren.

Le Targui Mohamed ami et émissaire de Guedassen, ne demandait pas mieux que d'être mon guide dans cette occasion et j'acceptai ses services. Cet homme était affilié à la secte algérienne des Tidjani.

Parmi les hommes qui composaient la caravane de Touareg, celui dont je viens de parler, Mohamed-Ag-Yemma, avait été autrefois guide de Erwin de Bary dans son excursion au lac Mihero. Cet homme me confirmait ce qu'avaient déjà appris en Europe les renseignements venus jadis du Sahara, à savoir que l'Explorateur était bien mort de mort naturelle à Ghât en rentrant de voyage. Il ajoutait qu'Erwin de Bary avait trouvé en route une source minérale très chaude, qu'il y avait plongé son bras et aussitôt après avait été saisi de malaise, et qu'à partir de ce moment jusqu'au jour de sa mort il n'avait pas cessé d'être souffrant.

Deux autres des Touareg de la caravane, Khammalili et Ahmed-Ben-Mohamed-Ould-Aggouz, sont originaires des Ahaggar, leur mère seule étant des Azdjer. Ce dernier se trouve être le propre neveu du Targui Bedda-Ag-Idda, l'un des principaux informateurs du Général Hannotaux, qui lui a fait faire jadis à Alger la transcription de chansons en langue touareg dans sa fameuse grammaire Tamachek. Cet Ould-Aggouz a reconnu immédiatement certaines pièces écrites de la main de son oncle dont je lui ai donné lecture.

Parmi les renseignements intéressants qui m'avaient été fournis par ces Touareg, il faut noter ceci :

Les principaux Ifoghas sont à Ghdamès encore sous le coup du rezzi tripolitain venu de l'ouad Lajal qui leur a, l'été dernier, enlevé 750 chameaux et tué un grand nombre d'hommes.

Ouan-Titi a reçu cet été, pour m'être remises, des

lettres d'Ikhenoukhen et des Kebar des Azdjer, mais fort occupé par le rezzi précité, il n'avait pu encore me les faire parvenir ou me les apporter.

Ils m'apprennent en outre que le Foghas Handeboul est à El-Oued, de même que Abd-en-Nebi accompagné d'un certain nombre d'Ifoghas et d'Issakkamaren. Cet Abd-en-Nebi est le même qui était chef du Miad, venu en Algérie à la fin de 1892.

Comme leur route était la vallée des Ighargharen, les Touareg auraient été très disposés à me la faire prendre, mais je désirais d'autant plus ne pas emprunter le sentier de Menkhoukh que je venais d'apprendre que de nombreux campements s'éparpillaient dans cette direction et que j'aurais été, en y passant, dans l'obligation d'hospitaliser une quantité de gens avides de cadeaux et de nourriture, qui seraient venus de toutes parts affluer à mon camp, suivant la déplorable habitude des Touareg.

Le colonel Flatters avait eu à subir cette agaçante et ruineuse coutume, et j'ai appris, par les Azdjer eux-mêmes, qu'après avoir été comblés de cadeaux par le colonel, ils se hâtaient d'aller changer de costume, et jusqu'à deux fois de suite, pour pouvoir revenir à nouveau demander une aumône au voyageur.

Ma troupe était nombreuse et je ne pouvais pas, pour ne point épuiser dès le commencement mes fonds de mission, emmener avec moi toute mon escorte. Je réexpédiai donc de Timassânine dix-sept hommes vers Ouargla sous la direction de mon ami L. Leroy qui m'avait accompagné jusque-là, mais dont la santé momentanément ébranlée supportait mal les fatigues du voyage.

Il me restait alors 21 hommes, mon matelot Villatte, et mon guide Targui Mohamed. Ce dernier avait confié ses chameaux à ses amis de la caravane touareg, qui chaque jour devait partir, mais qui néanmoins ne quittait pas son campement, pour se faire plus longtemps nourrir. Ce n'était là que le commencement de l'exploitation. Le nègre d'Abd-en-Nebi, campé dans le voisinage, et sachant que je devais venir vers cette époque, me fait demander par le gardien de la zaouïa de ne pas oublier de lui laisser un cadeau, s'il n'est pas là au moment de mon passage.

Après avoir rédigé mes notes, je remis à Leroy mes observations astronomiques, mon lever de route jusqu'ici et les documents recueillis, afin qu'il pût rapporter le tout en Algérie, et qu'au besoin on pût faire sans moi, s'il m'arrivait quelque chose de fâcheux dans la suite, tous les calculs des observations.

29 décembre. — Dès le matin les deux fractions de la mission quittaient Timassânine, Leroy prenant la route du nord et moi-même marchant vers l'est pour suivre pendant quelques jours la dépression qui sur les cartes porte le nom de Djoua, puis d'ouad Ohanet.

Le Djoua, dont la pente est de l'est à l'ouest et qui vient se jeter dans l'Igharghar à peu de distance de Timassânine, est une longue vallée d'une largeur variant entre 6 et 15 kilomètres, bordée au nord par une ligne continue de falaises calcaires d'une centaine de mètres, profondément et irrégulièrement découpées par une succession de caps et de golfes — ces derniers servant d'embouchures aux ravins du Tinghert — falaises qui se prolongent dans l'est jusqu'au Fezzan. Au sud le Djoua est limité par le massif de l'erg d'Issaouan qui étend parfois jusqu'au milieu de la dépression ses longues et capricieuses lignes de dunes de formation récente, tantôt unies et douces, tantôt percées de petits mamelons de gypse cristallisé que le soleil fait briller de mille étincelles, ou de mamelons de calcaire blanc et nu.

Mon guide Targui Mohamed, très au courant des routes de caravanes du Sahara, ne connaît pas cette région et ne l'a jamais parcourue ; comme tous les nomades du désert, il suit sans se tromper la direction qui doit nous mener au puits de Tadjentourt sur le medjebed de Ghdamès à Ghât, mais ce n'est là qu'une question d'instinct, car il n'y a pas l'ombre de route et personne ne passe ici à cause du manque d'eau en temps ordinaire.

Nous avions calculé dans le principe qu'une dizaine de jours nous étaient nécessaires pour atteindre Tadjentourt, mais nous pensions bien trouver dans l'intervalle quelque mechera bienfaisante qui nous permettrait d'abreuver nos animaux.

En général, des chameaux chargés, pendant l'hiver, peuvent marcher 10 à 12 jours sans boire, mais à la condition qu'ils trouvent une nourriture régulière et que les nuits ne soient pas trop froides et ne les recouvrent pas de gelée blanche ; or c'est précisément le cas qui se présentait pour nous pendant cette période où le thermomètre descendait constamment au-dessous de zéro avant le lever du soleil et où nous avions à subir toute la journée un vent de N.-E. absolument glacial.

Il est curieux de constater que la gelée blanche des nuits du Sahara agit sur les chameaux de la même façon que les journées chaudes de l'été, les deux phénomènes altèrent énormément l'animal ; je ne voulais pas tout d'abord admettre ce fait que je classais parmi les légendes si nombreuses qui sont pour les musulmans autant d'articles de foi ; mais il m'a bien fallu me rendre à l'évidence lorsque j'ai vu des chameaux se précipiter avec furie vers les puits après seulement quarante-huit heures d'abstinence, mais aussi après deux nuits de gelées blanches, tandis qu'en temps normal ils ne font dans ce cas que se tremper les lèvres et boivent à peine.

Nous suivons l'oudje de l'erg sur le bord du Djoua dont le lit, autrefois beaucoup plus large, est de plus en plus envahi par l'erg. Entre les dunes se découpent de petits ravins à sol de gypse et d'argile rouge ou de reg qui se déversent dans le Djoua. Ils sont jonchés de coquilles (Cyrene, Corbicula, Melania). D'autres coquilles nombreuses sont mêlées aux premières (Bivalves changés en fer oligiste — non encore déterminés. Echantillon n° 19). Partout de beaux silex taillés d'un travail très fini.

La physionomie de l'erg est toute différente de celle de l'erg du nord. Les pics ne dépassent pas 50 ou 60 mètres jusqu'ici et ils viennent mourir en pentes très douces et très longues jusqu'au lit de l'ouad, séparées par des espaces à sol d'argile plans, couverts, comme le lit de l'ouad du reste, de hautes buttes de 10 à 15 mètres d'argile sableuse couronnées d'Ethels et de Tarfa. Il y a aussi de nombreuses touffes de Dhamrane et de Guetaf sur des éminences plus petites, et du Had sur les dunes.

En B on passe au sud et à 500 mètres de quelques palmiers situés dans le lit de l'ouad et voisins d'un puits très peu profond, ils appartiennent à la famille d'Abd-Ul-Hâkem.

En C, cuvettes de reg sur gypse avec boursouflements de gypse en roche cristallisée (Borreig).

En D, recueilli à nouveau des Bivalves de l'échantillon n° 19. A notre gauche dans l'ouad se trouve le puits dit Hassi Tabtab. En E nous passons par le travers à 1 kilomètre au sud d'un groupe de hautes buttes dominées par une un peu plus élevée et qui porte en langue touareg le nom bizarre de Hallihallouz. Ces buttes forment de véritables mamelons dans le lit de la rivière et sont couvertes de la végétation indiquée plus haut.

Plus nous avançons, plus nous constatons que les siouf de l'oudje progressent vers le nord. Il y a çà et là quelques promontoires d'argile mélangée de gypse qui se montrent dans l'erg sur notre route et à quelques centaines de mètres à notre droite, mamelons qui se recouvrent peu à peu de sable. Il est évident que ces témoins sont des fragments de l'ancienne berge de rive gauche de l'ouad Ohanet qui avait alors de 5 à 8 kilomètres de largeur réelle. Les hautes buttes sont aussi les témoins du plateau primitif, d'abord érodé par les eaux, puis ensuite lentement envahi par les sables.

Nous campons sur le bord sud du Djoua dans un lit de rivière venant de l'intérieur de l'erg. Il a de petites berges de rive droite en argile gypseuse. Nous trouvons là le squelette entièrement desséché d'un homme mort de soif ; son outre racornie, son couteau et quelques autres menus objets sont épars tout près de lui.

Au milieu de cet erg existent, paraît-il, de grandes surfaces de reg uni comme les gassis, mais entièrement fermées et couvertes de très beaux gommiers. Ces cuvettes ne se trouvent malheureusement pas sur notre route ; elles sont situées dans notre sud.

30 décembre. — Nous marchons toujours sur la bordure sud du Djoua. Les buttes d'argile surmontées de végétation disparaissent complètement de son lit. La rive sud est bordée de Gouïret d'argile qui se mélange de plus en plus de gypse ; à partir de D, le gypse apparaît dans ces mamelons en roches lamellaires horizontales et cristallisées ; ces couches sont séparées par des couches de marnes rouges et vertes.

En B, petite cuvette recouverte de détritus de calcaire gréseux à fragments plats.

Les Gouïret de droite sont recouvertes de dunes et disparaissent parfois sous l'erg envahisseur. Elles deviennent beaucoup plus visibles à partir de C, parce que l'erg formant golfe s'éloigne un peu.

La falaise au nord se déchiquette davantage et dessine une succession de baies et de promontoires avancés. Sa ligne est moins rigide qu'en face de Timassânine et sa hauteur ne dépasse guère ici 80 mètres. Les éboulis de cette falaise sont beaucoup plus importants qu'à l'ouest et forment une masse avancée de petits gour bas.

De K en F nous marchons sur une sorte de vaste Sebkha, un peu plus élevée que le niveau du fond du Djoua.

Tout le sol est du borreig lamellaire, par fragments à plat, ou posés verticalement, ou bouleversés (on dirait une stratification autrefois horizontale qui a été disloquée depuis). Cette roche de gypse transparente fibreuse est tantôt noyée d'un peu de sable, tantôt nue, et alors la face exposée à la lumière est blanchâtre et pulvérulente. Je recueille sur cette surface et au pied des Gouïret de bordure sud : 1° en M des vertèbres de squalidés (échantillon n° 20), et 2° en P des dents palatines de poissons (échantillon n° 21). — Il n'a pas encore été décidé si ces restes appartiennent à la même espèce, mais la question est à l'étude.

Toute la dépression du Djoua — sauf des bandes d'argile sur son côté nord formant lit — est composée de ce sol qui brille au soleil et dont la blancheur fatigue énormément la vue. En C, le sol toujours gypseux s'ondule un peu.

Depuis D les nombreuses petites gouïret de gypse et de marne se couronnent de calcaire blanc dur et le terrain se recouvre — avec un mélange de gypse — de détritus fins et plats de ce calcaire. Les monticules surmontés de ce calcaire blanc pénètrent dans l'erg qui en ensevelit un grand nombre.

Il n'y a pas trace de végétation sur ce sol absolument nu; les siouf d'éperons eux-mêmes en ont fort peu et nous sommes obligés, pour avoir un peu de bois et de nourriture pour les chameaux (Had), de marcher vers l'erg en plein sud pendant près de 2 kilomètres, pour établir notre campement de ce soir.

Les deux journées d'hier et d'aujourd'hui ont été particulièrement froides et un vent de N.-E. glacial n'a pas cessé de souffler.

Le lit du Djoua est toujours, depuis Timassânine, rempli de mecheras; et, sur les emplacements d'argiles rouges de son côté nord, brille de temps en temps la tache bleue d'une mare qui rappellera quelques jours encore les dernières pluies tombées sur cette partie du Sahara que huit années de sécheresse consécutive avaient entièrement parcheminé, pour ainsi dire.

Le gibier pullule, surtout les antilopes. Il paraît que pendant l'été cet erg-ci regorge d'antilopes encore plus que l'erg du nord. Elles sont d'autant plus faciles à atteindre en été qu'elles sont accablées par la chaleur et qu'elles ne trouvent point ici le moindre arbrisseau qui puisse leur donner un peu d'ombre. Si le gibier n'est pas non plus fuyard en hiver, c'est uniquement parce qu'il est peu ou point poursuivi. Les Touareg, en effet, ne viennent presque jamais de ce côté-ci; de plus, ils sont assez mauvais chasseurs et très piètres tireurs. Ils ne chassent du reste qu'à l'aide de lévriers médiocres de sang mêlé qui parfois leur permettent de tuer quelques animaux. Ils attachent pour cette raison un grand prix aux lévriers de pur sang de notre Sahara, dont ils se procurent quelquefois de rares échantillons venant de chez les Chambba.

31 décembre. — Nous marchons sur l'oudje de l'erg qui projette ses éperons dans ou vers le Djoua, éperons irrégulièrement espacés, irrégulièrement allongés. Le sol entre les siouf est de nebka en général, mais dans les premières heures de marche la nebka est coupée de cuvettes ou de thalwegs se dirigeant vers le Djoua et dont le sol est du gypse comme dans la journée d'hier. Il y a aussi quelques plaques de reg (en B et en C particulièrement) composé des détritus d'un calcaire zôné rempli de sable siliceux (échantillon n° 22), débris des nombreux mamelons qui jaillissent de la nebka ou des derniers siouf et qui s'étendent jusqu'au Djoua. Ces mamelons ont de 8 à 12 mètres de hauteur et plusieurs sont complètement recouverts par les dunes.

L'erg est constitué par des chaînes sinueuses, comme je l'ai déjà dit ; ces chaînes sont orientées sensiblement nord-est-sud-ouest. Les pics, qui ont une constante tendance à croître en élévation, ont ici entre 70 et 80 mètres. Les Teniet — assez à pic du reste, car ce ne sont que des siouf un peu moins élevés que l'on choisit pour le passage — ne dépassent pas 30 et 35 mètres de haut. Comme nous coupons les chaînes presque perpendiculairement à leur direction, la marche est assez difficile.

Il n'y a ici aucune végétation, excepté du Had, un peu de Halma qui disparaît bientôt et quelques touffes de Sffar. Le Had est vert, le reste est sec. La falaise reste à des distances variant entre 10 et 15 kilomètres dans notre nord, toujours profondément entaillée par des golfes énormes et bossuée d'une série d'éperons irréguliers. Elle est plus élevée qu'hier et a repris son altitude relative de 100 mètres au-dessus du thalweg. Nous campons au pied d'un haut sif de sable.

1ᵉʳ janvier 1894. — Nous marchons dans l'erg sur sa bordure. Dès le matin nous avons expédié deux hommes à mehara, Mabrouk et Bissati, pour aller dans le Djoua chercher une mechera où nous puissions faire boire nos animaux et refaire notre provision d'eau ; ils doivent venir nous rejoindre dès qu'ils auront trouvé, et dans tous les cas rallier le convoi au moment du campement.

Les pics de l'erg, aujourd'hui, atteignent 150 mètres ; les chaînes sont, comme hier, séparées par des espaces ondulés en sol de nebka coupé çà et là :

1° En A et en B par des cuvettes de gypse cristallisé à demi noyé de sable ;

2° Par des cuvettes à sol mi-partie argile ou marne, avec nombreux mamelons de calcaire jaune (semblable à celui des environs d'Imoulay), et surtout de roches brunes et rouges composées de grès grossier ferrugineux mêlé de Carbonate et d'Hydroxyde de fer (échantillon n° 23).

Les Sniga sont, comme dans l'erg au nord-ouest de Ghdamès, pavées de roches calcaires (calcaire gris, calcaire grenu et silex jaune à cassure subciroïde ; échantillon n° 24) ; parfois aussi on y relève des stratifications verticales et parallèles — au ras du sol — de grès grossier rougeâtre, en affleurements peu fréquents.

Nous n'avions point en vain compté sur le hasard, car vers dix heures du matin nous tombions tout à coup, entre deux chaînes de dunes, dans une espèce de chaudron à sol de roche dont tout le fond était recouvert d'une nappe d'eau admirablement claire, qui aurait amplement suffi aux besoins de 1000 chameaux.

Bien qu'il soit encore de très bonne heure, je décide néanmoins de camper en ce point pour avoir tout le temps nécessaire de faire notre eau.

Plusieurs hommes sont envoyés à la chasse, les antilopes laissant autour de nous d'innombrables traces toutes fraîches ; le temps n'est cependant pas propice pour la chasse, car nous recevons quelques gouttes d'eau dans l'après-midi.

Les chameaux boivent très abondamment et les hommes remplissent tous les tonneaux et toutes les outres de cette eau excellente et limpide.

Le Djoua est tout près de nous à gauche. L'ouad qui court dans cette dépression n'a plus qu'un lit réel restreint, dont le sol de gypse nu devient bientôt du gravier et du sable, avec une végétation assez dense de Dhamrane et de Guedhom.

La rive gauche est envahie par les siouf de l'erg, elle est constituée par de petits gour de marnes rouges et vertes constellées de cristaux de gypse ; ces gour sont irréguliers et disparaissent parfois entièrement, sous le sable qui progresse. Au-dessus de ce gradin il existe une succession de mamelons variant entre 8 et 12 mètres en calcaire gris et blanc qui devaient autrefois former la berge réelle de rive gauche. Les chaînes de dunes les recouvrent aussi peu à peu.

Sur la rive droite on voit d'abord un premier gradin composé de petits gour très nombreux et séparés qui doivent leur existence à l'érosion des terrains environnants enlevés par les eaux ; un second gradin plus élevé et sillonné de ravins déchiquetés est composé à son origine par les éboulis de la falaise du nord qui tombe à pic sur ce second étage, et dont la composition géologique est la même que celle de la falaise de Timassânine, dont elle n'est que la continuation. Voici du reste une coupe qui donnera une idée de la physionomie du Djoua.

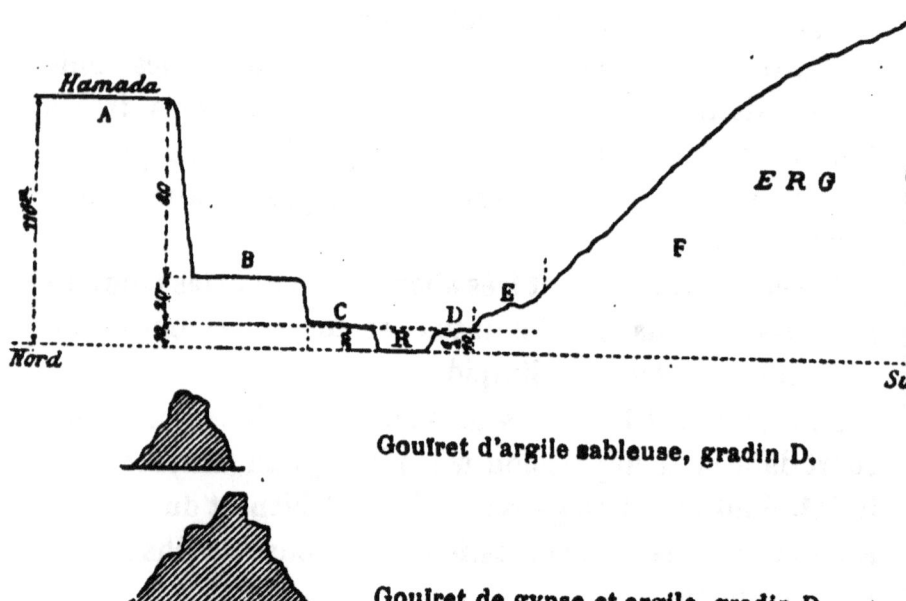

A. — Plateau supérieur tombant presque à pic sur B.
B. — Second gradin fortement raviné et déchiqueté, recouvert dans sa partie nord des éboulis de A.
C. — Premier gradin composé d'une multitude de petits gouîret ou mamelons que détruit peu à peu la pluie.
R. — Lit du Djoua.
D. — Premier gradin sud composé de petits gouîret érodés, dont quelques-uns seulement subsistent.
E. — Région de mamelons calcaires à moitié recouverts par les dunes; ancienne berge de rive gauche.
F. — Dunes, massif de l'Erg.

La nuit se passe sans que nos hommes, envoyés à la recherche d'une mechera, reparaissent. Seuls les chasseurs sont rentrés à la tombée de la nuit avec des antilopes.

2 janvier. — Nous partons, toujours sans nouvelles de mes deux cavaliers. La marche s'effectue d'abord sur un reg de calcaire assez dur coupé de mamelons et de fortes ondulations qui se perdent au nord vers l'ouad, et au sud sous les dunes dont ils forment les assises d'éperons. Tout cela est le même calcaire que celui du n° 24, mais jonché de nombreux débris à couleur foncée: grès irréguliers formant des tiges coniques ou cylindriques, des sphéroïdes ou des fragments irréguliers d'Hydroxyde de fer mamelonné ; et fragments de fer limonite (échantillons n° 25).

En B, gara de gypse et marnes rouges et vertes couronnées de gypse transparent fibreux (Borreig). De C en Z, c'est-à-dire sur près de 12 kilomètres, ce n'est qu'une série de mamelons, sorte de petit massif montagneux P, chaotique et bouleversé. Ces mamelons, — tantôt bas, tantôt assez élevés et atteignant alors une hauteur maximum de 40 mètres — sont tous composés de gypse, de marnes et de calcaires durs gris. En D surtout, tous les sommets sont en calcaire de ce genre (échantillon 24).

En E, cuvette de gros reg dont les éléments sont fournis par les roches des échantillons 24 et 25. En F, mamelons assez importants et hamada de grès. Plaquettes de grès composé de très petits sphéroïdes ; grès fissile et grès formé de petits sphéroïdes agglutinés (échantillon n° 26).

En G, mornes élevés (30 à 40 m.), composés : en haut d'un peu de calcaire et de grès blanc pur, et en dessous de marnes et de Borreig.

On recueille aussi çà et là sur la route quelques morceaux de grès grossier noir (échantillon 27). Nous campons dans une sniga de l'erg sur l'emplacement d'un atelier de silex taillés très important. Il y a là des instruments de toutes sortes, des meules, de grands plats de grès gris. La route d'aujourd'hui nous avait fourni d'autres silex taillés, mais il faut remarquer que la taille est ici bien plus grossière que dans les régions du nord. Auprès du campement on constate des affleurements de grès à stratifications verticales, au milieu desquels s'élève comme un fût de colonne une masse cylindrique irrégulière à surface lisse presque sur toute sa circonférence, portant des sortes de nervures saillantes qui lui donnent tout à fait l'aspect d'un tronc d'arbre. Ce fût qui a un mètre de haut et environ 0 m 40 c. de diamètre semble coupé en un certain nombre de stratifications absolument planes et presque horizontales. Je l'ai renversé avec l'aide de Villatte sans grande difficulté sur une de ces stratifications. Cette roche est du grès calcarifère avec zones formées de sphéroïdes réunis (échantillon n° 28). Dans les divers grès rencontrés aujourd'hui, la forme ci-dessus est constante, les stratifications sont presque verticales ; les sphéroïdes ont un diamètre variant entre 2 et 5 millimètres ; l'aspect est celui d'une grappe de raisin encore jeune et dont les grains seraient extrêmement serrés les uns contre les autres. Le plus souvent, un seul côté des plaquettes présente cet aspect, pendant que l'autre face est simplement lisse.

L'erg où nous sommes campés ne nourrit exclusivement que du Had, et encore les touffes de ce végétal sont la plupart du temps sèches.

Mes deux hommes ne sont point rentrés et je commence à éprouver une certaine inquiétude à leur sujet. Ils n'ont ni eau ni vivres et je les connais assez pour savoir qu'ils n'ont pas dû hésiter à suivre une piste de chasse. Nous avons coupé aujourd'hui même leurs traces, marchant au trot vers le sud-est. Ils ont dû hier nous croire plus dans l'est, car ils ne savaient pas que nous avions trouvé une mechera le 1er janvier. Il faut maintenant laisser passer la nuit, et demain j'aviserai. J'espère pourtant que ces hommes auront croisé dans la journée les traces de mes chasseurs qui tous avaient pris vers le sud, et qu'alors ils nous rejoindront.

3 janvier. — Séjour. Le matin, aucune nouvelle de mes deux absents ; j'expédie 3 ou 4 hommes à la chasse vers le sud et j'envoie deux hommes, montés et pourvus de nourriture et d'eau, à la recherche des égarés. Ils ont pour instruction de rejoindre la piste que nous avons coupée hier et de la suivre sans la perdre de vue un instant. Ces deux envoyés reviennent au camp vers 4 heures avec Mabrouk et Bissati dont voici l'odyssée.

Le 1er janvier, ils ont cherché sans succès une mechera dans l'ouad, ils sont même remontés jusque dans les ravins de la falaise nord, mais encore sans découvrir d'eau. Ils sont ensuite revenus pour couper notre itinéraire, mais ne sachant pas que nous nous étions arrêtés de très bonne heure à une mechera, ils ont supposé, en ne voyant point de traces, que nous avions obliqué vers le sud-est. Ils ont donc marché dans cette direction jusqu'à la nuit. Le lendemain matin 2 janvier, ils ont continué vers le sud-est et ont perdu un certain temps pour chasser et tuer une antilope ; vers 10 heures du matin, ils ont fini par se dire que nous étions certainement restés en arrière, et tournant bride, ils sont alors revenus vers le nord-ouest et ont trouvé les traces laissées le 1er janvier par deux de mes chasseurs. Ils ont couché sur ces traces et ont continué à les suivre ce matin ; ces traces les ont conduits à la mechera des dunes, où ils se sont désaltérés et ont abreuvé leurs mehara ; puis suivant alors à grande allure les traces de la mission, ils ont rejoint mes deux envoyés.

4 janvier. — Nous partons dans les petites dunes qui nous entourent et vont mourir dans le Djoua, non loin de nous. La falaise est à environ 15 kilom. de nous, elle se rapproche — un de ses éperons avancés du moins — jusqu'à 7 kilom. à la hauteur de P, puis s'éloigne de nouveau, et en C elle reste à 15 ou 18 kilom. au nord.

En A, hamada ou reg dur semé de siouf peu épais ; le sol est assez généralement noyé de nebka et constitué par divers calcaires gris et des masses de débris de limonite plus ou moins concrétionnée (échantillon n° 29). Il y a aussi des grès formés de sphéroïdes, parfois en détritus, parfois en roches unies sur une face. Dans les reg et hamada B, B, B, calcaires siliceux et poudingues calcaires agglomérant des rognons de quartz, le tout mêlé du grès ci-dessus. L'erg affecte ici la forme des Slassel-Dhanoun ou des ramifications du Ghourd Retmaïa. Les grands Oghroud sont espacés et séparés par de larges feidjs de nebka ou par des gassis de reg moyen. Les pics majeurs ont de 100 à 150 mètres.

En C, ouverture d'un grand gassi qui se dirige droit vers le sud magnétique et atteint — comme je l'ai constaté par la suite — la hamada d'Eguélé traversant en entier toute cette partie de l'erg.

De C nous infléchissons franchement notre route vers le sud-est en laissant le Djoua dans le nord. Nous venions de suivre cette dépression pendant 150 kilomètres, bien que sa direction générale nous portât trop dans l'est, mais la route directe à travers les dunes eût été probablement beaucoup plus pénible — du moins Ag-

Yemma le supposait — et, de ce fait même, ne nous aurait pas sensiblement fait gagner de temps. Mais maintenant que devant nous s'ouvrent de grands couloirs, nous entrons en plein dans l'erg sans aucune hésitation.

En E, reg calcaire à éléments moyens ; calcaire rosé et violacé noyé d'un peu de nebka. Nous montons bientôt sur un plateau qui n'est autre que le sol du gassi (montée de 20 à 25 m.). A partir de F on quitte le gassi jusqu'en H pour cheminer dans les dunes. Cette partie de l'erg est fort belle, elle ne nourrit que du Had et du Drinn, mais ces deux plantes sont excessivement vertes et florissantes. Les antilopes et les gazelles y pullulent et les chasseurs en rapportent plusieurs au campement du soir qui est installé dans un feidj couvert de belle végétation.

Le guide, n'ayant jamais traversé cette région, est assez hésitant sur la direction réelle à suivre. Pour moi, je ne crois pas que nous soyons à plus de 50 ou 60 kilom. de Tadjentourt, d'autant que les chasseurs rentrés ce soir m'ont dit avoir aperçu du haut des grands oghroud, à l'horizon du sud, des gour s'élevant sur la hamada.

L'Erg est loin d'être compact — du moins ici — comme celui du nord ; ce sont plutôt de très importants massifs plus ou moins séparés par des feidjs, des gassis, des vallées. Jusqu'ici du reste il n'a été traversé par aucun Européen, les routes de Duveyrier et de Flatters l'ayant seulement côtoyé dans l'est et dans l'ouest. Il n'est donc pas étonnant que les cartes donnent à cette région une physionomie si peu en rapport avec la réalité.

5 janvier. — Nous faisons une route plein sud-est dans l'Erg ; coupé en A, A, A, de grands feidjs à sol de nebka. Les oghroud clairsemés qu'il faut franchir sont assez élevés. Les Teniet se tiennent à 70 ou 80 mètres au-dessus des Feidjs. La végétation est toujours très belle et très verte, mais elle ne se compose que de Had et de Drinn ; plantes auxquelles, à partir de B, vient se joindre une certaine quantité de touffes de Sffar.

Au point P, au pied intérieur du dernier chaînon de l'Erg, s'étend une assez grande cuvette faisant suite à un long feidj ; le sol en est composé d'éléments divers : 1° roche de gypse cristallisé blanc mat, non translucide ; 2° calcaire travertin très vacuolaire — échantillon n° 30 ; 3° fragments de calcite avec parties siliceuses (silice concrétionnée) — échantillon n° 31. Ces fragments sont unis et adhérents au grès rouge qui forme la plus grande partie du sol de la cuvette.

Nous campons dans un repli de la dernière chaîne de dunes de l'Erg et presque à son sommet.

Devant nous s'étend une hamada à teinte bleu sombre sur laquelle surgissent trois grands gour brun foncé ; Mohamed m'apprend que ce sont les gour d'Ayderdjane, ce que je me refuse du reste à admettre ; ma route d'estime me donne lieu de penser que ce sont là les gour Abreha, le massif d'Ayderdjane, d'après mes calculs, devant rester assez loin dans notre nord-est. Finalement Mohamed me dit que dès qu'il aurait atteint la route fréquentée par les caravanes il pourrait m'assurer si, oui ou non, il avait tort.

Cette preuve fut faite le lendemain même à l'arrivée au puits, et il fut définitivement établi que j'étais absolument dans le vrai, ce qui ne laissait pas que de l'émerveiller et il s'écriait : « Comment, grâce à ce simple petit morceau de métal bleu et blanc (ma boussole) qui remue sans cesse, tu es plus fort que moi qui sillonne ce pays depuis près de 50 ans ! »

Le gassi indiqué dans la journée d'hier vient déboucher

sur la hamada dans notre sud-sud-ouest et non loin de nous. Son sol est uniformément du reg plan sans végétation. Ces renseignements me sont donnés par deux de mes chasseurs qui l'ont parcouru aujourd'hui en entier.

Nous avons trouvé au pied sud de la dune du campement deux jeunes chameaux égarés. Le Targui Mohamed ne peut réussir à les prendre, tant ils sont sauvages ; nous voulions voir quelles marques ils portaient. Selon toute apparence, ils doivent appartenir aux Ifoghas, sur les terrains desquels nous sommes ici.

Le temps a été menaçant toute la journée et il pleut dans la soirée.

V

LE PLATEAU D'ÉGUÉLÉ

6 janvier. — La ligne de bordure est de l'Erg d'Issaouan est fort sinueuse et fort irrégulière ; nous la quittons pour marcher sur un reg fin composé de beaucoup de quartz et de grès rouge (grès grossier ferrugineux — échantillon n° 32). Ces éléments sont d'abord noyés de sable, mais le reg se durcit peu à peu à mesure que l'on monte, car le terrain a une pente générale assez forte. Çà et là se montrent quelques plaques d'argile rouge. En B le reg se durcit encore et se mélange de grès gris pur et de grès roux et noir, soit en débris plats, soit en sphéroïdes atteignant d'assez forts diamètres, soit encore en débris irréguliers. Bientôt le terrain s'accidente de multiples ravins confus formant de petites chaâba très peu élevées.

En D le reg se fait hamada et se couvre de quelques mornes de 7 à 8 mètres, composés d'argilolite rouge, compacte, ferrugineuse, dure, en petits bancs (échantillon n° 32). C'est là le faîte de cette petite hamada dont la pente se déverse maintenant vers le sud.

En E, descente abrupte d'une soixantaine de mètres qui nous amène dans une immense cuvette Z bordée à droite par les dunes et qui reçoit l'ouad Tadjentourt. De hauts gour tronconiques auprès desquels nous passons se dressent dans cette cuvette. Les bords et les gour sont formés de grès noirs contenant des grains de quartz roux et rouge brun. Ces grès noirs forment de superbes et pittoresques éboulis et la hauteur des gour ne dépasse pas 60 mètres. Les gour Abreha s'élèvent sur la bordure nord-ouest du plateau d'Eguélé, sur lequel nous sommes actuellement et que les dunes enserrent au loin à l'ouest, tandis que dans l'est un important massif montagneux dresse au-dessus de l'horizon ses cimes teintées d'un admirable bleu violacé. C'est la chaîne de l'Eguélé, où prennent naissance les différentes branches de l'ouad Tadjentourt.

Tout le massif P des gour Abreha est composé des mêmes grès noirs.

En G, sol de nebka, puis reg fin qui, en se rapprochant du pied des mornes — de H en I — se compose de gros débris de grès noirs et de sphéroïdes de même nature.

A partir de I on s'éloigne un peu de la ligne des mornes et nous marchons sur un reg de calcaire gris à éléments moyens, devenant très gros à partir de O seulement.

En J nous atteignons l'estuaire de l'ouad Tadjentourt où viennent se perdre sous un éperon de l'Erg les différentes branches — ici réunies en une seule — de cette rivière. Cette perte est tout simplement une plaine basse (se poursuivant jusque dans la cuvette Z) à berges à peine indiquées, et couverte de végétation, tandis qu'en amont dans le massif de l'Eguélé les têtes de cet ouad sont fortement encaissées et remplies de gommiers dont le nombre augmente et dont la taille s'accroît à mesure que l'on s'élève dans la montagne. Ici la végétation est représentée, dans l'ouad seulement, par un peu de Had et énormément de Falezlez, cette solanée si redoutable. En K traversé l'ouad Aghellal qui se jette dans le Tadjentourt, au point où se réunissent les 2 plus importantes branches de cette dernière rivière.

En L petit massif de hauteurs assez faibles, en sol de gros reg, qui se poursuivent jusqu'à l'ouad à notre droite, mais dont on ne peut voir l'origine à notre gauche.

En N nous coupons le grand Medjebed qui de Ghdamès se rend à Ghât (route occidentale), route suivie jadis par Duveyrier, et nous atteignons bientôt le puits de Tadjentourt, situé dans la branche la plus septentrionale de cette rivière. Ici le lit de l'ouad a une largeur moyenne de 100 à 150 mètres, il est un peu encaissé et ne nourrit que du Drinn extrêmement dur, quelques touffes de Mrokba rongées jusqu'à leurs racines, et de rares Talha peu élevés.

A peine mon avant-garde, dont je faisais partie, était-elle au puits que 2 hommes commençaient déjà à en faire le nettoyage ; je les vis tout d'un coup abandonner la pelle pour le fusil et j'aperçus à quelques centaines de mètres de nous une caravane Touareg qui débouchait d'un petit ravin dans notre nord. A notre vue, cette caravane s'était arrêtée surprise ; je lui dépêche mon guide Targui Mohamed et un homme de confiance pour la rassurer sur nos intentions et savoir quels sont les gens qui la composent. Ils reviennent presque aussitôt, ramenant le chef de la caravane, dans lequel je reconais, à mon grand étonnement, le Targui Ifoghas Abderrhaman-ben-Doua que j'avais vu et reçu autrefois à Biskra et auquel j'avais fait quelques cadeaux.

Je lui avais même remis à cette époque un revolver en lui disant : « J'espère que cette arme te plaîra ; je te la donne, mais à la condition que si nous nous rencontrons jamais dans le Sahara, tu ne l'emploieras pas contre moi ».

Abderrhaman manifeste une grande joie de me trouver ici ; il m'assure qu'il m'est tout dévoué et me raconte qu'il est rentré depuis peu de Ghdamès, revenant du poste algérien d'El-Oued. Il me donne des nouvelles de ceux de ses compatriotes Ifoghas que je connais, me dit qu'ils savaient mon voyage dans le Sahara et l'avaient chargé de leurs compliments pour moi, dans le cas où il me rencontrerait.

Abderrhaman, dont les campements sont dans les environs de Tabalbalet, veut laisser partir les gens qui sont avec lui et m'accompagner jusqu'aux campements des Azdjer : « Tu as été bon pour moi, me dit-il ; je ne puis te quitter ainsi au milieu du désert et je dois t'accompagner. Quand je suis en Algérie, je suis targui ; mais ici dans mon pays, quand je suis près de toi et devant mes compatriotes, je suis français... »

Abderrhaman se mit donc à ma disposition et me dit que, bien que le chemin que je suivais ne fût pas le sien, il était décidé à m'accompagner auprès des chefs Azdjer, sa présence pouvant m'être utile ou son concours pouvant me servir. J'acceptai, sachant bien qu'il voyait surtout en ceci la perspective des cadeaux à recevoir ; mais, quoi qu'il en soit, il est juste de dire qu'il a constamment défendu ma cause et ne s'est pas épargné pour faire réussir mes projets ; je ne regrette donc pas les cadeaux que j'ai dû lui faire à cette occasion et je n'hésite pas à déclarer que c'est lui qui a le mieux gagné ce qu'il a reçu, parmi les Touareg.

Abderrhaman a déjà plusieurs fois tenté d'amener un rapprochement entre les Touareg et l'Algérie. Il est venu trois fois à El-Oued seul ou accompagné par d'autres Ifoghas de sa tribu ; il a fort bien compris que ce rôle d'intermédiaire et de négociateur ne pouvait que lui être très utile et très fructueux auprès de nous ; son exemple a été suivi depuis, surtout par Abd-En-Nebi qui appartient aussi aux Ifoghas. Mais l'effet produit par ces avances n'est pas le même sur ses compatriotes que sur nous, et les Touareg ne paraissent pas très enthousiastes de l'initiative qu'il a prise et dont ils lui gardent une certaine rancune aussi bien qu'à Abd-En-Nebi.

Abderrhaman avait avec lui quatre personnes, parmi lesquelles un vieillard et une négresse. Les chameaux de ces gens revenaient de Ghdamès, où ils avaient porté des peaux chargées à Ghât ; ils rentraient à leurs tentes avec leurs animaux haut le pied, sauf ceux d'Abderrhaman qui portaient des étoffes et des provisions.

7 janvier. — Séjour. Nous sommes au pied nord du massif d'Eguélé, qui forme un pâté montagneux assez important.

Le puits de Tadjentourt est un assez triste point d'eau. Le liquide arrive en si petite quantité dans les Tilmas que pendant les 40 heures que nous y passons nos 60 animaux ne parviennent pas à y étancher la moitié de leur soif. Là, en effet, il ne peut être question d'approfondir les puits dont le fond est sur de la roche vive ; on se borne donc à enlever au fur et à mesure de leur chute les graviers et les sables qui s'éboulent des parois, et on est forcé d'attendre que l'eau suinte presque goutte à goutte de la couche de graviers qui la contient.

Les gens de la caravane touareg — sauf Abderrhaman, bien entendu, qui ne nous quitte pas — devaient partir ce matin, mais vers 10 heures nous voyons ces gens en train d'entraver leurs chameaux par les jambes de devant ; cela veut dire qu'on les envoie au pâturage. Les hommes séjournent parce qu'ils trouvent excellent d'être nourris à mes dépens et qu'ils ont la perspective de voyager les jours suivants de conserve avec nous.

8 janvier — Nous faisons boire à ceux de nos chameaux qui n'ont pu encore être abreuvés les quelques litres d'eau qui se sont amassés dans le fond du puits pendant la nuit, puis nous partons avant la caravane des Touareg qui ne nous rejoint qu'au moment du déjeuner. Nous marchons sur la hamada d'Eguélé, contournant par l'ouest le massif montagneux d'Eguélé, qui envoie sur ce plateau les dernières ondulations de ses chaînes séparées et coupées par des ravins ou de petites rivières dans le lit desquels se confine toute la très maigre végétation du pays, où les gommiers ne figurent plus et qui est uniquement constituée par du Had, du Drinn et du Dhamrane.

Le sol, très dur, est partout composé de calcaires mélangés de grès, parfois en dalles, parfois en détritus plus ou moins fins ; le paysage est désolé et d'une monotonie sans égale.

Jusqu'en A nous suivons, à rebours, à peu près l'itinéraire du 6 janvier sur un gros reg de calcaire, puis, traversant l'ouad, nous marchons sur une hamada ondulée de très gros reg calcaire dont les éléments en forme de galets arrondis ont la dimension d'une orange au moins. En B nous avons l'erg à notre droite à une quinzaine de kilomètres ; il se prolonge, à peu près parallèlement à notre route, presque jusqu'à la hauteur de F, puis il fuit à nouveau dans l'ouest, pour revenir un peu plus tard, en I', à environ 8 kilomètres de nous.

En C nous rejoignons le medjebed de Ghdamès à Ghât, route importante et fort bien indiquée par 25 ou 30 pistes à chameaux plus ou moins parallèles.

En P, région montagneuse.

De D en E nous traversons l'ouad Tadjentourt (branche méridionale et branche majeure du reste) qui s'étend large de 800 mètres dans une vallée importante à sol de sable et de gravier, où ne poussent que du Had et du Dhamrane, entièrement secs pour le moment.

En E les berges de gauche de l'ouad s'ouvrent en petits ravins confus mais faciles, nous en remontons un jusqu'à sa tête F, point dominant d'où l'on a une vue immense sur une plaine morne et nue où scintille du mirage et où brillent les *Safia* ou dalles plates de calcaire poli, usé par les sables et réfléchissant, à l'égal d'un miroir, la lumière du soleil. Ces plaques de calcaire trouent fréquemment maintenant la hamada : calcaire gris clair et café au lait (calcaire subcristallin grenu, en petits bancs. — Echantillon n° 34).

De F en I nous traversons une région de petites rivières et de petits ravins où les calcaires se mélangent à des grès divers. Les plaques de safia sont généralement entourées d'un reg fin composé de détritus petits et plats de la même roche.

Du point F le massif central de l'Eguélé reste exactement derrière nous.

Nous traversons les deux petites rivières nommées Tarakkate et Manzohate, puis nous remontons les sinuosités d'un ouad innommé — affluent de gauche du Manzohate. — Cet ouad est encaissé entre des berges verticales d'une dizaine de mètres tout au plus, il nous fait atteindre en I un point nommé « Ghadda Némenate », ce qui en langue touareg signifie *tue chameau*. L'origine de cette appellation vient de ce qu'une caravane partie en été de Timellouline a perdu ici de nombreux chameaux, morts de soif.

Au point I nous abordons une hamada plate, uniquement composée de très grands débris polis du calcaire en dalles plates n° 34 ; à ces grands morceaux se mêlent quelques fragments plus petits, et cela continue jusqu'en K où nous descendons par une succession de ressauts de roche dans une vallée ou large dépression où vient s'arrêter l'ouad Tanegholé. Nous campons sur le bord même de cette dépression. Les basses berges laissent voir quelques roches de gypse qui s'effritent en poussière d'un blanc de neige.

La végétation de cet estuaire ne consiste qu'en Drinn très vert et en rares touffes de Rtem. En amont, dans les ravins que nous venons de descendre, poussent seulement quelques pieds de Dhamrane et de Had.

9 janvier. — Après avoir traversé la cuvette A où nous avions campé, nous marchons dans une sorte de grande dépression à sol de reg dur de gravier, et de détritus fins de plaquettes de grès en B.

En C, légères efflorescences comme dans les Sebkha du nord, mais fort peu. En D même dépression avec sol analogue où se voient de nouvelles efflorescences salines, magnésiennes. En E hamada de petits ravins suivie, après F, d'une grande dépression à forme d'ouad dont le sol, d'abord composé de détritus de grès, passe bientôt à la hamada dure en grandes dalles de grès blanc et grisâtre ; la descente F, qui a une vingtaine de mètres, est remblayée de sable d'où émergent çà et là des plaques de grès.

En G, reg de gros galets noirs de peu d'étendue, bientôt suivi d'une autre descente qui nous amène dans une nouvelle dépression — très longue de l'est à l'ouest — dont le sol est formé de détritus de grès noirs. La hamada qui suit est de grès blanc pur en dalles plates brisées.

Nous arrivons ensuite à l'ouad Amaselselt coulant de l'est à l'ouest et qui est suivi d'une longue plaine plate, mais large seulement de 1500 mètres et pavée uniquement de dalles de grès, dans les interstices desquelles poussent d'assez nombreuses touffes de Dhamrane. — C'est le seul point de la route de ce jour où il y ait de la végétation vivante. Nous descendons ensuite un petit relief de 8 à 10 mètres qui surplombe l'ouad Assekkifaf dans lequel nous campons au milieu de touffes de Had entièrement sèches.

De petits ergs isolés s'élèvent devant nous à peu de distance.

Nous avons croisé aujourd'hui une caravane d'Ifoghas revenant de Ghât avec un chargement de peaux de chèvres tannées ; ces chameliers nous demandent à manger d'un ton assez arrogant, prétendant qu'un Européen doit toujours avoir d'inépuisables provisions. Je suis obligé de leur refuser, car je ne veux pas trop faire brèche dans ma réserve de vivres.

Ils ont une trentaine de chameaux et transportent pour le compte d'un négociant de Ghdamès. Cinq hommes dont un nègre, et un fusil pour eux tous, tel est l'inventaire de la caravane. En arrivant au campement, nous sommes rejoints par un des caravaniers rencontrés, il s'est adjoint au convoi d'Abderrhaman qui nous suivait et a trouvé ainsi le moyen de se faire offrir à dîner. Il donne quelques renseignements précis : il nous avise qu'il a vu avant-hier les campements des notables à Afara-n-Ouechecherane ; Gueddassen s'y trouve actuellement, il revient de chasser l'antilope dans l'Erg ; les rivières ont eu partout de fortes crues, etc...

Nous recueillons ici quelques échantillons de roches roulées par l'ouad (grès gris brunâtre, calcite, calcaire marbre, calcaire dolomitique gris ; — échantillons n° 36) et quelques mollusques fluviatiles (Corbicula fluminalis ; — échantillon n° 37).

Il paraîtrait, d'après ce que l'on me raconte, que les Touareg Keloui se plaignent aux Azdjer de ce que ces derniers ne laissent pas avancer les voyageurs européens en instance de passage pour le Soudan. « Laissez-les donc venir, auraient-ils dit, nous les pillerons au besoin s'ils ont encore quelque chose à prendre... » C'est, je crois, dans l'espoir de m'effrayer que l'on me cite ces paroles vraies ou fausses des Keloui, bien plutôt que l'expression de la vérité ; je ne les rapporte, comme elles m'ont été dites, que pour ne pas avoir à me reprocher l'omission d'un détail, si petit soit-il et si peu fondé qu'il paraisse.

J'ai trouvé dans l'Assekkifaf un certain nombre de pierres taillées, et en expliquant à mes Touareg ce qu'étaient ces débris, j'ai obtenu les renseignements suivants :

C'est sur cette même rivière d'Assekkifaf, et assez loin en amont du point où nous campons dans son lit, que se trouvent des ateliers de pierres taillées couvrant une très grande surface ; je dis intentionnellement *pierres taillées*, parce que dans cette région ce ne sont pas seulement des silex qui ont été employés à la fabrication des instruments de l'époque préhistorique, mais aussi divers calcaires compacts, des grès, etc..., ce qui ne se produit point dans les ateliers du Sahara plus au nord, où les haches seules sont taillées dans des roches de diverses natures et de provenance souvent lointaine, puisqu'on recueille des haches de basalte et de serpentine dans le Sahara algérien et que les roches de cette nature ne peuvent guère provenir que des régions du Sahara central.

L'atelier de l'ouad Assekkifaf ne devait pas être seulement un point où se travaillaient les roches et où se fabriquaient les instruments de cette époque reculée, mais ce devait être aussi une importante station habitée. On y trouve en effet d'énormes pierres cylindriques et creuses, dressées, que les Touareg pensent avoir été des mortiers de géants, mais qui pourraient bien n'être que des restes de colonnes, des mortiers de cette taille ne paraissant pas pouvoir être utilisés. Les échantillons provenant de ce lieu, que l'on m'a montrés, de même que les instruments taillés que je recueille dans l'ouad Assekkifaf, sont loin d'avoir l'aspect de ceux des ateliers plus au nord et ne dénotent pas une très grande habileté de la part des ouvriers qui les ont exécutés.

On m'apprend aussi que dans le haut Tassili, près du Mibero, existent de grandes sculptures sur roches très curieuses et qui n'ont encore été indiquées par aucun Européen : Ni Erwin de Bary ni Duveyrier n'en ont parlé. Ce dernier a seulement noté la présence de sculptures semblables dans l'Akkâkous, au nord-est de Ghât, mais il n'a pu les visiter.

10 janvier. — J'expédie dès le matin Mohamed-Ag-Yemma aux campements des notables.

Il va les prévenir de mon arrivée et leur répéter ce que leur avaient déjà dit mes lettres de janvier 1893. J'avais chargé Ouan-Titi, à cette époque, de les faire parvenir et j'avais été informé que ce Targui Ifoghas avait parfaitement tenu sa promesse et remis, presque aussitôt après mon départ, les missives entre les mains de leurs destinataires. J'avais en outre été informé qu'Ikhenoukhen, chargé de répondre, avait prié Ouan-Titi d'emporter les lettres à Ghdamès pour me les faire adresser à Biskra. Ouan-Titi, fort préoccupé par la ruzzia de l'été de 1893, dans laquelle sa tribu et lui-même avaient perdu 800 chameaux et une vingtaine de combattants, n'avait pas encore pu s'acquitter de la commission qu'il avait acceptée. Le rôle de Mohamed était donc fort simple et il ne s'agissait plus pour nous que d'attendre son retour en un point voisin de Saghen dans l'ouad Tikhamalt, point déterminé à l'avance entre lui et moi.

Nous marchons donc, sous la conduite d'Abderrhaman, sur le sol de l'ouad Assekkifaf, qui est du reg avec quelques affleurements de gypse et de sebkha. Au reste, le gypse pulvérulent noir ou jaune forme le sous-sol sur lequel s'étend le reg tout entier du lit de l'ouad.

En A on quitte l'ouad pour marcher sur une hamada de grès gris qui est coupée en B par la pointe d'un petit erg, éperon des massifs de l'est.

En P je recueille de très belles empreintes de Lepidodendron sur de la limonite — *carbonifère* (échantillon 38). Après avoir traversé une nouvelle petite pointe d'erg appartenant au même massif de l'est, nous marchons sur une plaine Q à sol de détritus de grès et de calcaire à fossiles (calcaire à grands Spirifer et à Productus — *carbonifère* — échantillon n° 39). Le Medjebed franchit ensuite un ressaut insignifiant de roche et s'avance sur un plateau de calcaire violet en grandes dalles dures et bouleversées, sur lequel je recueille au point D des fossiles de Polypiers tetra coralliaires — *carbonifère*. — (Echantillon n° 40.)

Après avoir franchi un espace à sol d'argile mélangé de reg, nous passons au pied d'un petit gour M, sur le sommet duquel nous relevons un cimetière dominé par la sépulture d'un des fils d'El-Hadj-Ikhenoukhen tombé, avec beaucoup d'autres Azdjer, sous les coups d'un parti de Ahaggar en 1876 ou 1877.

En E, roches à fossiles (calcaire ferrugineux avec Productus et fer limonite avec empreintes de Lepidodendron — *carbonifère* — échantillon n° 41). La plaine est composée de la première de ces roches et de grès rougeâtre.

Au point E et au delà, le sol est du reg moyen et gros de grès marron et noir à éléments roulés ; après F c'est du grès en dalles. Nous montons ensuite sur le plateau G en reg de grès marron et noir qui se termine au sud à l'ouad Timozzouguine, que nous traversons à deux reprises, attendu qu'il est ici séparé en deux branches par une île allongée H, qui se nomme Amaselséte. Le sol de cette île est uniquement composé d'énormes dalles de grès brun, bouleversées, chaotiques, dressées dans tout le désordre d'un cataclysme ; on dirait vraiment les ruines d'une ville renversée par un tremblement de terre.

L'ouad Timozzouguine n'a pour ainsi dire pas de berges et nourrit des Tarfa tout à fait lilliputiens.

Nous tombons presque aussitôt après, en I, dans un des bras de l'ouad Takhamalt, bras qui ne coule que lors des très grandes crues. Il est à sol de grès en grandes dalles bouleversées très dures et au milieu desquelles le Medjebed a complètement disparu.

Nous avons devant nous une immense plaine qui n'est en somme que l'estuaire ou le confluent des ouad Takhamalt et Tikhamalt, et qui forme la tête de la vallée d'Issaouan. De grands bouquets d'Ethels et de Tarfa se dressent çà et là, parfois sur de très hautes buttes de sable. Il y a du reste, semées un peu partout, des dunes irrégulières et visiblement récentes.

A partir de là j'avais pris la tête avec Abderrahaman et quelques cavaliers et nous avions rejoint le bord nord de la branche méridionale du Takhamalt, au point convenu avec Mohamed, le guide.

Nous campons sur les dunes de bordure de la rivière au sud-ouest et à petite distance du lac temporaire de Saghen, signalé jadis par Duveyrier.

Saghen est une cuvette, en communication avec l'ouad, bordée de petites dunes où viennent se répandre et s'emmagasiner les crues et où l'eau séjourne fort longtemps. Ce lac temporaire, qui, lors du passage de Duveyrier, était rempli d'eau, se trouvait dans les mêmes conditions à mon arrivée, car de fortes pluies et une crue moyenne de toutes les rivières avaient eu lieu en décembre 1893, et l'eau douce se trouvait partout. Il n'avait pas plu dans la région depuis 1885.

La caravane ne nous rejoint qu'à la nuit, elle s'était trompée de route, avait fait un détour dans l'ouest et de plus avait perdu du temps à faire boire tous les chameaux à une grande mechera que le hasard avait mise sur sa route dans le thalweg de la rivière.

VI

LE TASSILI DES AZDJER

L'OUAD TIKHAMALT — L'OUAD MIHERO.

11, 12 et 13 janvier. — Séjour. Nous attendrons ici la réponse des notables et le retour de mon envoyé.

L'ouad a coulé récemment et on voit en amont à peu de distance, lorsque l'on monte sur les siouf qui nous entourent, de grandes flaques d'eau qui brillent.

La caravane d'Abderrhaman part ce matin, il ne conserve avec lui qu'un des jeunes gens qui l'accompagnaient.

A tout hasard je fais dresser — au moyen de la bâche qui me servait à recouvrir mes bagages, et avec des pieux appartenant à la famille d'Abderrhaman et qui étaient abandonnés momentanément au milieu d'une touffe d'Ethel de l'ouad — une grande tente pour abriter les chefs Touareg, au cas où ils se décideraient à venir, car leurs tentes sont près de nous à une quinzaine de kilomètres en amont dans le Tikhamalt. Les Kebar n'aiment pas, en effet, à se reposer au milieu du menu peuple. Il paraît même que Guedassen et Moulay ne s'asseyent jamais l'un près de l'autre ; mais la tente peut se diviser en deux, ainsi l'oncle et le neveu auront des appartements distincts, puisque tel est leur bon plaisir.

Le lit à sol argileux de la rivière a ici près de 3 kilomètres de largeur. Il est semé de hautes buttes couvertes de grands Ethels de 8 à 12 m. et séparées par de véritables fourrés de Tarfa et d'Ethels dans lesquels il est difficile de se frayer un passage. Au milieu de cette végétation courent capricieusement une multitude de petits lits mineurs, pour le moment pleins de boue. Le sol est tapissé d'une quantité de petites plantes naissantes, parmi lesquelles domine le Tanekfaïte *Dyplotaxis Duveyrierana*, qui prouvent que la pluie aidée de l'éternel et chaud soleil du Sahara suffit pour donner ici rapidement de beaux pâturages. Le Drinn est aussi représenté par de très nombreuses touffes, mais qui sont actuellement sèches et dures. Dans les années de sécheresses — si communes dans ce pays — les chameaux des Touareg se contentent de brouter ce même Drinn sec — en arabe : « Demokh » — que les miens dédaignent, et les feuilles filiformes et salées des diverses variétés de Tamarix.

L'ouad Tikhamalt a un assez grand développement. Du point où nous sommes jusqu'à ses têtes supérieures, c'està-dire presque jusqu'à la limite sud du Tassili, on peut compter 10 jours de marche en terrain difficile ou environ 250 kilomètres; mais sur ce parcours la rivière change plusieurs fois de nom : ouad Tikhamalt, ouad Mihero, ouad Dider, etc., et cela suivant la coutume constante en pays musulman. A mesure que l'on s'approche de ses sources, et dès Oursel, elle s'encaisse entre des berges de grès noirs abruptes qui s'élèvent de plus en plus, tout en rétrécissant peu à peu le cours de l'ouad.

Les premiers visiteurs que nous recevons sont des serfs « Amghad » campés tout près de nous dans les fourrés voisins, où ils laissent paître leurs troupeaux de chèvres, de moutons et d'ânes. Ils ne parlent point l'arabe et viennent au nombre de quatre — deux hommes et deux femmes — nous mendier des vivres ou des cadeaux. A demi couchés sur le sable, ils écoutent, dans une sorte de ravissement, des Chambba de mon escorte jouer de la flûte, et les femmes poussent de temps en temps des you you retentissants, à la façon des femmes arabes. Les Touareg, en effet, ne pratiquent point cet instrument, et déjà, dans mes précédentes rencontres avec eux, j'avais été frappé de l'attention avec laquelle ils écoutaient les concerts de flûte qui font la joie et qui sont la spécialité des Chambba. Ces serfs appartiennent à Guedassen ; ils sont campés en ce point depuis que la crue y a laissé des flaques d'eau douce, bien qu'il y ait tout près d'ici des tilmas (en touareg *Ibenkar*) qui ne tarissent jamais, quelle que soit la longueur des périodes de sécheresse. C'est là un des abreuvoirs des Azdjer quand les rivières n'ont pas coulé.

Les Amghad construisent leurs zeribas ou gourbis avec un certain soin : ils plantent des pieux de 1 mètre à 1m50, disposés en rectangle ; ils ajoutent aux bouts deux pieux plus élevés, garnissent les parois en branches vertes ou en Drinn et recouvrent le tout soit de peaux tannées, soit le plus souvent de branchages ou de Drinn.

C'est la première fois que ces Amghad voient des Arabes et surtout des Européens, et, pendant notre marche dans l'ouad, l'un d'eux, montrant un de mes Chambba, demandait à Abderrhaman : « Qu'est-ce que c'est que cela ? » et non pas « quel est cet homme ? »

Le 14, vers trois heures de l'après-midi, nous voyons revenir mon envoyé Mohamed-Ag-Yemma qui m'annonce que les chefs ont décidé de venir à moi, et en effet ils le suivent à quelques centaines de mètres. Défilant au milieu des touffes, et s'avançant à grande allure sur leurs mehara élancés et la plupart de couleur claire, les chefs accompagnés de leur suite s'approchent rapidement, constituant un tableau merveilleux. Ces 18 ou 20 cavaliers armés, couverts d'ornements bizarres, mettent lentement pied à terre devant la tente qui a été élevée à leur intention, Guedassen et Ikhenouken en avant du groupe principal, ce dernier sur un mehari de race, extrêmement fin et dépassant en beauté tous ceux qu'il m'a été donné de voir pendant mon séjour dans le Sahara central. Il leur faut le temps d'enlever leurs lances, leurs sabres, leurs fusils, leurs boucliers, leurs couvertures, tous objets embarrassants au plus haut point.

On pourrait croire que mon devoir était d'aller recevoir ces arrivants, de leur présenter mes compliments et de les assurer du plaisir que devait me causer leur venue à ma tente. Point du tout, et tel n'est pas le cérémonial touareg en pareille occurrence. Je devais au contraire ne point paraître, laisser le temps à tous ces gens de mettre pied à terre, de réparer les désordres causés par la course dans leur toilette — car c'est un point auquel ils attachent une grande importance et ils ne paraissent jamais, du moins en ambassade, sans une mise très soignée — il me fallait les laisser s'installer commodément soit sous la tente, soit couchés ou accroupis sur la dune, planter irrégulièrement leurs lances dans le sable derrière eux, etc... Ainsi ai-je fait suivant la coutume, et tout cela s'est accompli sans la moindre parole échangée entre eux et mes gens. Seul Abderrhaman, Targui comme eux, s'était avancé et les avait salués, puis s'était couché sur le sable auprès d'eux sans proférer une syllabe. On se refuserait vraiment à croire que l'on est dans le Sahara, un pays chaud, à voir la raideur et le calme avec lesquels se passent tous ces préliminaires. J'ai beau savoir que le cérémonial Targui comporte toujours une grande froideur, je ne puis m'empêcher de penser que les relations ne peuvent qu'être bien difficiles avec des gens aussi peu communicatifs.

Ce n'est qu'assez longtemps après leur arrivée que je vais saluer les notables et leur adresser quelques mots de bienvenue. Un de mes hommes, Abd-el-Kâder-ben-Haïba, prenant la parole au nom des Chambba de l'escorte, leur indique en un assez long discours nos intentions pacifiques et le désir qu'ont les Arabes de vivre en paix avec les Touareg et de les voir venir commercer chez eux en toute sécurité. Il n'est répondu que quelques mots insignifiants aussi bien à ma courte improvisation qu'au véritable discours de mon Chambbi, factum rédigé suivant toutes les règles de l'art musulman. Mon homme avait dit entre autres choses que *nos cœurs étaient comme du lait pour eux*. Guedassen n'avait répondu qu'une phrase vague signifiant que c'est bien, et qu'il pense comme son interlocuteur.

Après ces préliminaires, il est d'usage de ne point s'occuper d'affaires le premier jour ; nous nous bornons donc à laisser les Touareg converser entre eux et avec nos hommes d'escorte pendant que l'on tue le moins maigre des chameaux de mon convoi qui va servir à leur offrir une Diffa plantureuse (pour le pays), bien qu'en dehors de la chair de l'animal ne doive y figurer que du Kouskouss et des Dattes. Je leur fais servir du café et nous les laissons s'installer sous leur tente. Conformément à l'étiquette, ce n'est que demain que nous pourrons nous entretenir de choses sérieuses.

Les gens en face desquels je me trouve font partie de la fraction des Aouraghen et parmi eux figurent les notables ou chefs de la confédération des Azdjer, y compris l'Amenokal ou chef suprême. La confédération compte quatre notables principaux qui sont Guedassen, Moulay-Ag-Khaddadj, Mohamed-ben-Ikhenoukhen, et Anakrouft. Le seul que je n'aie pas vu est ce dernier, parti un mois plus tôt pour un voyage dans l'Aïr accompagné de quelques-uns de ses clients. Si j'avais eu la chance d'arriver avant son départ, il est fort probable que j'aurais pu le suivre jusqu'au bout et gagner avec lui au moins Tchintaghoda; il eût été pour moi un porte-respect suffisant pendant la route; malheureusement j'arrivais trop tard.

Guedassen est l'Amenokal actuel des Azdjer. C'est un homme à mine sombre et à l'air renfrogné; il est âgé d'une trentaine d'années, grand et vigoureux, mais lourd d'allures et de corps. Il parle un peu l'arabe, mais il est extrêmement sourd, ce qui ne contribue pas peu à rendre difficiles les explications avec lui.

Affilié à la secte des Senoussi, et fidèle à son mot d'ordre, il est peu favorable aux Européens en général, et non seulement il laisse deviner, mais encore il déclare qu'il préférerait de beaucoup les voir rester chez eux. Sa crainte est de penser que les Français ont des visées sur la partie du Sahara qu'il occupe et qu'ils viendront un jour ou l'autre s'en emparer. J'ai combattu vivement cette idée en lui démontrant que nous n'avions nullement besoin et n'éprouvions aucunement le désir de nous installer dans un désert de pierres, infertile et inhabitable pour tout autre que pour eux.

Guedassen n'apporte aucune aménité dans les discussions; par sa parole brève et agitée il tend à rompre les négociations plutôt qu'à chercher un moyen de tourner les difficultés qui peuvent se présenter. Il parle toujours sur un verbe très haut, peut-être parce que sa surdité est presque complète et qu'on ne peut le faire entendre qu'en criant à tue-tête. Quoi qu'il en soit, c'est un personnage peu sympathique.

En somme, c'est un homme brusque et violent, auquel manque absolument le moelleux diplomatique que l'on est habitué à rencontrer presque toujours chez les Arabes et chez beaucoup de Touareg. Il est probable que s'il donnait de sa personne et qu'il voulût accompagner un Européen sur le territoire des Azdjer, il ne rencontrerait peut-être pas d'opposition, ou que du moins il la briserait. C'est ainsi du reste qu'agissait autrefois le vieil El-Hadj-Ikhenoukhen, très craint de tous à cause de l'emportement de son caractère et de la vigueur de son bras.

C'est Guedassen qui, l'an dernier, recevant une lettre de Mohamed-el-Aroussi, le marabout Tidjani de Guemar qui l'invitait à venir en m'iad en Algérie, disait :

« Mais ce musulman est donc devenu chrétien ! Croit-il que je vais aller ainsi me mettre entre ses mains et entre celles des Français ? »

Guedassen n'agit ordinairement pas seul, mais seul il est le pouvoir exécutif; ses parents sont toujours consultés : Moulay, Mohamed-Ikhenoukhen, Anakrouft, etc. ; mais en dernier ressort c'est lui qui décide. Il a épousé une des filles de Mohamed-ben-Ikhenoukhen.

Mohamed-ben-Ikhenoukhen n'est autre que le fils de l'ancien Emir des Azdjer El-Hadj-Ikhenoukhen, le compagnon et le protecteur de Duveyrier. Plus âgé que Guedassen, c'est cependant un homme jeune encore, à figure sympathique, à tenue plus soignée, plus élégante, quoique moins prétentieuse que celle de Guedassen. Personne là-bas ne l'appelle autrement que *Sidi Mohamed*, et il est universellement aimé. Sa connaissance de l'arabe rend les affaires faciles avec lui, et il met du reste toute l'aménité possible dans les relations. Homme pondéré, clairvoyant et très calme, il est le seul qui ait compris — et qui me l'ait dit — qu'il voyait avec plaisir les tentatives faites par les Européens pour pénétrer dans son pays.

« Et pourquoi en serait-il autrement? me dit-il. Quand vous venez, vous nous apportez des cadeaux, vous nous payez des droits de passage, vous prenez à votre solde des hommes de chez nous, vous louez nos chameaux ; nous avons donc tout intérêt à vous bien recevoir et à provoquer même votre venue ici. »

Malheureusement, les autres ne pensent pas tout à fait comme lui et sont dominés par la crainte que les Français n'envahissent leurs solitudes de pierre et de sable.

Mohamed-ben-Ikhenoukhen a gardé le souvenir très vivant de Duveyrier, le voyageur célèbre qui portait dans le Sahara le nom de *Si-Saâd*, le seul que connaissent les Touareg.

Mohamed a conservé divers souvenirs laissés par l'illustre explorateur, entre autres une petite coupe d'argent qui est actuellement entre les mains de sa sœur, femme de Moulay. Lui-même est encore possesseur d'une bague d'or que lui a donnée le colonel Flatters à son premier voyage.

Mohamed-ben-Ikhenoukhen est aussi un peu considéré comme marabout. Il exerce l'hospitalité envers ses compatriotes d'une façon relativement assez large. Il n'est pas rare de voir des Imanghassaten ou d'autres Azdjer venir de fort loin, uniquement pour se faire nourrir par lui pendant deux ou trois jours ; on me disait là-bas que fréquemment il envoyait ses chameaux à Ghât ou à Ghdamès chercher de la farine ou du blé, uniquement pour distribuer ces denrées aux plus pauvres de ses clients ou de ses concitoyens ou même de ses visiteurs. Mohamed-ben-Ikhenoukhen passe pour fort riche ; il a, en effet, d'assez nombreux troupeaux et des maisons à Ghât.

Il y a bien le revers de la médaille, et il sait aussi demander, malgré sa fortune ; mais au moins il le fait avec bonne grâce et discrétion, tandis que les autres y mettent une insistance et un sans-gêne incroyables.

Au demeurant, Mohamed-ben-Ikhenoukhen est la plus grande, la plus loyale et la plus sympathique figure des Azdjer; les Européens n'auront jamais, j'en suis sûr, qu'à se louer de lui. Je crois très fermement, du reste, que c'est à Duveyrier et à son séjour prolongé dans la famille de cet homme qu'il faut attribuer cette attitude d'Ikhenoukhen. Il est profondément regrettable, pour les explorateurs sahariens français, que Mohamed ne soit pas le véritable chef et le détenteur du pouvoir exécutif ; les relations seraient alors très faciles et on pourrait en toute sécurité parcourir le territoire des Azdjer. C'est pour cette raison que j'ai tenu tout particulièrement à soigner Ikhenoukhen et à m'attirer ses bonnes grâces, persuadé que je n'aurai perdu ni mon temps ni mes cadeaux.

Il y a certainement quelque chose à faire avec cet homme — le plus remarquable de tous ceux que j'ai vus chez les Touareg. — On peut user de ses qualités personnelles et de l'autorité dont il jouit encore à cause de son père, autorité qui, bien qu'atténuée par le temps et les intrigues de divers partis, reste encore assez grande pour nous servir, si nous savons l'employer.

Mohamed-ben-Ikhenoukhen parle lentement l'arabe, mais très suffisamment pour n'avoir point besoin d'interprète pour comprendre cette langue.

L'autre notable que j'ai cité plus haut, Moulay-Ag-Khaddadj, qui détenait le pouvoir avant Guedassen, dont il est du reste l'oncle, a des façons infiniment plus amènes que son successeur. Beaucoup plus âgé que Guedassen, il parle d'un ton plus doux et montre qu'il désire entrer en relations et favoriser l'Européen arrivant. On pourrait peut-être l'utiliser, mais malheureusement son pouvoir — actuellement du moins — est entièrement nul et on ne se préoccupe guère dans le pays de l'opinion de Moulay, quand il s'agit de trancher une question. Il n'a du reste que voix consultative comme tous les notables autres que l'Amenokal. Il s'est donné du mal pour me servir, sans réussir du reste, mais enfin je dois reconnaître qu'il est plutôt très bien disposé en faveur des Européens. Son principal défaut est certainement d'être le plus mendiant — et ce n'est pas peu dire — non seulement parmi les notables, mais aussi parmi tous les Touareg avec lesquels j'ai été en relation.

Grand et maigre, doté d'une figure ridée et grimaçante, c'est ce qu'on peut appeler un brave homme, dans le cerveau duquel ne germera jamais l'idée d'une trahison. Parlant avec plus de volubilité que ses congénères, il est peu écouté et personne ne le prend réellement au sérieux. Très disposé à être aimable, il se met à votre disposition avec de grandes protestations de dévouement.

C'est lui qui, questionné par moi pour savoir s'il consentait à m'accompagner vers le sud, tira lentement son poignard de bras et, me le présentant par la poignée, me dit gravement : « Je suis la chair et toi tu es la lame, Prends ce couteau et coupe le morceau que tu voudras, je suis entièrement ton serviteur... »

Plus tard, quand je l'ai vu impuissant à me faire continuer ma route dans l'ouad Mihero, je lui ai tenu le même langage, et lui tendant à mon tour mon couteau, je lui ai dit : « C'est moi maintenant qui suis la chair et toi qui es la lame ; coupe donc, puisque je suis entre tes mains et que je ne puis rien faire que par toi... » Il s'est mis à sourire, mais je ne suis pas bien sûr qu'il ait compris.

Moulay-Ag-Khaddadj parle un peu l'arabe, mais très imparfaitement, et ne le comprend surtout qu'assez difficilement.

Le 12 janvier dès le matin, Abderrhaman, très soucieux de m'aider, et Ag-Yemma, viennent me donner leur avis sur la façon de traiter mon affaire avec les Kebar et aussi me mettre au courant des conversations qu'ils ont pu saisir depuis hier. Il paraîtrait qu'on serait assez disposé à me laisser circuler dans le pays, mais beaucoup moins décidé à m'aider à le traverser, à cause de la saison, à cause de la nécessité dans laquelle je serais de nourrir et d'hospitaliser tous les indigènes répandus sur la route, etc..., et surtout à cause de la haine instinctive de tous ces gens pour le *Roumi* et de leur crainte d'un envahissement ultérieur possible. Ag-Yemma, que je croyais avoir alléché par la promesse d'une forte récompense, dans le cas où je réussirais par son aide, n'est pas aussi net dans ses allures que je l'espérais tout d'abord ; et, soit crainte de se faire mal voir en me défendant trop ouvertement (il ne faut pas oublier que ce n'est qu'un Amghidi, *serf*), soit pour toute autre raison, il ne me paraît pas animé de l'énergie que j'aurais aimé lui voir.

Après avoir répété à ces deux hommes mes desiderata dont ils vont faire part aux notables, déjà très suffisamment renseignés d'ailleurs, je décide qu'il y aura grande réunion d'affaire dans l'après-midi.

L'assemblée se tient sur le sommet d'une petite dune dont nous occupons entièrement la surface, tout le monde est accroupi, et c'est dans ces conditions que je prends la parole à peu près en ces termes :

« Je suis un voyageur curieux de visiter des pays nouveaux, d'en étudier la flore, la faune, la constitution géologique, d'entrer en relations avec les races qui les habitent. J'ai déjà depuis de longues années sillonné de mes itinéraires toute la partie nord du Sahara et je veux maintenant en parcourir la partie centrale et m'avancer au milieu de vos tribus jusqu'au pays d'Aïr qui vous touche au sud. D'autres voyageurs ont déjà visité cette région de l'Aïr, mais ils l'ont atteinte par les voies de l'est, notamment par Ghât; je vous demande donc en conséquence de me diriger par des voies nouvelles, l'ouad Tikhamalt, l'ouad Mihero, l'ouad Dider, jusqu'à la rencontre de la grande route des caravanes qui conduit à Aghadès. Le Gouvernement de mon pays ne souhaite qu'une chose, vivre en bonne intelligence avec vous et vous voir venir en toute liberté et en toute sécurité sur nos territoires, lorsque vous en éprouverez le désir ou le besoin. Je ne suis point un commerçant, mais seulement un curieux, un voyageur scientifique qui vous demande votre protection sur toute l'étendue de votre domaine. Vous avez autrefois accueilli et guidé un de mes compatriotes, qui était en même temps un de mes amis : *Si Saâd* (Duveyrier); je vous demande d'agir de la même façon vis-à-vis de moi. Vous êtes libres de parcourir l'Algérie comme il vous plaira et le Gouvernement français vous y assurera une sécurité absolue; en revanche je sollicite de vous la réciprocité et vous prie de me convoyer sans encombres à travers le pays des Azdjer. J'ai amené ici avec moi des Chambba qui me servent d'escorte, mais dès que vous m'aurez donné une réponse favorable, je congédierai mes Arabes, en vous demandant de me fournir des hommes de votre tribu comme chameliers, et de me louer des chameaux, suivant la coutume, afin que je puisse continuer mon voyage. Vous aurez ainsi trouvé un large bénéfice à mon passage dans vos campements. En résumé, me faire traverser le pays des Azdjer pour me permettre d'atteindre l'Aïr, tels sont mes desiderata. »

Je me présentais à eux, comme je l'avais toujours fait, comme voyageur scientifique, — terme qui figurait du reste dans les lettres en arabe émanant de M. le Gouverneur général de l'Algérie.

Je me gardais bien de leur parler de commerce ou de transit commercial, ces questions semblant les irriter et les inquiéter comme s'ils se sentaient menacés dans leur monopole.

Après cet exposé, commencent de très longues discussions, auxquelles tout le monde prend part, et qui ne laissent pas que d'être très confuses, attendu qu'on y parle de tout, en même temps que de mes affaires. De nombreuses objections, auxquelles je réponds au fur et à mesure, sont présentées par les uns et par les autres, surtout par Guedassen : On craint une concurrence commerciale ; on ne serait pas éloigné de croire à une prise de possession du pays dans l'avenir par des troupes françaises ; on me parle de l'éventualité d'un chemin de fer qu'ils croient désiré par nous et devant traverser le pays, fait qui les effraie plus que tout ; on me rappelle des chameaux autrefois razziés sur les Azdjer par nos tribus du Souf et qui n'ont pas été restitués. A ces diverses objections viennent s'en joindre d'une autre nature : la saison des caravanes est passée, le pays où commandent les Azdjer ne s'étend point jusqu'à l'Aïr ; je trouverai de nombreux campements sur ma route et — pour observer les coutumes, — je devrai nourrir en passant tous les gens qu'ils renferment ; il me faudrait donc une énorme quantité de provisions de bouche. Le pays n'est pas sûr et on doit s'attendre à rencontrer des bandes de pillards contre lesquelles il sera nécessaire de combattre. On sent que leur suprême désir est de me dégoûter de poursuivre plus au sud, et que leur suprême joie serait de me faire immédiatement retourner sur mes pas et regagner l'Algérie.

Guedassen entasse objections sur objections. Moulay et Ikhenoukheu au contraire essayent de trouver des moyens de tout concilier, sentant bien qu'ils n'ont qu'à gagner à mon passage. Abderrhaman avec eux plaide ma cause.

Je n'étais pas libre de hâter les discussions des Touareg qui sont toujours extrêmement lents à prendre une décision, aussi ai-je dû patienter jusqu'au moment où, tous les notables s'étant mis à peu près d'accord, ils me firent part des résolutions suivantes :

Guedassen accepte enfin, après d'interminables hésitations, de me laisser traverser le territoire des Azdjer en payant le droit dit « *Hadda* », qui n'a rien de commun comme quantum avec celui que versent les caravanes de commerçants, mais qui s'applique aux Européens et qu'avait soldé jadis Duveyrier. Le territoire des Azdjer ne s'étendant point jusqu'à l'Aïr, Guedassen ne s'engage à me faire conduire que jusqu'au mont Anahet — qui se trouve à peu près par 23° de latitude nord, — telle est la limite méridionale extrême qu'il fixe lui-même à l'étendue de son pouvoir. Après ce point, il n'est plus chez lui et entend décliner toute responsabilité. Je devrai prendre avec moi, pendant toute la durée de ma marche chez les Azdjer, le notable Moulay-Ag-Khaddadj qui me servira de porte-respect et de guide, et qui sera l'intermédiaire pour ainsi dire officiel avec les populations que je serai appelé à rencontrer.

Quant à la question que je leur ai posée à propos des chameliers et des animaux de convoi à prendre en location chez eux, ils répondent qu'ils ne peuvent actuellement me fournir de chameaux ; leurs animaux sont trop éprouvés par la longue sécheresse qui a presque anéanti les pâturages, et ils ne sauraient, dans ces conditions, supporter les fatigues d'un long voyage ; je devrai donc conserver mes chameaux de bât venus avec moi d'Algérie. On me fournira des hommes qui me serviront de chameliers et que je payerai à raison de deux douros Ghâti (5 francs) par jour.

Après cette énumération, Guedassen me reparle de l'affaire des chameaux razziés sur les Azdjer en 1885 ou 1886 par les Chambba d'El-Oued ; cette question lui tient au cœur, et il serait évidemment très heureux d'obtenir la restitution des animaux pendant qu'il est Amenokal des Azdjer. C'est visiblement — ou du moins il veut le faire paraître — la cause principale de son attitude hostile à mon égard. Il me dit : « Comment ! « vous voulez vivre en paix avec nous, vous désirez qu'il « y ait entre nous des relations cordiales, et l'an dernier « un homme de votre nation (M. G. Méry) est venu au « milieu de nous, escorté d'Arabes dont beaucoup étaient « montés précisément sur des mehara razziés aux « Azdjer !... »

Il ne comprend pas non plus notre désir de marcher vers le Soudan en traversant son territoire ; il me dit à ce sujet : « Croyez-vous donc, chez vous, qu'il y ait tant à gagner au Soudan ? Pensez-vous que ce pays fasse un commerce considérable ? Pourquoi — vous qui possédez des montagnes d'or et d'argent où vous n'avez qu'à prendre la matière pour frapper des monnaies — venez-vous en ce pays où les gens sont pauvres et où l'on gagne sa vie à la pointe de sa lance ? »

Quoi qu'il en soit et malgré tous les ennuis subis et ceux encore à subir, j'étais heureux de cette solution qui me mettait décidément en route, et en bonne route, puisque j'allais aborder un itinéraire entièrement nouveau, et qui devait me faire traverser un massif montagneux très important, jusqu'alors inexploré ; car Ewin de Bary s'était rendu au lac Mihero en venant directement de l'est et en partant de Ghât même.

J'étais à une de ces heures où, après une lutte acharnée, on vient de remporter une victoire, et où on éprouve une vive satisfaction et une sorte de bien-être moral extrême; c'était le fruit prêt à cueillir de trois années d'efforts et de démarches. J'avais oublié, moi vieux Saharien, que j'étais dans le pays du mirage. Hélas ! il m'a fallu depuis en rabattre, mais n'anticipons pas.

Il me fallait maintenant régler la question des cadeaux que tous attendaient anxieusement. Les trois principaux notables, indépendamment des cadeaux en argent, reçurent des tapis haute laine venant d'Algérie et qui sont très recherchés par les Touareg qui n'en fabriquent pas ; en outre, je leur donnai des étoffes de soie rouge bleue et noire ; je joignis à cela, et pour Guedassen qui m'avait manifesté le désir de les recevoir, un mehari et un chameau étalon de mon troupeau. Je lui remis en outre, à cause de sa qualité d'Amenokal, un très beau burnous rouge brodé d'or qui m'avait été confié par M. le Gouverneur Général de l'Algérie. Tous les autres ne reçurent que de l'argent et des ceintures de laine rouge, article fort apprécié par ces gens qui ne se les procurent pas facilement.

Je versai aussi les 500 francs pour mon droit de passage dont j'ai parlé plus haut. Tous ces cadeaux additionnés formaient un total respectable qui écornait très notablement mes crédits. Je venais de distribuer dans la même journée — sans compter la valeur des étoffes ni du burnous — une somme de près de 3000 francs, et très voisine de 4000 si on y comprend la valeur des étoffes.

Après la remise de ces cadeaux, reçus d'un air indifférent, comme le veut l'étiquette du reste, Abderrhaman — dont il faut louer hautement les services — avait dit à l'Amenokal des Azdjer : « Nous te confions ce Français
« que je connais depuis longtemps ; mais sache que la
« France a *l'oreille tendue* vers lui, que Ghdamès a aussi
« les yeux sur lui, et que les Chambba qui vont rentrer
« à leurs tentes n'oublieront pas qu'ils l'ont laissé avec
« trois des leurs entre vos mains, si par hasard il ne re-
« venait pas ! Ainsi, prenez bien garde ! » Guedassen lui a répondu : « Sois sans crainte, il voyagera chez nous
« en sûreté, nous lui assurons notre protection ».

Le 13 au matin, les Kebar et leur suite s'apprêtèrent à partir. Leurs préparatifs furent très longs, comme toujours du reste, et je dus leur donner à déjeuner encore ce jour-là. Leur troupe en me quittant était fort pittoresque ; les chameaux de leurs serviteurs chargés de mes présents précédaient un peu le groupe des chefs, Moulay et Ikhenoukhen étant restés les derniers pour me dire au revoir avant d'escalader la haute selle de leurs fins mehara.

Ils s'éloignèrent enfin, et j'eus le loisir de rester seul, et la possibilité de m'occuper de l'organisation de mon convoi. Il me fallait en effet maintenant congédier mes hommes, car je ne pouvais malheureusement pas continuer à supporter les frais de solde d'une escorte aussi nombreuse, étant donné surtout que je pouvais espérer aller beaucoup plus loin ; je décidai de même de renvoyer avec eux en Algérie ceux de mes bagages qui ne m'étaient pas indispensables, et tous ceux de mes chameaux qui étaient devenus inutiles par suite de l'absorption des provisions.

Je choisis donc les vingt chameaux les plus résistants de mon convoi, et je vais renvoyer les autres avec mes Chambba, qui emporteront aussi en Algérie mon courrier et mes documents de mission jusqu'à ce jour.

Je ne garde auprès de moi que mon matelot Villatte, et les trois Chambba : El-Hadj, Bel-Bissati et Ben-Krioua.

J'avais bien pris les noms de cinq chameliers Touareg qui allaient être à notre solde, mais je ne possédais encore que deux d'entre eux, les trois autres ne m'ayant rejoint qu'aux campements des notables en même temps que Moulay.

Pour ne pas y revenir, je dois dire que ces chameliers ne m'ont servi à rien ou à peu près pendant tout le reste du voyage ; ils ne poussaient point le convoi, ils ne chargeaient ni ne déchargeaient les animaux, si bien que toute cette besogne retombait sur mes trois Chambba surmenés, que Villatte et moi nous étions forcés d'aider du reste, eux seuls ne pouvant suffire au travail.

Deux de ces hommes étaient âgés, Moussani et Bakha, les deux frères. Le second était dévoué, et quoique paresseux comme ses camarades, j'aurais plutôt à m'en louer. Quant aux autres, tous jeunes, non seulement ils ne travaillaient pas, mais encore ils se moquaient de nous et nous couvraient d'injures (en langue touareg), surtout aux heures où nous avions des difficultés avec leurs compatriotes.

14 janvier. — Nous allons partir pour marcher vers le sud, et nous camperons ce soir près des tentes des notables, point où il nous faudra encore séjourner. Mes Chambba partent en même temps. La scène des adieux entre eux et moi fut absolument touchante ; ils me saluaient comme un homme que l'on ne doit plus revoir. Deux surtout, des plus attachés à ma personne et qui me servent depuis plus de dix ans, — pleuraient à chaudes larmes. Ces gens me supposaient irrévocablement condamné, aussi bien que ceux des leurs que j'emmenais avec moi, et ils faisaient tous leurs efforts, déployaient toutes les ressources de leur éloquence, pour m'entraîner avec eux vers le nord. Je mis fin à ces discours en leur disant que nous nous retrouverions tous sains et saufs plus tard, et ils se décidèrent à me quitter.

Aussitôt après le départ de mes hommes pour le nord, Abderrhaman me quitte pour rejoindre sa tente. Il m'a demandé de lui prêter deux chameaux de bât pour porter ses bagages et ses vivres, la caravane avec laquelle il se trouvait ne l'ayant point attendu. J'accède à son désir et en prenant congé il m'annonce qu'il me ramènera lui-même mes chameaux à Ouargla au commencement de l'été. Je ne crois guère à cette restitution ; mais s'il garde les animaux, il restera mon obligé, et dans le cas d'une rencontre ultérieure dans le Sahara, je pourrai user de cette situation.

Nous remontons l'ouad Tikhamalt qui est fort large (entre 2 et 3 kilomètres) et bordé de berges très peu importantes de 3 ou 4 mètres de hauteur ; à droite et à gauche hamada de grès bruns ou noirs, les berges sont en roches de grès grisâtre ou marron disposées en stratifications horizontales de 12 à 15 centimètres d'épaisseur, ayant tout à fait l'apparence de lames de schiste.

Le sol de la rivière est de sable argileux, parfois percé par la roche de grès à nu ; une végétation très fourrée d'Ethels et de Tarfa poussant sur des buttes, de Drinn, etc., rend la route extrêmement gênante pour la marche d'un convoi. Depuis la pluie, le sol est très florissant dans l'ouad et presque partout recouvert d'une jeune végétation de quelques centimètres d'élévation.

L'erg a disparu et fuit vers l'ouest ; nous avons seulement dans notre ouest, tout près du bord de la rivière, de petits ergs séparés, assez élevés. Le cours de la rivière est divisé en plusieurs bras qui entourent de fréquentes îles à sol de hamada de grès bruns comme le plateau.

En A nous arrivons à l'entrée — dans la rive droite du Tikhamalt — d'un vaste bassin fermé qui se nomme Ouréguélette et où séjournent les eaux des très grandes crues. L'entrée qui communique avec la rivière est étroite et encombrée d'un peu de sable, mais, plus à l'est, ce bassin s'épanouit et couvre une assez grande surface.

Çà et là des quantités de petits lits particuliers assez profonds et peu larges se creusent devant nous ; les berges verticales de ces thalwegs — le plus souvent encore pleins d'eau de la crue — gênent la marche et présentent d'assez grandes difficultés à la descente et à la montée. Il est très souvent nécessaire de les côtoyer ou de les contourner, et cependant il faut bien suivre les rivières, les hamada de bordure sont inabordables, les grès bruns qui les constituent étant trop durs pour le pied des chameaux ; on n'y trouve du reste aucun sentier ; les rivières sont partout ici utilisées comme grandes routes, aussi après les pluies les caravanes doivent s'arrêter, leurs grandes routes devenant tout à fait impraticables.

En K nous avons en vue par le travers et à l'ouest le

massif ou la chaîne d'Ilighâ à 20 ou 25 kilomètres. L'ouad Lézy vient immédiatement après cette chaîne et à son pied ouest.

En B, l'ouad Tikhamalt devient un véritable bois d'Ethels et de Tarfa; les premiers atteignent facilement 10 à 12 mètres avec de très gros diamètres de tronc; les Tarfa sont de taille beaucoup plus modeste. L'aspect est ici le même que celui d'un paysage de France.

La rivière s'élargit beaucoup; à gauche la hamada, à droite un erg assez élevé bordant la rivière et empiétant même un peu sur son lit; cet erg se nomme Tazankafate. Nous traversons la pointe nord d'une grande île R, puis la côtoyant à l'ouest nous arrivons en G, — à très petite distance des tentes des notables, — à notre point de campement au milieu du lit du Tikhamalt, sur le bord d'un fourré de Tamarix qui masque l'installation des Azdjer. Ce point se nomme Afara-n-Ouechecherane. La rivière compte ici près de cinq kilomètres de large.

Le chihili souffle, et nous sommes aveuglés par une poussière fort gênante.

Aussitôt descendus de mehari, Mohamed-Ag-Yemma se rend près des notables et revient peu après avec Guedassen et quelques autres. Du reste, à partir de ce moment nous avons toujours des visiteurs au camp, notables ou autres. Tous demandent quelque chose. Ceux qui possèdent des fusils nous les apportent à réparer; c'est ainsi que passe par nos mains un vieux Vetterli hors d'usage et beaucoup moins redoutable qu'une simple lance.

Guedassen est un peu moins froid que les jours précédents et surtout un peu moins renfrogné; il va jusqu'à rire quelque peu, il me fait dire qu'il est content. Toutefois, aussitôt après son arrivée, il remet sur le tapis la question des chameaux razziés aux Azdjer par nos nomades du Souf, et je suis obligé d'essuyer un long discours à ce sujet, discours qui n'est que la répétition de ce qui m'a été dit déjà à ce propos. Je ne puis que répondre que, sur son désir, j'en entretiendrai, à mon retour, M. le Gouverneur général de l'Algérie, dont je lui communiquerai ensuite la décision.

Les questions les plus baroques me sont posées : Guedassen, par exemple, me demande : « Quel est le premier Européen qui a vu Ghât et quelle était sa nationalité ? » ou bien : « N'y a-t-il pas état de guerre entre la France et la Tripolitaine ? » Il devait sans doute faire allusion à la rupture récente des négociations au sujet de la délimitation tuniso-tripolitaine.

Il est aussi fort inquiet de la question du chemin de fer transsaharien ; étendant le bras vers le sud en me montrant au loin les crêtes aiguës du Tassili, il me dit : « Tu vois cette montagne, c'est le Tassili, jamais les Européens ne l'ont encore traversé, jamais non plus ils n'y feront passer un chemin de fer tant qu'il y aura un Azdjer vivant. Du reste, tu verras combien elle est difficile et tu jugeras toi-même que nul homme au monde ne pourrait réussir une pareille entreprise ».

Je n'avais pas à lui répondre que l'on peut faire passer une voie ferrée où l'on veut, et je lui répliquai simplement : « Tranquillise-toi, je ne veux que la traverser à pied ou à chameau ».

Je m'étais du reste et dès le principe, comme je l'ai déjà dit, placé vis-à-vis d'eux dans la position suivante : à savoir que j'étais un curieux désirant voir leur pays que je ne connaissais point, y étudier les plantes, les roches, les animaux, mais qu'à part ces études nul autre souci ne m'agitait. J'ai pu constater que c'était là la meilleure position à prendre, et que c'était, non seulement aussi le meilleur, mais l'unique moyen de gagner leur confiance.

On me demandait si les Français avaient bâti un bordj à Inifel et s'il était occupé, et surtout quel mobile pousse en général tant d'Européens à traverser le Sahara pour arriver au Soudan.

Nous sommes forcés de séjourner demain ; les trois chameliers Touareg qui me manquent n'ont pas encore fait leurs préparatifs et Moulay n'a pas le mehari qu'il désire emmener.

15 janvier. — Séjour. Dès le matin ce n'est ici qu'une succession de visites à ma tente : notables, amghad, nègres, chacun y passe. Les gens s'asseyent, regardent silencieusement d'abord, puis font des questions de tous les genres. On organise même des palabres au sujet de mon voyage et au sujet de choses indifférentes ou tout à fait oiseuses, suivant la coutume de ce peuple. Je ne suis plus chez moi, même dans l'intérieur de ma tente, où du reste il fait très chaud à cause du chibili qui souffle avec persistance.

Après le déjeuner, visite en corps des notables. Bien que nous soyons à moins de 500 mètres de sa tente, Mohamed-ben-Ikhenoukhen est monté sur une assez belle jument. Il arrive au galop, faisant un effet superbe avec son costume très soigné et plein de goût, ample et flottant. On est tout surpris de voir un cavalier dans ce pays de mehara, où il faudrait faire des milliers de kilomètres pour trouver d'autres chevaux.

Je fais servir le café aux Kebar et les conversations s'animent. Je les entretiens de leur histoire, du passé de leur race, de leurs intérêts, de mes projets. Jamais je n'ai vu d'hommes aussi stupéfaits de trouver un Européen si bien informé ; leur ébahissement augmente quand je leur désigne par leurs noms les différentes montagnes en vue. A leurs questions à ce sujet je réponds que l'on ne vient pas visiter un peuple avant d'avoir préalablement appris son histoire et celle de son pays.

Je suis questionné par Ikhenoukhen et Guedassen sur la façon d'interpréter un des articles de la convention de Ghdamès ; c'était à propos de mon droit de passage que chacun naturellement convoitait. Je leur expliquai que ce droit devait revenir aux mains du chef actuel, l'article visé disant qu'il sera versé à Ikhenoukhen ou à tout autre qui lui succédera et représentera le pouvoir après lui. J'ai su depuis que la somme, remise d'abord entre les mains d'Ikhenoukhen, était retournée entre celles de Guedassen après mon explication.

Ikhenoukhen tient la convention comme absolument en vigueur, et je dis à ce sujet à Guedassen qui m'interroge que lorsque les Français ont signé un accord quelconque, ils l'exécutent rigoureusement et loyalement, et qu'ils se considèrent comme absolument engagés. Il me répond alors que lui-même pense de la même façon.

Il n'en est pas moins vrai — comme je le disais dès l'an dernier — que très peu de Touareg, en dehors des notables, connaissent l'existence de ce tout platonique traité.

Après une assez longue station et pendant que je distribuais quelques médicaments, Ikhenoukhen se lève et me dit en souriant : « Voilà nos femmes qui arrivent ; nous allons rentrer à nos tentes. »

Elles étaient bien une vingtaine, parées de tous leurs atours, c'est-à-dire le corps entier enveloppé d'un haïck ou couverture blanche — je dis blanche, mais c'est une façon de parler, car elles sont plutôt d'un jaune très sale. — Elles s'accroupissent sur des couvertures auprès de ma tente et rient pour la plupart en se cachant la figure avec les mains. Bientôt elles s'enhardissent, l'exemple étant donné par deux ou trois gamines, et toutes tiennent à voir l'intérieur de ma tente, dont je fais alors relever les portes.

Une de leurs grandes joies est de manœuvrer sans relâche un obturateur photographique à poire de caoutchouc dont le déclanchement rapide et sec leur semble tout à fait merveilleux et surnaturel. Il me faut faire des efforts pour le leur arracher des mains et le conserver à peu près intact.

Je leur distribue des cadeaux en argent, en étoffes et en écheveaux de soie; mais l'argent leur plaît davantage. C'est la sœur d'Ikhenoukhen, la personne la plus titrée et la plus âgée du groupe, qui est chargée du partage.

L'une d'elles, sortant avec précaution de dessous sa couverture un petit flacon enveloppé de chiffons, me le passe en me demandant contre quelle maladie doit être employé le remède qu'il contient. Je développe le précieux paquet et je me trouve en présence d'un flacon d'essence de verveine, portant l'étiquette d'un grand magasin de Paris; je réponds donc à mon interlocutrice anxieuse que ce liquide est tout simplement un parfum et non pas un remède.

Ces femmes ont les cheveux d'un noir brillant admirable, frisés et séparés en un certain nombre de tresses.

Leurs figures sont ovales, elles ont le nez fin et de très beaux yeux ; mais on ne peut pas dire — du moins parmi celles que j'ai vues — que ce soient des beautés ; c'est donc purement par politesse que j'ai répondu à Ikhenoukhen, qui m'interrogeait à ce sujet, que les femmes targuies étaient fort jolies. Je savais au surplus que dans le groupe il y avait au moins deux de ses sœurs, deux de ses filles et beaucoup de ses nièces.

Quelques-unes d'entres elles avaient entrepris de nous faire prononcer une profession de foi musulmane et s'étonnaient surtout de nous voir, Villatte et moi, couverts de vêtements européens qui leur paraissaient absolument bizarres. Les chefs nous avaient fait du reste la même observation et Ikhenoukhen surtout me paraissait désireux de me voir revêtir leur costume national.

Après le départ des femmes, je me rends aux tentes des Touareg, perdues dans des massifs épais de grands éthels. Ces tentes sont ainsi construites : une partie rectangulaire entourée de pieux de 1 m. à 1 m. 20 qui aident à fixer debout les parois verticales de la tente, composées de nattes ; le dessus est recouvert de peaux très bien tannées, tantôt brun rougeâtre, tantôt rouge brique. Les peaux nécessaires à la toiture d'une tente s'échangent généralement contre un chameau dont elles ont la valeur. Devant l'entrée de la tente sont plantés des pieux d'un mètre de haut destinés à fermer le devant de la tente et à former une sorte de cour entourée de nattes qui se fixent à ces pieux mêmes.

Ces nattes — qui sont l'ouvrage des femmes — sont fabriquées avec des tiges de Mrokba (sorte de graminée commune même dans le sud algérien) posées parallèlement et réunies entres elles par une série de lanières en cuir de chèvre.

Dans l'intérieur des tentes, on voit des sacs de cuir, un bouclier, un palanquin très léger, des selles à mehari, etc., le tout d'apparence très propre, peut-être parce que ma visite était annoncée, mais je ne saurais l'affirmer.

Les pieux et poteaux de tentes sont quelquefois assez remarquables à cause de leur ornementation, mais ce n'est qu'une exception. Ils ont dans ce cas de 2 m. 50 à 3 m. de hauteur sur un diamètre de 8 à 10 centimètres; la moitié supérieure seule porte des dessins d'un genre très spécial, mais d'une grande simplicité : dessins que l'on retrouve un peu partout dans le Sahara, dans le Soudan et jusqu'au Sénégal, et qui sont les mêmes que ceux des cuirs ouvrés de ces différentes régions. Ces dessins sont d'origine soudaniène et exécutés par les femmes. Les parties en creux sont teintes au henné. Les seuls instruments employés pour la fabrication des poteaux — qui sont invariablement en bois d'Ethel — sont le couteau de bras et une hache rudimentaire composée d'un bout de fer conique emmanché dans un morceau de bois aussi d'Ethel que l'on a préalablement percé au fer rouge.

Il y a là toute une population de gamins, de petits négrillons et négrillonnes, tous à demi-nus ; les uns la tête rasée et ne conservant qu'une simple auréole en ligne verticale, composée de petits toupets allant de la nuque jusqu'au front ; les autres — les petites filles — avec une multitude de tresses de chaque côté de la tête. Tout cela grouille, mais, à l'encontre des autres races, personne ne crie.

Les tentes des nègres ou négresses ont un tout autre caractère : quelquefois c'est un simple chiffon dressé en demi-cercle au pied d'une touffe, accompagné de deux ou trois paquets d'autres chiffons — garde-robe du nègre ou de la négresse — accrochés au-dessus de sa tête dans les branches de l'arbuste ; un peu plus loin, c'est un bout de natte de trois ou quatre mètres, développé aussi en demi-cercle maintenu debout par des morceaux de bois quelconques qui la dépassent irrégulièrement et auxquels sont fixés quelques chiffons et quelques vases en bois, seuls ustensiles de ménage. Jamais de toiture à ces misérables cases, mais des bibelots et des guenilles indéfinissables accrochés un peu partout.

Heureusement qu'il pleut rarement dans ce pays, car les locataires de ces singulières habitations risqueraient fort d'être souvent arrosés.

A mon retour au camp, je trouve une superbe chamelle blanche qui m'a été envoyée par Ikhenoukhen et Guedassen, pour observer une coutume Touareg qui veut que l'on fasse ce présent aux hôtes de marque. Ikhenoukhen me dit à cette occasion : « Je veux que tu fasses savoir en France que les autres notables Azdjer et moi nous t'avons fait présent de cet animal ; c'est le plus beau cadeau que nous puissions faire d'après nos coutumes. » Je le remercie et lui réponds : « Remets cette chamelle avec tes troupeaux ; je la prendrai plus tard quand je reviendrai, et, quoi qu'il arrive, je dirai en France ce que tu désires que l'on sache. »

16 janvier. — Séjour. Nous préparons le départ comme aux jours ordinaires de marche, nous plions les tentes, mais le soleil monte et Mohamed-Ag-Yemma — qui couche aux tentes des chefs — n'est pas encore arrivé. Un nègre vient nous dire de ne pas nous presser, que les autorités vont venir. Ils s'entendent entre eux, paraît-il, au sujet d'une question que l'on ne m'indique point. Ce nègre qui se nomme Aomar est la propriété et l'homme de confiance d'Ikhenoukhen, qui était déjà le propriétaire de son père. Aomar a déjà fait 12 ou 15 fois le voyage d'Aghadès, il connaît beaucoup El-Hadj-Bilkhou, cheikh de la ville de Djiro qui avait hospitalisé autrefois Erwin de Bary.

Nous sommes forcés de reconstruire nos tentes, de renvoyer les chameaux au pâturage et de faire encore séjour, malgré mon très vif désir de marcher de l'avant.

Les notables arrivent et les discussions recommencent.

Ils cherchent très évidemment tous les prétextes pour temporiser, pour atermoyer et, en somme, me lasser afin de me faire retourner en arrière. Des Imanghassaten présents au campement, et qui sont tout ce qu'il y a de plus défavorable aux Européens, participent aux longs palabres qui ont lieu tous les jours et poussent du reste les chefs dans cette voie, espérant me voir changer de résolution. Les Kebar disent : La rivière en amont est encore pleine d'eau et de bourbe, les animaux ne pourront pas y passer. Ils veulent attendre des nouvelles qui doivent leur arriver incessamment et mettent en avant beaucoup d'autres raisons du même genre, raisons qui donnent la mesure de leur mauvaise volonté systématique.

Tous ces retards, ces interminables pourparlers, ces lenteurs, cette sourde hostilité sont absolument lassants pour le voyageur qui voit, non sans inquiétude, ses frais augmenter, les jours se perdre et ses vivres diminuer sous les assauts réitérés qui leur sont livrés, car il faut malheureusement, comme je l'ai déjà indiqué, hospitaliser et nourrir tout ce qui se présente, petits et grands.

Au fond peut-être tous ces gens ne me retiennent-ils que pour me gruger plus longtemps et tout à leur aise.

Il y a ici dans le Tikhamalt de nombreux morceaux de laves cellulaires noires roulées provenant du haut Tassili. De même je recueille des coquilles (Planorbis, mollusques fluviatiles et lacustres — Ech. n° 46).

Les nouvelles attendues arrivent enfin. Un nègre d'Ikhenoukhen vient de Bilma, puis de Ghât : il annonce la mort du Pacha turc de Mourzouk, l'arrivée d'une forte colonne turque dans cette ville, colonne (*mealla*) qui doit se diriger ensuite sur Ghât. Tout est actuellement calme dans les environs de Ghât. Les Touareg Tibbous sont partis en rezzou contre les Oulad-Solimane en grand nombre. La région de Bilma a été entièrement dévastée par les sauterelles. En effet, ces acridiens, poussés par le vent du Sud-Est qui ne cesse de souffler, commencent depuis quelques jours à envahir les environs d'Afara-n-Ouchecherane, et absorbent rapidement la jeune végétation que j'ai signalée plus haut.

Mes cinq chameliers Touareg sont présents depuis hier au soir, ils sont payés cinq francs par jour — pour ne rien faire du reste. — Ils se nomment : Moussani, Bakha, Khorzima, Sarmi et Hamma. Je ne compte pas Moulay, qui est plutôt une sorte de protecteur.

17 janvier. Nous faisons, comme la veille, tous nos préparatifs de départ ; mais ce n'est qu'à 7 heures que nous rejoint Mohamed-Ag-Yemma. Il nous dit de ne pas nous presser, et nous prie de marcher lentement, car Ikhenoukhen et Guedassen vont venir nous rejoindre. Le premier doit aller aux tentes de ses Amghad situées en amont sur notre route, et c'est précisément à ce point que nous devons coucher ce soir et où doit nous rattraper Moulay.

Il paraît que des Ifoghas sont arrivés hier soir, venant du Sud-Ouest ; ces gens ont averti les notables que les Ahaggar — prévenus de notre passage par la caravane rencontrée à Timassânine — ont l'intention de nous attaquer en route, soit plus au sud, soit sur notre ligne de retour.

Nous remontons lentement la rivière, qui est remplie

de petits lits mineurs bordés d'Ethels et de Tarfa formant des lignes sinueuses dans le thalweg du Tikhamalt toujours fort large. Vers 9 heures nous stoppons pour donner aux Kebar le temps d'arriver, et nous profitons de cet arrêt pour déjeuner. Ikhenoukhen à cheval apparaît enfin ; il nous salue et nous avise qu'il nous rejoindra au campement du soir; il nous apprend aussi que Guedassen cherche depuis l'aube un mehari pour nous accompagner !

La marche se poursuit dans l'ouad parsemé de sortes de terre-pleins coupés de rigoles, et rempli d'îles de grès. La végétation est représentée : 1° par des Ethels (hauts de 10 à 12 mètres avec 60 et 80 centimètres de diamètre) et des Tarfa disséminés en lignes sinueuses le long des petits bras, comme plus en aval ; 2° par du Drinn, du Ghessal, du Harta et une masse de Harra naissante. Nous passons au milieu d'un groupe d'îles dont les deux plus importantes se nomment Akhsansioua en B et Némassakni en C. Leur sol est composé de grès bruns. En D nous côtoyons la berge de rive droite pour arriver un peu plus tard en E au pied de la berge de rive gauche qui a 25 mètres de hauteur. L'ouad présente ici un étranglement n'ayant guère que 800 à 900 m. de largeur au moment où elle traverse les assises les plus septentrionales du Tassili (grès bruns et marrons compacts à cassure grise).

En général, les fonds de l'ouad sont à sol d'argile très sableuse ; ce sol contient de nombreuses parcelles brillantes assez semblables à du mica et qui paraissent provenir de roches schisteuses du haut de la rivière ; çà et là des fragments de laves cellulaires noires et marrons.

Notre campement est établi immédiatement au sud de cet étranglement au milieu de fourrés de beaux Ethels et au pied des Gour Isouitar.

Nous ne tardons pas à être rejoints par Ikhenoukhen accompagné d'un certain nombre de *Djouad* (nobles) venant de Ghât, d'où les a fait fuir la crainte de la venue de la colonne turque. Ces notables ne se sont arrêtés ici que pour se faire nourrir et pour recevoir des cadeaux; Ikhenoukhen me dit doucement que c'est une nécessité — il y a là encore deux ou trois Imanghassaten — et que du reste il y va de mon intérêt et de la réussite de mes projets. Je fais donc, à mon grand déplaisir, une nouvelle brèche à mes sacs de provisions et à ma réserve de Douros qui diminue singulièrement.

C'est une véritable obsession, et si ce pays ne portait déjà un nom, je proposerais de le nommer *le pays des mendiants*. On me présente toujours les nouveaux arrivants comme des dignitaires, ou cousins de dignitaires, ou secrétaires ou nègres de dignitaires, et si on ne leur donne pas, ils vous menacent.

Un nègre que j'oubliais m'a dit : « A celui qui ne me donne rien, je lâche dans les jambes tous les chiens de mon maître ».

Combien Erwin de Bary avait raison lorsqu'il décrivait le caractère des Berbères voilés !

Ikhenoukhen m'envoie un mouton et dîne de notre dîner; il m'avertit que Guedassen ne viendra nous rejoindre que demain probablement. Nous causons longuement, et il me donne quelques avis dans ce genre : « Je t'engage à garder soigneusement tes sacs à provision, car on essaiera de te les voler, sois-en certain ; si je laissais pâturer ma jument en liberté, le lendemain matin, non seulement je ne la retrouverais pas, mais même je ne retrouverais pas sa trace : les gens l'auraient prise, dépecée et mangée ; il y a ici une famine constante. »

Il termine par des conseils de prudence et par des protestations d'amitié et de dévouement qui de sa part à lui me paraissent sincères : « N'oublie pas, me dit-il, que tu as rencontré à Timassânine une caravane de Touareg ; or elle a répandu partout la nouvelle de ton passage. Cette nouvelle est parvenue chez les Ahaggar, et je ne puis que te dire : Prends garde. »

Ikhenoukhen ne se fait pas d'illusion sur sa situation et il comprend fort bien que le prestige du nom de son père ne se continue pas entier sur sa tête. Il sait qu'il ne jouit pas de la même grande autorité absolue qui caractérisait la puissance d'El-Hadj-Ikhenoukhen et qui était le résultat de sa violence et de son caractère audacieux et résolu.

Tout cela est dit d'un ton digne, d'une façon toute correcte et d'une voix extrêmement douce et chantante, dans un arabe un peu hésitant, mais très facile à comprendre.

Je le répète, Mohamed-ben-Ikhenoukhen est l'homme le plus sympathique, le plus affable et le plus clairvoyant des Azdjer. Combien n'est-il pas regrettable pour nous qu'il ne soit pas le chef suprême !

Nous avons rencontré aujourd'hui sur notre chemin un très grand nombre de sauterelles ; elles continuent à faire disparaître la verdure naissante. Cela est d'autant moins étonnant que le S.-E. souffle toujours sans interruption en nous couvrant de ses brûlantes effluves, et qu'il vient de la région de Bilma qui, comme je l'ai déjà indiqué, est infestée de sauterelles.

Les Gour Isouitar ont de 50 à 60 mètres d'élévation. Ils sont à peu près à pic. Leur sommet est composé de grès bruns et noirâtres à cassure grise en stratifications horizontales. D'autres couches inférieures de grès sont séparées des premières par des assises de marnes brunes schisteuses. Le sommet s'éboule et aussi les marnes.

18 janvier. — Au moment de nous remettre en marche, il tombe quelques larges gouttes de pluie. Je fais encore une distribution de cadeaux. Ikhenoukhen vient prendre congé : il regrette de ne pouvoir m'accompagner, mais il a des hôtes nombreux qui le retiennent à Afara.

Il nous faut travailler, Villatte et moi, comme de simples chameliers, puisque les nôtres — les Touareg — ne font rien ; le chargement y gagne en vitesse, mais c'est aux dépens de nos muscles.

Notre marche se continue dans le lit de la rivière au milieu des Ethels, des Tarfa et du Drinn.

En A, île allongée à sol de grès, recouvert çà et là de sable. En B nous quittons le lit du Tikhamalt pour suivre constamment sa rive gauche, tantôt en sol de sable, tantôt en sol de reg assez dur de grès mélangé de quelques autres roches (fer limonite ; grès avec fer limonite en plaquettes ; grès micacé en plaquettes passant aux Psammies, que je rapporte provisoirement au *carbonifère* ; échantillons n° 42 — grès gris légèrement argileux fissile avec Spirifer, avec tête de Trilobite — *carbonifère*. — Echantillon n° 43). Des dunes assez hautes bordent la rivière, surtout sur sa rive droite, où elles sont et plus élevées et plus denses. Le Tikhamalt — qui va perdre son nom pour prendre celui d'ouad Mihéro — s'est beaucoup rétréci et ne compte plus que 1.500 ou 2.000 mètres tout au plus ; son lit est toujours encombré d'Ethels et de Tarfa, qui poussent aussi très abondamment sur ses bords couronnant des buttes de sable.

Nous campons de bonne heure sur le bord gauche de l'ouad et un peu en amont du point nommé Tadjenout qui — de même que Tafersîne que nous avons dépassé — est un point d'eau, trou profond du thalweg où séjourne l'eau des crues.

De notre campement, vers le sud, s'élève la masse même du Tassili : l'horizon est fermé au loin par un profil de montagnes, représentant tout à fait l'aspect d'une scie à dents irrégulières, et se profilant en bleu violacé sombre sur le ciel, le tout hérissé d'une infinité de pics aigus. Un pic très haut, dans la direction du sud-sud-ouest, s'élève de beaucoup au-dessus de la chaîne.

C'est à partir d'ici que l'ouad prend le nom d'ouad Mihero. Tout le monde prétend qu'à la suite des pluies, cet ouad est à peu près impraticable ; or il constitue la seule route possible à suivre, et il est encaissé dans le Tassili, qui est inabordable à cause de la dureté des roches qui le forment.

La rivière est en effet très resserrée, un peu plus en amont, entre de hautes falaises à pic. La végétation est très touffue et se compose de tamarix et de lauriers-roses, et il y a, paraît-il, de nombreuses flaques de boue ; de plus, s'il survenait une crue, hommes, animaux et bagages seraient perdus sans rémission, attendu que l'escalade des berges est impossible. Cet accident s'est du reste produit plusieurs fois.

Quoi qu'il en soit, le Tassili avec ses grès sombres et rugueux constitue un massif impraticable, excepté par les lits de rivières qui y prennent naissance et qui le traversent, encaissées entre des berges abruptes et que l'on ne peut en aucun cas escalader. Il y a un mois, tous ces torrents ont coulé, et leur sol a été de ce chef détrempé. En général, les Touareg abordent peu ce massif — de ce côté-ci du moins — avec des chameaux, et les Amghad qui campent dans les hautes rivières emploient communément, pour les transports, des ânes dont la race est très belle chez les Touareg.

Nous sommes entourés de visiteurs des tentes situées dans l'ouad, non loin de nous. Ces gens ont l'air affamé, mais surtout peu gracieux. Ils viennent pour prendre part à la curée et demander argent et vivres.

Guedassen nous rejoint avec trois ou quatre mehara d'escorte. Il est plus renfrogné que jamais, et j'aurais cent fois préféré le voir rester sous sa tente, car il vient tout simplement m'annoncer qu'il ne veut pas me laisser continuer mon voyage. Il recommence la longue énumération des prétextes plus ou moins fallacieux mis en avant dans les premières discussions, énumération qui débute naturellement par le fameux grief des chameaux razziés aux Azdjer par nos nomades et non restitués.

Il me dit qu'il pensait que je n'irais que jusqu'à leurs tentes, et qu'ensuite je consentirais tout simplement à tourner bride après une excursion de deux ou trois jours.

Je lui fais remarquer que ce n'est pas du tout ce qui a été convenu dans notre première entrevue, et que j'avais bien spécifié ma volonté de traverser tout le territoire, que ce n'est qu'en échange de cette autorisation que j'ai versé le droit de passage, et que me retenir après ce versement est une véritable déloyauté. Il me répond, alors, que, si je l'exige, il me rendra l'*hadda*, bien qu'il considère qu'il lui soit acquis rien que de ce fait que je suis venu chez lui sain et sauf et reparti de même.

Guedassen finit par me déclarer qu'il a des craintes à mon sujet ; que je serai attaqué, etc... Il essaye même, en fin de compte, de me persuader que c'est pour cette unique raison qu'il s'oppose maintenant à mon passage ; que sa seule préoccupation est d'assurer ma sûtére.

Il m'est impossible d'ajouter foi à ses déclarations nouvelles, après tout ce qui s'est passé entre nous. Mais si son affirmation était vraie, il me ferait là l'aveu le plus net de son impuissance comme chef, et me confirmerait dans l'idée que l'Amenokal n'existe que de nom et n'a aucune espèce de pouvoir.

Bien évidemment Guedassen serait enchanté de me voir rentrer de suite, et il ne cède à la fin qu'à la pression et à l'insistance de Moulay et à l'opinion d'Ikhenoukhen, qu'il sait m'être favorable.

Il n'est pas douteux que Guedassen savait que j'allais rencontrer une résistance à mon passage un peu plus au sud, et il aurait désiré, en m'empêchant d'avancer, qu'elle ne se produisît pas, parce qu'elle me permettait de répéter ce que j'ai déjà dit, que les chefs Touareg ne sont point chefs absolus, mais que chacun d'eux commande à sa guise.

Guedassen — à qui les Européens sont peu sympathiques — ne voulait pas se déranger pour eux, et payer de sa personne, que l'on craint, et en agissant ainsi il me laissait clairement voir que ses ordres n'étaient pas écoutés et qu'il était impuissant à me faire livrer libre passage.

Après ces aimables conciliabules et ces interminables pourparlers, Guedassen admet enfin que j'aurai l'autorisation de pousser jusqu'au lac Mihero ; lui-même rentrera demain à Afara-n-Ouechecherane, pendant que je continuerai à marcher vers le sud avec Moulay.

Toutes les broussailles et tous les arbustes qui nous environnent sont couverts de sauterelles.

Mohamed-Ag-Yemma est beaucoup moins aimable qu'avant notre arrivée chez ses compatriotes ; il fait bande à part, il a perdu toute sa loquacité habituelle, et ne paraît auprès de nous que lorsqu'on l'appelle pour un renseignement ou pour prendre ses repas, car il a constamment continué à manger avec mes trois Çhambba. Je ne sais trop que penser de sa nouvelle attitude, mais il est fort probable que ses compatriotes ont dû lui reprocher d'avoir consenti à guider des Français chez eux. C'est pour cette raison qu'il doit affecter de se tenir loin de nous.

19 janvier. — Guedassen rentre à Afara, et nous marchons vers le sud, sur la plaine de bordure de rive gauche de l'ouad. C'est d'abord un reg assez fin qui passe à la mebka en B. En ce point nous sommes à la hauteur d'Oursel, point d'eau analogue à ceux de Tafersine et Tadjenout. En C nous traversons l'ouad Erérha, affluent de gauche du Mihero; son lit contient quelques Talha rachitiques et du Harta; ces deux végétaux sont littéralement couverts de sauterelles.

Nous rentrons ensuite, en D, dans le lit de l'ouad Mihero; la rivière s'est considérablement resserrée et ne compte guère plus de 200 mètres, elle est absolument encaissée dans le Tassili entre des berges à pics qui peuvent mesurer ici une trentaine de mètres. Ces berges sont formées exclusivement de grès noirs ou marron foncé. Des éboulis irréguliers jonchent le pied des deux berges.

La végétation est toujours très fourrée, elle consiste en Drinn, en Diss, en Ethels et en Tarfa, qui bordent ou abritent des masses d'eau ou de boue.

Le cours de cette rivière est très curieux et il a surtout l'avantage, à mes yeux, de n'avoir jamais été parcouru par aucun Européen, aussi je me réjouissais fort d'être arrivé à y mettre le pied; malheureusement ma joie ne devait pas être de longue durée.

La rivière tend de plus en plus à devenir un torrent

sinueux dans lequel la marche est rendue difficile tant par les flaques de boue que par les débris de roche tombés du sommet des berges.

Nous étions arrivés à deux jours au nord du lac Mihero et tout près du point nommé Edeyeheouen, j'étais un peu en avant de la caravane avec Moulay, lorsque nous voyons déboucher de notre gauche des cavaliers à mehara, dont l'un était Cheikh-ben-Mohamed, des Azdjer, monté sur un superbe mehari blanc et vêtu d'un caftan à glands d'or. Il tenait sa lance par le bout aplati et nous montrait d'une façon menaçante.

Cet homme interpella Moulay d'une voix élevée et furieuse, et entama avec lui une discussion des plus violentes, dans laquelle il prétendait empêcher les infidèles de faire un pas de plus sur son territoire. Il paraît que l'ouad Mihero lui appartient. Les rivières, en effet, sont toutes, chez les Touareg, des propriétés particulières.

La discussion, toujours aussi acharnée, ne discontinue pas et augmente de violence, Cheikh prenant des airs de plus en plus menaçants et Moulay lui répondant sur le même ton.

A ce moment, Villatte, le timonier que j'avais emmené avec moi, garçon de vingt ans, très calme et très énergique, me dit: « Je crois que ça se gâte; est-ce qu'il faut mettre pied à terre? » Je lui réponds: « Oui », et nous descendons tous deux, tenant nos mehara par la rêne, et, assis sur un rocher, nous attendons que Moulay veuille bien nous renseigner.

Pendant ces préambules, la caravane s'était rapprochée et les chameaux broutaient çà et là les tamarix sous la garde de deux de mes Chambba, car l'un d'eux, très dévoué à ma personne, était venu se mettre à mes ordres. Quant aux caravaniers Touareg, ils s'étaient approchés pour prendre part aux débats.

Le vieux Bakha, très monté, nous défendait avec vigueur, et à un moment même Cheikh, exaspéré de son intervention, le menaçait de sa lance, du haut de son mehari, la pointe sur sa gorge ; malgré cela, Bakha continuait énergiquement. La mort d'un serf ne compte pas dans ce pays, et nul n'eût été étonné de voir Bakha tué par un noble.

Moulay, extrêmement animé, s'approche enfin de moi et me dit : « Viens, nous passerons malgré lui, tu es sous ma protection et je les empêcherai bien de te faire aucun mal ; il ne sera pas dit que l'on aura en vain tenu tête à Moulay ».

Nous avançons ainsi dans la rivière, dont les berges s'élèvent de plus en plus, suivis par la bande qui vocifère sans cesse.

Pour comble d'ennui, un renfort vient d'arriver à Cheikh-ben-Mohamed en la personne d'un Chérif de l'Adrar escorté d'un certain nombre d'énergumènes de la même trempe. Ce Chérif, arabe d'origine mais marié à une femme Targuie des Azdjer, m'avait été signalé par Ikhenoukhen comme un fanatique fort exalté ; mais le notable Azdjer espérait qu'il ne se porterait point à ma rencontre ; son espoir était déçu et le Chérif était là, bien plus redoutable que Cheikh, que la vue d'un sac de pièces de cinq francs aurait ramené très probablement à de meilleurs sentiments. Ce Chérif n'est en somme qu'une sorte de marabout mendiant, il habite ordinairement chez les Ahaggar, mais ce qui donne du poids à sa parole, c'est qu'il est le serviteur dévoué, le courrier, l'espion et l'émissaire de la Zaouïa des Abidine du Touat, famille religieuse alliée à celle du Sultan du Maroc. Les prétentions de ce Chérif consistent tout simplement à tuer tout Européen et surtout tout Français qu'il rencontrera sur son chemin.

Le déjeuner s'effectue dans ces conditions, et assis sur un rocher, les fusils sous la main, nous absorbons des boîtes de sardines sous l'œil peu bienveillant des Touareg qui ont recommencé la discussion avec Moulay.

Après une très courte marche en avant, Moulay revient me prier de camper au milieu de la rivière, afin de lui donner le temps d'aplanir les difficultés. Nous voilà donc installés dans une situation mauvaise, perdus au milieu des tamarix, dominés de toutes parts par les hautes falaises de grès de la rivière et dans les conditions les plus défavorables pour nous défendre en cas d'attaque ; mais je suis bien obligé d'obéir à Moulay qui, en somme, a seul le pouvoir de nous faire passer ; je le croyais du moins à ce moment-là.

La bande de Cheikh et du Chérif met pied à terre derrière un tamarix touffu, à une trentaine de mètres de nous. Tout le monde vocifère et la situation ne me paraît pas des meilleures.

J'engage Moulay à essayer de négocier un droit de passage à verser au propriétaire de la rivière ; Cheikh a dit, en effet, lorsqu'on l'a informé que j'avais payé le droit de passage à Guedassen, l'Amenokal des Azdjer : « Je ne connais pas d'autre chef que moi-même ici, et Guedassen m'importe peu, je n'ai que faire de lui ».

Que peut-on bien penser, après cette réponse, de la puissance de l'Amenokal ?

Je délègue avec Moulay un de mes Chambba, El-Hadj, avec mission de faire entendre raison à Cheikh et au Chérif, qui tous deux parlent parfaitement l'arabe.

Mes caisses et mes cantines excitent la convoitise de tous les gens qui m'entourent et ils jettent sur elles des regards avides. C'est la première fois qu'un Européen sans escorte pénètre avec un convoi complet à lui, dans ce pays.

Le Chérif ne s'approche pas de moi et je ne l'ai pas vu de près. Il craint de se souiller par la vue d'un infidèle et prétend ne pouvoir le voir que pour le tuer, disant qu'il n'oserait jamais rentrer dans son pays et près d'Abidine, si l'on pouvait dire qu'il a vu un Français et qu'il l'a laissé vivre.

Bakha et Moulay me laissent un peu d'espoir de passer, ils me disent : « Ce Chérif est un homme de peu d'envergure, nous vaincrons sa résistance ». Malgré cela, Moulay se prosterne devant lui en se mettant sur la tête une pincée de sable ; cela me semble un bien grand hommage pour l'offrir à un homme de peu !

Tout le reste de la journée s'écoule en pourparlers violents qui n'amènent point le résultat désiré. Je suis obligé de nourrir toute cette canaille qui discute sur le moyen le plus simple d'exterminer les infidèles assez audacieux pour pénétrer chez eux. Amère dérision vraiment, mais comment agir autrement, puisque je suis entre leurs mains ? Non seulement je suis dans l'obligation de fournir la nourriture de tous, Chérif compris, mais encore ce sont mes Chambba qui sont forcés de la faire cuire, les Touareg n'ayant pas d'ustensiles de cuisine et ne voulant pas surtout se donner la peine de préparer eux-mêmes leurs repas.

C'est une rude épreuve pour un voyageur que d'être entièrement à la merci de populations semblables, qui ne veulent rien entendre et qui exigent tout de lui. Il est nécessaire de s'armer d'une inébranlable patience, alors qu'on serait souvent tenté d'en finir par un coup de force. Il est vrai qu'il y a toujours au bout de la patience l'espoir de réussir, et c'est ce sentiment qui m'a soutenu pendant toute cette période fatigante pour la pensée, où, ballotté de l'un à l'autre, je ne savais le matin ce que je ferais le soir.

La nuit ne me paraît pas devoir être calme, car les discussions continuent, violentes, irritées ; les clameurs se multiplient. C'est au milieu de ce tapage et à une heure très avancée de la nuit que nous faisons des observations de hauteurs d'étoiles, m'attendant à chaque instant à voir mon théodolite brisé par une balle ou renversé par un coup de lance. Il n'en est rien pourtant, et tout rentre enfin dans le silence.

Le Chérif seul a fait à très haute voix l'appel à la prière musulmane, et cette voix, mille fois répétée par l'immense écho des falaises, a une intonation sinistre qu'il lui donne à dessein.

Moulay m'a prié d'attendre au lendemain pour être fixé et pour me fixer moi-même.

20 janvier. — Le jour ne se lève que pour m'apporter la plus grande désillusion qui puisse frapper un voyageur : il faut retourner vers le nord !

Moulay, attristé et furieux au fond de voir son pouvoir méconnu, m'annonce qu'il ne peut forcer le passage, que le Chérif a eu assez d'influence pour empêcher Cheikh de nous livrer la route contre versement d'un droit ; qu'il ne nous reste plus qu'à tourner bride et qu'à regagner les campements des notables, et surtout qu'à sortir au plus vite des gorges, où notre existence même est menacée.

Il ajoute que cette nuit le Chérif a proposé de nous assassiner et de partager en trois nos dépouilles : une part pour lui, une pour Cheikh, une pour Moulay. Ce dernier s'est vivement élevé contre un pareil projet, et, aidé d'El-Hadj, il a dû veiller lui-même à notre sûreté.

Il eût été facile, si Moulay nous y avait autorisés, de passer malgré tout en livrant bataille et en attaquant les premiers. Les Touareg n'étaient guère qu'une quinzaine d'hommes ; nous avions deux winchester et trois carabines Gras, et à nous cinq l'affaire aurait duré peu de temps, d'autant que très probablement deux de nos chameliers Touareg se seraient rangés de notre côté ; mais pour agir ainsi, il m'aurait fallu avoir au moins l'acquiescement de Moulay ; or cette solution ne lui convenait pas. Le seul Bakha en était chaud partisan, et, préparant son fusil, il me disait : « Je me suis déjà battu avec les Ahaggar, j'ai trois blessures et je ne suis pas mort ».

Ce n'était pas la première fois du reste que Bakha prenait fait et cause pour nous : Bien que sa qualité d'Amghidi, c'est-à-dire de serf, dût lui interdire de se mêler avec insistance aux discussions des chefs, il y prenait cependant une part active, et, élevant la voix, il défendait vigoureusement et très bruyamment ma cause.

J'étais donc forcé au retour, et nous nous mettons à faire nos préparatifs de départ, entourés de gens à figures sinistres qui nous menacent de leurs lances, malgré notre attitude très calme. Un des Touareg s'approche et soulève le couvercle de mon étui à revolver que je porte à la ceinture et en avant ; je sors aussitôt l'arme et lui explique qu'il y a six coups à tirer. Il me regarde d'un air courroucé et reste debout près de moi, sa lance demi levée.

J'avais dit à Villatte le matin : « Surveillez les gens « qui m'approchent de trop près, de mon côté j'en ferai « autant pour vous, et de cette façon nous serons cou-« verts ». Il est en effet difficile de se garder suffisamment soi-même et la tâche est plus aisée pour celui qui se trouve à quelques pas.

Il n'y a pas à s'y tromper, les regards de ces gens respirent la haine et brillent de l'envie qu'ils ont de nous percer de leurs armes. Les winchester et les revolvers, qu'ils voient prêts à partir, sont le seul frein qui les retient du reste, et si nous n'avions eu en ce moment-là pour sauvegarde que le fameux rameau d'olivier, tant préconisé en France par quelques néo-Sahariens depuis quelques années, je ne serais certainement pas revenu ici raconter ce que j'avais vu dans le Tassili. Mais passons, tous ces incidents n'intéressent guère les indifférents et sont pour les seuls acteurs du drame des souvenirs peut-être pénibles, mais qu'ils aiment pourtant à rappeler devant eux.

Nous sommes escortés pendant notre marche en arrière par toute la bande qui ne cesse de vociférer. Ils ne nous abandonnent qu'après un long parcours, pendant lequel, avec mes trois Chambba, je suis forcé de pousser moi-même le convoi, tous mes chameliers s'étant mêlés au groupe hostile et pérorant avec lui.

J'ai appris depuis par Moulay que les Touareg, excités par le Chérif, non seulement ne voulaient pas nous laisser marcher vers le sud, mais qu'ils prétendaient en outre nous tuer sur place pendant les premières heures de notre marche de retour ; c'est ce qui faisait l'objet de la discussion violente qui ne cessait de continuer derrière nous. Ils ne nous abandonnèrent enfin qu'en disant à Moulay : « Nous saurons bien, avec les Ahaggar que nous avons prévenus, retrouver ces infidèles en route et les exterminer ».

Rien n'est aussi triste qu'un pareil retour, toutes les espérances s'éteignent, l'homme le plus fort et le plus énergique se sent découragé. Je ne pouvais m'empêcher de me retourner sans cesse, navré de voir fuir peu à peu derrière moi ce calme et splendide massif montagneux que, jusqu'au dernier moment, je croyais si bien pouvoir franchir.

Rien ne peut rendre l'état moral produit par une aussi triste retraite, pendant laquelle nous étions de plus en plus livrés aux quolibets et même aux injures de nos jeunes chameliers. Il faut avoir passé par de semblables alternatives pour comprendre ce qu'il y a de douloureux dans cette situation qui consiste à faire naufrage au port, et à sentir peu à peu s'enfoncer le bout de planche qui vous avait jusque-là soutenu.

Ainsi, trois années successives j'avais essayé d'aller vers l'Aïr en pénétrant chez les Azdjer et en nouant des relations avec eux ; deux fois j'avais écrit aux Kebar en leur demandant le passage ; je les avais vus chez eux et je venais enfin de réussir à les convaincre ou à peu près, et il me fallait voir brusquement s'écrouler tout cet échafaudage si péniblement édifié, il me fallait recommencer encore de nouvelles tentatives et perdre toute une année !...

On comprendra, sans que j'insiste, qu'il y avait là de quoi abattre l'homme le plus patient et le plus philosophe, et on partagera certainement le sentiment de regret poignant qui m'étreignait à cet instant de deuil et de découragement.

Nous faisons au rebours notre route du 19 janvier et nous allons camper au point B' du 18 janvier. Il est prudent de prendre maintenant certaines précautions élémentaires, aussi ne couchons-nous plus dans nos tentes, mais dans une couverture au pied d'une charge de chameau, de façon à être prêts en cas d'alerte nocturne. Dans ces circonstances, mon Chambbi a été très précieux et a fait des gardes de nuit de cinq ou six heures consécutives, tantôt relayé par moi, tantôt par Villatte. Ah ! si j'avais encore mes 40 Chambba, nous continuerions notre route vers le sud, sans nous inquiéter de rien, mais nous sommes seuls et isolés et il faut rétrograder.

21 janvier. — Après une nuit entièrement calme et bien différente de la précédente, nous reprenons notre marche sur le bord de l'ouad Tikhamalt. Un peu avant d'arriver aux gour Isouitar, au lieu de cheminer dans le lit même de la rivière, nous parcourons à sa gauche une surface de hamada sur laquelle nous recueillons des échantillons de roche : Poudingue argilo-sableux à ciment calcaire avec galets de limonite (très récent). — Echantillon n° 44. — Roche calcaire offrant de nombreuses sections blanches cristallines (?). — Echantillon n° 45. Nous passons ensuite au pied ouest des gour Isouitar, après lesquels nous reprenons le lit de l'ouad comme le 17 janvier. Peu après nous rencontrons Ikhenoukhen à cheval, près des tentes de ses Amghad. Il se joint à nous jusqu'aux campements des notables. Il me félicite d'être rentré sain et sauf, comme un homme qui éprouve un grand soulagement. Il est bien évident qu'il savait d'avance ce que nous devions rencontrer.

Nous arrivons enfin à Afara-n-Ouechecherane, où nous établissons nos tentes sur une petite dune de sable, au milieu de grands Ethels, à une centaine de mètres du campement même des chefs.

Moulay et Ikhenoukhen nous quittent aussitôt pour aller répandre la nouvelle de notre retour et raconter nos aventures des jours précédents. Tout le monde s'assemble et il y a bientôt autour de moi la population masculine entière de l'agglomération de tentes, chefs, nobles et serfs. Outre les habitants des tentes, j'aperçois des Ifoghas et des Imanghassaten. Ces derniers paraissent enchantés de mon échec et semblent même regretter que les choses n'aient pas été poussées plus lin.

Guedassen est absolument furieux que l'on ait tenu tête à son mandataire Moulay, et il fulmine contre Cheikh-ben-Mohamed, qui, prétend-il, lui paiera cher cette avanie et recevra une verte leçon ; il fulmine contre le Chérif, contre les Ahaggar. Quant aux déclarations du Chérif prétendant qu'aidé des Ahaggar il nous rejoindra quelque part en route, Guedassen déclare : « J'irais plutôt moi-même avec mes amis t'accompagner par le chemin le plus fréquenté, et nous verrons bien si l'on osera m'attaquer ».

Ikhenoukhen, beaucoup moins emporté de caractère, ne donnait pas à ses appréciations la même forme violente, il bénissait Allah de m'avoir préservé du danger, etc... Au fond, je ne saurais trop le répéter, aucun d'eux n'ignorait, avant mon départ, les difficultés qui allaient surgir sur mon chemin.

Il est décidé qu'on étudiera la question de savoir par quelle route il faut me faire passer, car tous maintenant tiennent énormément à mon existence et disent :

« Tu t'es confié à nous, nous t'avons reçu, tu as visité nos femmes, nos tentes, il faut que tu reviennes sain et sauf, sans cela on aurait le droit de dire dans ton pays que ce sont les Azdjer qui t'ont fait tuer. »

Comme toujours, ces conciliabules vont durer un temps infini, et deux jours entiers seront nécessaires pour qu'une résolution nette soit prise.

J'avais dit, dès mon arrivée, à Guedassen, que, devant l'opposition rencontrée dans l'ouad Mihero, je lui demandais de me conduire à Ghât, d'où j'aurais peut-être pu continuer vers le sud ; ou, comme pis aller, de m'escorter vers Ghdamès ; mais aucune de ces solutions ne leur convint ; ils avaient évidemment hâte de me voir rentrer sans encombre en Algérie.

22 janvier. — Séjour. Dès le matin les discussions

continuent au sujet de mon voyage, mais avec d'énormes parenthèses où s'agitaient quantité de questions tout à fait étrangères à l'affaire. C'est l'habitude, il n'y a donc qu'à laisser faire et à prendre patience.

Vers 4 heures du soir, Ikhenoukhen se retire, ainsi que quelques autres et on me fait part des décisions prises.

Il est convenu que je me dirigerai à travers l'erg d'Issaouan, de façon à passer à deux jours dans l'est de Timassânine, où pourraient se trouver, me disent-ils, des gens malintentionnés ; de là je gagnerai Tabankort, puis l'Algérie ; une dizaine de notables m'accompagneront pendant deux ou trois jours pour veiller à ma sûreté ; mon guide Targui Mohamed et un de mes chameliers continueront avec moi jusqu'à Tabankort, et de ce point je me débrouillerai seul avec mes trois Chambba.

J'accepte en définitive ce programme, puisqu'il n'y a pas moyen de faire autrement, et je vois tout le monde joyeux, surtout, je crois, parce que je vais quitter le pays.

Toute cette aventure avait singulièrement radouci Guedassen qui devenait presque aimable. J'attribuais aussi ce changement de manière au sentiment de joie intérieure qu'il éprouvait à me voir déjà presque en route pour le nord, mais peut-être est-ce là une erreur de ma part, je n'oserais décider.

Il est pourtant parmi tous ces gens un homme qui fait bien piteuse figure, c'est Moulay, dont les autres se moquent, prétendant qu'il n'a pas montré assez d'énergie. Dieu sait pourtant combien il a crié. Il me dit d'un ton navré : « Comment ! El-Hadj-Ikhenoukhen a promené partout un Français, sans le moindre incident et en le faisant respecter, et un Cheikh de rien, un Chérif mendiant et leurs acolytes m'auront barré le passage et empêché d'avancer avec toi !... »

Les réunions ne discontinuent point : l'échec de Moulay prend réellement pour tous ici les proportions d'un événement considérable. C'est un concert de cris contre les Ahaggar, qu'ils en rendent responsables, disant que le Chérif est un de leurs agents.

Les menaces ne cessent de tomber de leurs lèvres et il est même question d'une action contre Cheikh-ben-Mohamed après mon départ. J'aimerais bien mieux que ce fût avant, parce que le résultat final serait peut-être de m'ouvrir les portes du sud.

Ikhenoukhen, que j'ai été visiter à sa tente, me dit à propos du Chérif : « Puisqu'il veut tant tuer des Français, il n'a qu'à aller leur faire la guerre à Ouargla ou à Biskra, il y a des quantités de Français dans ces villes et il pourra se satisfaire... » A propos d'un voyage futur dans l'Aïr l'an prochain, le même Ikhenoukhen me donne bon espoir et me conseille de m'entendre définitivement avec Guedassen au moment de la séparation. On a beaucoup parlé aujourd'hui dans les palabres publics de cette question dont j'avais entretenu les notables dès hier soir. C'est à ce propos que la discussion s'est échauffée ; les Imanghassaten, visiteurs présents au *Mïad*, se sont très vivement opposés à une nouvelle venue de l'*Infidèle* dans leur pays ; Ikhenoukhen leur a répondu : « Mais vous n'y voyez donc pas clair ; si ce Français revient l'an prochain dans notre pays, il y laissera de l'argent, tant par les cadeaux qu'il fera que par les soldes qu'il paiera à ceux de nos hommes qu'il emploiera, etc... Notre intérêt est de l'encourager à revenir et de lui assurer la réussite du voyage qu'il désire faire... »

La discussion s'est terminée, du reste, sans solution définitive et sans résolution prise, comme toujours avec ces gens-là.

VII

RETOUR EN ALGERIE

L'ERG D'ISSAOUAN — LE TINGHERT — LE GASSI TOUIL.

23 janvier. — Après avoir distribué de nouveaux et nombreux cadeaux aux notables présents et à beaucoup d'autres gens qui m'étaient désignés par eux; après avoir aussi donné une demi-charge de farine à chacun des trois chefs principaux, nous quittons le campement d'Afara-n-Ouechecherane, escortés — outre mes cinq chameliers Touareg — par quatorze notables, Guedassen et Moulay en tête. Ikhenoukhen ne nous accompagne que pendant quelques kilomètres, puis il me fait des adieux pleins de dignité, en me souhaitant bonne chance; il me dit : « J'espère te revoir dans un moment meilleur et pouvoir cette fois t'aider à accomplir le voyage que tu désires faire. Tu n'as plus besoin de moi, puisque tu as Guedassen, Moulay, mes cousins, etc... »

J'avais reçu avant le départ, pour être amplement pourvu d'eau, trois outres neuves, cadeau des trois principaux chefs.

Nous descendons l'ouad Tikhamalt par notre route du 14 janvier jusqu'aux environs du point K de cette journée;

puis, obliquant au N.-O., nous descendons l'ouad Tiffozzoutine qui n'est qu'une branche occidentale du Tikhamalt. Sa végétation est moins belle et moins fournie que celle des bras majeurs, quoique composée des mêmes végétaux, Drinn et Tamarix. La rive gauche est constamment bordée de dunes de faible hauteur qui envahissent çà et là le thalweg ; la rive droite est limitée par une série de petits mamelons de grès qui terminent une hamada à éléments assez fins.

Nos chameliers continuent à ne rien faire ; mais en revanche Guedassen est devenu d'une amabilité surprenante depuis que nous avons quitté les tentes ; il va même jusqu'à nous aider de temps en temps de sa personne pour pousser notre convoi.

Nous campons dans le lit même de la rivière. Il est inutile de dire que c'est moi qui nourris tous les gens qui nous escortent.

24 janvier. — Le départ est très tardif, comme il est de règle avec les Touareg. Nous chargeons presque tout le convoi, Villatte, mes Chambba et moi, nos chameliers Touareg se reposant sur leurs lauriers ! Moulay et cinq de nos gens d'escorte nous quittent ici pour gagner l'ouad Lézy où sont leurs troupeaux ; ils emportent, bien entendu, des cadeaux pour leur service d'un jour.

Nous continuons à descendre l'ouad Tiffozzoutine, toujours bordé à gauche par des dunes et à droite par une hamada de grès mamelonnée et creusée de petits ravins.

Guedassen, qui conduisait à ce moment la mission, nous fait camper sur le bord d'un lac temporaire (mechera de Tiffozzoutine) que la crue de décembre a rempli d'eau. Il avait découvert tout récemment ce point en chassant et avait très judicieusement pensé que nous trouverions là tout ce qu'il fallait pour abreuver nos animaux et remplir nos outres avant d'entreprendre la traversée de la plaine d'Issaouan.

Nous sommes sur le bord de l'ouad Tiffozzoutine, à toucher son coude B, qui contient des Ghedirs en abondance. C'est une espèce de cuvette qui renferme une quantité de mares entourées de tamarix, sorte d'épanchement fermé de l'ouad.

Cet ouad continue pendant quelque temps encore vers l'O.-N.-O. jusqu'aux dunes où il se perd. A partir du point où nous sommes, il s'élargit beaucoup, et forme une sorte de maâder encombré de quantité de petites dunes entre lesquelles poussent des masses de Tarfa et d'Ethels.

Il fait très chaud, car le chihili souffle; les Touareg se couchent épars sur le sol, en attendant le repas du soir, et je constate que leur bouclier planté debout dans le sable leur sert d'abri contre le soleil; cela donne du reste au camp un aspect des plus pittoresques, et je ne m'attendais certes pas à voir employer comme parasol cette arme défensive un peu encombrante.

Guedassen, lui, ne se repose point, il ne tarde pas à m'appeler sur le sommet d'un petit mamelon du haut duquel on aperçoit au sud la silhouette bleue de la chaîne d'Ilirhâ, et, à l'ouest, de grandes masses de sable.

« Aucun Européen, me dit-il, presqu'aucun Targui ne connaît ce point; moi-même, je ne l'ai vu pour la première fois qu'il y a très peu de temps, en allant à la chasse de l'antilope dans l'erg. Regarde bien et dis-moi si tu reconnaîtrais la direction de Timassânine ! » Après m'être orienté quelques instants, je tends le bras dans la direction du nord-ouest, et je lui réponds : « Timassânine est là ». Il reprend : « Oui, tu as raison, c'est bien cela ; tu n'as plus maintenant besoin de moi et tu n'as plus rien à craindre. »

Il me demande ensuite de tirer quelques coups de fusil à la cible sur des cailloux ; c'était la seconde fois qu'il désirait juger de notre plus ou moins d'adresse, mais aujourd'hui la tâche est rendue difficile par le vent violent qui nous aveugle de sable.

Il me prie en outre de lui remettre une lettre constatant que j'ai été bien reçu par les Azdjer et que je suis reparti sain et sauf de leur territoire. Je lui donne ce document en français et en arabe. C'est alors qu'il me présente une feuille de papier en me demandant de lui dire ce qu'elle contient. Elle portait simplement ces mots en arabe : « Gaston Méry, explorateur français à Toulouse, Haute-Garonne ». Il la déchire en disant : « C'est bien ».

La persistance du chihili m'inquiète à cause de la perspective de nombreux jours sans eau pour la traversée de l'erg. J'espère pourtant que notre provision sera suffisante pour parer à tous les cas imprévus. Nous ne serons que sept hommes, et nous avons 4 tonneaux contenant en tout 200 litres et 6 outres contenant ensemble 120 litres, ce qui nous fait un total de 320 litres d'eau. En supposant dix jours de voyage sans eau, nous avons donc près de 5 litres par jour et par homme.

Tous les chameaux ont abondamment bu avant le coucher du soleil, et tous les récipients sont pleins et prêts à être chargés

25 janvier. — Nous restons seuls, mes trois Chambba, Villatte et moi, plus Mohamed-Ag-Yemma et Moussani, qui nous accompagnent jusqu'à Tabankort. Tout le monde targui rentre à ses tentes. J'ai donné, en paiement de leur déplacement, une assez forte somme à chacun des hommes composant l'escorte, y compris Guedassen. Nous présentons une dernière fois les chameaux à l'eau et nous partons.

Guedassen, laissant ses amis préparer lentement leurs mehara, a tenu à m'accompagner seul pendant quelques kilomètres; au moment de prendre un congé définitif, il me dit : « Ne passe point par Timassânine, mais marche directement sur Tifist; tout le monde connaît ta présence dans le Sahara, et si je crains peu le Chérif, du moins je crains les Ahaggar avertis; dans tous les cas, s'il survenait quelque chose de grave, je te ferais rejoindre par deux mehara porteurs de nouvelles. Tu as fait pour moi plus que personne n'a jamais fait, reviens donc, et je tâcherai de te donner satisfaction, de te faire traverser notre territoire et de t'aider à pénétrer dans l'Aïr. Occupe-toi de notre affaire de chameaux razziés et essaye d'en obtenir la restitution. Envoie-moi un courrier avec les quelques cadeaux que nous t'avons demandés ; donne-lui des lettres où tu nous diras ce que tu as fait pour les chameaux, et à mon tour je te promets de te répondre par ce même courrier et de te donner les instructions nécessaires pour ton futur voyage. Je ne désire maintenant plus qu'une chose, c'est que tu rentres sain et sauf dans ton pays ».

Quelques instants après, son mehari — celui que je lui avais donné — n'était plus qu'un point sur la hamada, vers le sud.

J'avais résolu d'agir à peu près comme me l'indiquait Guedassen, c'est-à-dire de marcher droit sur Tabankort; et comme mes deux guides n'avaient jamais traversé l'erg qui nous en séparait, je donnai moi-même la route à la boussole en calculant l'azimut, de façon à venir couper mon itinéraire d'aller à une soixantaine de kilomètres dans l'est de Timassânine, c'est-à-dire tout près de mon campement du 30 décembre 1893.

Laissant la perte de l'ouad Tiffozzoutine à notre gauche, nous marchons sur une hamada semée de siouf et d'oghroud. Dans les siouf percés de cuvettes de grès je recueille quelques silex taillés, des débris de poterie, et je constate la présence de meules de grès de moyenne dimension. En A petit seuil de roche (plaquettes de calcaire fibreux ; calcaire cristallisé au milieu des sables argileux — échantillon n° 47) ; çà et là, fragments de laves cellulaires.

En C, grès violet-bleuâtre en dalles minces et grandes, parfois dressées et à stratifications parallèles visibles. Les roches rencontrées sur la hamada de ce jour sont, pour la plupart, des grès ferrugineux avec traces irrégulières de charbon (échantillon n° 48).

En D je traverse l'ouad Issaouan, qui n'est ici qu'une mince rigole de 10 à 12 mètres de largeur, contenant quelques tamarix au pied d'une berge de 8 mètres de hauteur du côté nord seulement. Cette rivière a de brusques et vastes élargissements, elle s'étend alors et forme maâder.

Lorsque les rivières supérieures fournissent de grandes crues, les eaux s'avancent dans l'Issaouan jusqu'à un point situé à une douzaine de kilomètres dans notre ouest et qui constitue la véritable perte de cet ouad. Ce phénomène a eu lieu notamment en 1880, année où il a plu trente jours de suite avec intermittences, bien entendu.

La hamada d'Issaouan se poursuit très loin vers le nord, mais plus on avance, plus les chaînes de dunes se rapprochent ; elles semblent n'être que des éperons du massif central, mais je ne puis en juger sainement, à cause d'une brume très intense qui nous enveloppe de poussière de sable soulevée par le vent.

Tout ce pays me paraît n'être qu'une immense hamada semée de dunes plus ou moins importantes et dont la végétation est extrêmement pauvre, pour ne pas dire nulle ; en effet, dans cette journée nous n'avons trouvé que quelques touffes de Drinn vert et seulement dans les dunes.

Toutes les eaux de cette région s'enfoncent sous les couches imperméables d'argile et, sous ce couvercle protecteur, il est plus que probable que ce sont elles qui vont alimenter les belles nappes jaillissantes que l'on rencontre dans l'ouad Rirh. Si on fait le calcul de la surface qui se déverse dans l'Igharghar, seulement par la vallée d'Issaouan, on trouvera déjà une énorme superficie ; et ce n'est là qu'un des affluents de cette importante artère.

Après avoir, en H, traversé une portion de sol de reg qui sépare deux grands siouf, on monte un relief d'une dizaine de mètres qui nous porte sur une hamada de grès marron. Nous campons dans une minuscule cuvette de cette hamada, cuvette qui nourrit quelques maigres touffes de Dhamrane vert, les premières de la journée ; elles assureront au moins un semblant de repas à nos animaux, que le chihili fatigue visiblement beaucoup, sans compter les difficultés du terrain. La marche est, en effet, très pénible sur les grès de toutes formes qui constituent le sol de cette région. Parfois des surfaces considérables sont couvertes de blocs qui donnent à la plaine un aspect hérissé des plus typiques et des plus curieux.

26 janvier. — Nous continuons la marche sur la hamada de la veille, ses éléments sont de moyenne grosseur et mêlés pour la première fois d'un peu de quartz. Le ciel est tellement embrumé par le chihili d'hier et par le sable en suspension dans l'atmosphère, que je ne vois pas des collines et des oghroud situés tout près de nous. Un sif peu important suit cette hamada et fait place à une nouvelle hamada où, en B, affleure du grès blanc très rude.

En C, un peu d'argilolite rouge compacte ferrugineuse, dure, vient se mêler au grès du plateau. Nous suivons ensuite le pied d'une série de petites collines de 7 à 8 mètres d'élévation qui semblent se poursuivre assez loin dans l'est. Ces collines C, C', C", de même que leurs éboulis, sont uniquement composées de tiges de Poteriocrinus, de Polypiers, de tiges de Poteriocrinus transformées en fer limonite. — *carbonifère* — (échantillon n° 49). Une hamada de calcaire bleuâtre et gris dur mêlé au grès fait suite à ces mamelons. A partir de là le grès diminue et le calcaire se fait plus fréquent. En E on passe au pied de petits mamelons isolés, composés de grès rouge avec nombreux cristaux de calcite — *carbonifère* — (échantillon n° 50). Nous atteignons ensuite en F une chaîne de collines parallèles aux collines C. Là c'est du calcaire violet en dalles, dans les interstices desquelles poussent de belles touffes de Dhamrane vert sur une surface assez restreinte, au pied même d'une ligne de siouf, G, que nous traversons et qui sont suivis par une hamada de calcaire et de grès jusqu'en G', où nous retrouvons le sable. En G et G' et sur les dunes nous avons recueilli de nombreuses coquilles de Mollusques fluviatiles (Melania tuberculata et Cyrenea fluminalis. — Echantillon n° 52).

Après avoir franchi la chaîne de dunes P', nous traversons une sorte de couloir M dont le sol est du grès. Il se présente ici en feuilles très minces qui se délitent facilement. Il procède par petits mamelonnements ayant absolument l'aspect d'une énorme rose dont les pétales seraient des feuilles de grès et dont le calice serait noyé dans le sol. Çà et là aussi sur ce couloir s'élèvent des monolithes de grès de 1 mètre à 1.60 de hauteur. On dirait absolument des troncs d'arbres brisés.

Nous campons au pied de la chaîne P", sans nourriture pour les chameaux et sans bois pour nous.

Le vent a changé, il aura été pour nous un grand ennui, — car depuis midi il souffle du N.-O. droit en face de nous et en ouragan, — mais d'autre part il nous est un auxiliaire précieux en ce moment, attendu qu'il est froid et ne fatigue point les animaux comme le chihili. Nous avons traversé aujourd'hui plusieurs lignes de siouf, les unes peu importantes, mais les autres P, P' et P", assez épaisses et paraissant ne devoir être que des éperons de l'erg. Il est impossible de se rendre compte de quoi que ce soit, à cause de la persistance de la brume ; toutefois je crois que P' et P", font partie de l'erg, tandis que pendant toute la journée d'hier et pendant les 25 premiers kilomètres d'aujourd'hui nous n'avions eu affaire qu'à des ergs isolés et sans importance, jetés çà et là sur la hamada d'Issaouan.

Rien n'est plus navrant que l'aspect de ces solitudes où il n'y a pas une plante, pas une broussaille : du grès sous toutes les formes, voilà ce que l'on trouve.

Le pays est extrêmement pauvre en gibier et depuis Tiffozzoutine nous n'avons vu qu'un troupeau de cinq gazelles, aujourd'hui même, dans la cuvette à Dhamrane signalée ci-dessus.

27 janvier. — Nous reprenons notre route sur le même azimut, mais cette fois nous sommes dans une région où les chaînes de dunes sont aussi larges que les espaces qui les séparent, les uns et les autres variant entre 2000 et 3000 mètres. Cette disposition du terrain ne laisse pas que de présenter des difficultés à la marche qui devient une succession d'escalades et de descentes, et une série de sinuosités dans les chaînes. Toutes ces chaînes sont dépourvues de végétation, sauf de rares touffes de Drinn, dont il ne reste que quelques tiges sèches. Il ne réapparaît un peu de végétation de Had et de Drinn verts que dans la chaîne où nous campons le soir d'assez bonne heure pour laisser aux chameaux le temps de manger, puisqu'ils n'ont absolument rien trouvé hier.

La brume d'hier, quoique moins forte, est cependant encore assez intense à cause du vent de N.-O. qui continue, et elle m'empêche de définir nettement la configuration générale du terrain. Toutefois, du haut des oghroud il ne semble pas que les chaînes traversées aient des tendances à se réunir vers l'ouest, au contraire les gassis son franchement ouverts et ils m'ont tout l'air de se continuer fort loin; du côté de l'est, ils paraissent parfois encombrés de dunes, ce qui tendrait à faire supposer qu'il y a là un massif où se réunissent plusieurs chaînes et formant en quelque sorte le nœud du système; ou bien — et c'est cette hypothèse que j'admettrais le plus volontiers — serait-ce une sorte d'oudje orientale où les chaînes viendraient s'éteindre en multiples petites ramifications étroitement mêlées et confondues?

La hauteur moyenne des chaînes que nous coupons est de 70 mètres au-dessus du sol des Gassis et les pics ne dépassent pas 100 mètres, si même ils les atteignent. Ces chaînes sont sensiblement parallèles et leur orientation, assez confuse du reste, oscille autour d'une direction générale est et ouest.

Le changement du terrain des gassis s'accentue de plus en plus, le calcaire tend à remplacer partout le grès, en outre la roche friable de gypse cristallisé en petits sphéroïdes fragiles commence à apparaître.

Au campement d'hier soir, dans les cuvettes entre les dunes et dans les gassis A B C nous recueillons de nombreux échantillons du sol. (Calcaire enteroque à Crinoïdes. — *Carbonifère*. Echantillon n° 53. — Calcaire micacé fissile alternant avec du pili sableux à Leptœna ; échantillon de Productus cora en limonite — *Carbonifère*. Echantillon n° 54.)

Les dunes sont jonchées de petites coquilles de Mollusques fluviatiles Melania et Cyrenea.

Dans les gassis A et B, affleurements de gypse en roche friable indiquée plus haut.

Dans le gassi B, calcaire enteroque à crinoïdes alternant avec des grès, le tout en détritus de moyenne grosseur.

Dans le gassi C, grès brun et gris, ce dernier en lames assez minces alternant avec des calcaires des échantillons 53 et 54 ; ces calcaires se présentent en roches compactes affleurantes. Il y a dans ce couloir un peu de gypse comme dans les A et B.

Dans le gassi D, reg marron assez fin de grès ferrugineux mêlé d'un peu de calcaire gris compact. Affleurements de gypse comme dans les précédents.

Dans le gassi D, la masse générale du sol est du reg marron comme dans le précédent, mais ses bords sont formés de roches de calcaire violet bleuâtre très rugueux. Dans ce gassi, les galets de quartz commencent à se montrer, de même que quelques affleurements de calcaire blanc subcrayeux.

En F, le sol du gassi est en roche affleurante de grès

grossier, gris, brun ou rose, rugueux. Les éléments qui le forment sont assez gros ; il s'effrite assez facilement et affecte la forme de dalles à surfaces irrégulières ou celle de petits mamelons inégalement usés par les intempéries. (Grès grossier avec zones ferrugineuses — *Carbonifère*. — Echantillon n° 55.)

Le gassi F contient aussi des emplacements de reg fin (quartz et calcaire roulés sur fond de gypse pulvérulent blanc, jaune et brun).

En G, sur la bordure du gassi F, roches marron de grès très grossier, très ferrugineux, ayant moulé des tiges de végétaux — *Carbonifère*. (Echantillon n° 56).

De nombreuses antilopes se sont montrées aujourd'hui. Ces animaux ne sont évidemment jamais chassés, ils ne connaissent ni les hommes, ni les fusils, ni la poudre. Nous en ferions certainement des hécatombes si nous étions plus nombreux et qu'il nous fût possible de chasser.

Depuis notre départ du Tiffozzoutine, non seulement je donnais la route, mais encore je dirigeais moi-même le convoi : c'est-à-dire que, marchant en avant avec Villatte et guidant nos mehara par leurs rênes, nous choisissions dans les passages des chaînes les points les moins difficiles, les pas de nos montures et les nôtres traçant le chemin au convoi, pour la conduite duquel le petit nombre de mes hommes était à peine suffisant.

Les dunes dans cette région sont en effet peu faciles et elles tombent d'une façon assez abrupte sur les gassis, ce qui en rend la descente ou la montée parfois très pénible pour des animaux chargés, qui ne passent qu'en décrivant de nombreux lacets qu'il est nécessaire de tracer, ou tout au moins d'indiquer d'avance à la caravane.

28 janvier. — Nous cheminons dans les dunes. La

marche est ce matin particulièrement pénible, des Sniga profondes s'ouvrant dans les chaînes mêmes.

La végétation devient plus abondante à mesure que nous avançons et, par endroits, le Drinn et le Had sont d'un beau vert, ce qui explique l'abondance du gibier.

En A, feidj à sol de sable formant en quelque sorte suite d'un gassi ou continuant un golfe de gassi.

B, gassi de grès en feuilles minces comme du carton, dressées ; la roche est noyée d'un peu de sable, et le sol est bossué de quelques petits mamelons de gypse en roche cristallisée friable.

C, feidj à sol de nebka et de reg fin à éléments roulés. D, gassi de grès troué de taches de reg reposant sur de la poussière de gypse.

Le massif P que nous traversons ensuite est peu difficile, quoique le passage s'élève jusqu'à 80 mètres, mais ses ondulations sont larges et amples comme dans l'erg au sud-est de Hassi Bottine.

E, gassi de reg mêlé d'affleurements de grès gris en feuilles ; un peu de calcaire gris, et des détritus fins de grès d'un blanc pur en grande quantité. Sur le bord nord il y a un peu de quartz en galets roulés, bien entendu.

L'Erg est en général aujourd'hui plus compact, plus homogène que par le passé ; cela commence à être véritablement l'Erg, tandis qu'hier encore ce n'étaient que des chaînes détachées ou peut-être des éperons, ce dont je ne pouvais me rendre compte par moi-même à cause des conditions atmosphériques mauvaises ; je ne pouvais pas non plus m'éclairer à ce sujet près de mes deux Touareg, attendu qu'ils ne connaissent absolument pas cette région; ils disent même que personne au monde n'a jamais parcouru cette route, et que nous sommes les premiers êtres humains à contempler ces solitudes mornes mais encore vierges.

En F nous traversons une nouvelle chaîne par la même hauteur de 80 mètres, mais dont les pics dépassent 120 mètres.

En G gassi à sol de reg fin de quartz et de calcaire auquel succède un massif de dunes H très important et où la végétation augmente, mais toujours uniquement représentée par le Had et le Drinn. Au milieu de ces dunes nous relevons en I, J, K, de petits feidjs fermés à sol de nebka. En L et M, cuvettes à fond de reg ou de grès fermées de toutes parts.

Les gassis ont commencé aujourd'hui — et demain ils seront de même — à prendre, comme dans l'erg septentrional, cette belle teinte bleu sombre, violet ou verdâtre quand ils sont dans l'ombre. Quant aux chaînes, elles sont en général moins rousses que dans l'erg du nord.

Les dunes de ce jour sont couvertes de coquilles (Mollusques fluviatiles : Melania tuberculata, Planorbis, Limnea, Physa et Corbicula fluminalis. Mollusque terrestre : Succinea. — Echantillon n° 57).

29 janvier. — Nous sortons de la cuvette M où nous étions campés, pour marcher dans l'erg, ici très largement ondulé et facile ; on rencontre quelques cuvettes A, A, à sol de nebka trouée d'affleurements de roches noirâtres et bleuâtres (calcaire grenu subcristallin ; — échantillon n° 58).

Après A, série de petites cuvettes de même nature dans lesquelles je recueille quelques fragments de fer limonite paraissant avoir été en rapport avec des bois décomposés (?) (échantillon n° 59). Nous descendons ensuite sur le gassi B à sol rugueux de hamada hachée, couverte de très petits mamelons de roches qui ont de 50 c. à 1 m. 20 de hauteur, en dalles dressées ou brisées ; entre ces mamelons il y a une masse de détritus reposant sur un sous-sol de gypse en cristaux ou en poussière.

Ce gassi — mamelons ou affleurement de roches — est composé sur toute sa longueur des roches ou des fossiles suivants appartenant à l'*étage carbonifère* :

1° Calcaire à Productus, notamment le Productus cora en très grande quantité (échantillon n° 60).

2° Grès grossier (échantillon n° 60 A).

3° Calcaire à Brachiopodes primaires indéterminables (échantillon n° 60 B).

4° Calcaire dur (échantillon n° 60 C).

5° Spirifier et Productus (échantillon n° 60 D).

6° Calcaire avec Poteriocrinus (échantillon n° 60 E).

7° Grès tendre ou sable calcarifère avec tiges de Poteriocrinus (échantillon n° 60 F).

8° Tiges de Poteriocrinus (échantillon n° 60 G).

9° Calcaire enteroque (échantillon n° 60 H).

10° Calcaire avec Orthis ou Chonetes (échantillon n° 60 I).

11° Calcaire avec Leptœna (échantillon n° 60 J).

Pendant de longs kilomètres on ne marche pour ainsi dire que sur des agglomérations de Productus Cora ou de tiges de Poteriocrinus, dont de beaux exemplaires de 30 et 40 centimètres de longueur zèbrent les dalles du sol de leurs annelures bizarres.

Entre les interstices des roches, poussent des touffes de Dhamrane et de Had.

Ce gassi B est coupé en G par une ligne de monticules de 4 à 5 mètres de haut, au point de notre passage. Ces monticules sont composés des divers fossiles des onze fractions des échantillons n° 60. Cette ligne de collines, dont l'origine est en N, se continue dans l'ouest, puis dans le nord ; elle fait d'abord face à la chaîne des dunes P, et sa hauteur augmente d'une façon constante : elle atteint 20 mètres en H, point où cette ligne disparaît sous la chaîne de dunes Q, pour reparaître bientôt à nouveau jusqu'en K où elle atteint plus de 30 mètres ; elle disparaît en M où elle semble atténuée comme hauteur, à cause de l'élévation du sol des dunes sous lesquelles elle s'enfouit.

En D étranglement du gassi qui devient feidj à sol de reg fin. En C affleurement et gros blocs de grès blanc pur à gros grains. Ce gassi devenu feidj ressemble fort à un ouad dont les monticules ci-dessus décrits seraient les berges et qui irait se déverser dans le Djoua, mais dont le cours serait, maintenant, recouvert par le sable en maints endroits.

D'après mon estime au reste, nous ne devons pas être loin du Djoua et nous l'aborderons très probablement dans l'est de mon ancien campement du 30 décembre ; c'est du moins ce résultat que je cherche à atteindre lorsque je calcule la route à donner.

En E grand gassi de reg de quartz, au milieu duquel s'élève en F une série de petits monticules de 5 à 6 mètres en roche calcaire se désagrégeant sous les diverses influences atmosphériques. Nous rencontrons ici des morceaux de calcaire usés par le frottement du sable poussé par le vent, comme j'en ai rarement vu, tant ils sont réduits à l'état de dentelle.

Nous sommes assaillis vers trois heures, à la hauteur de F, par une courte mais violente averse glacée — poussée par une brise carabinée de N.-O. qui souffle depuis le matin — et qui est bientôt suivie d'autres averses intermittentes qui nous forcent à camper sur le bord du gassi R.

L'Erg d'aujourd'hui est partout largement ondulé et présente de très longues croupes à pentes douces d'un accès et d'un parcours faciles et couvertes de végétation.

30 janvier. — Séjour. La nuit n'est qu'une succession d'averses et de grains glacés mêlés de grêle, qui continuent d'abord le matin, puis tout le jour ; nous sommes forcément immobilisés et condamnés à passer la journée à notre campement que j'ai surnommé *campement des trois gassis*, à cause de la disposition du terrain qui nous entoure.

Le gassi R d'hier est très probablement le même ou du moins la continuation de celui nommé gassi K le 31 janvier et dont nous avions noté ce même jour l'embouchure sur l'oudje nord. Il n'existe pas en effet, sur l'oudje nord, dans l'ouest de cette embouchure, d'ouverture importante avant le gassi K ; et sa direction — la même que celle du gassi R, soit nord-est-sud-ouest — est sensiblement dans le prolongement du gassi R.

C'est incroyable de constater combien les Touareg sont frileux, le temps glacial que nous supportons affaisse absolument mes deux guides ; ils grelottent et tremblent comme des malades ; ils sont ratatinés, enfermés dans leurs couvertures, la figure et les traits tirés, ayant l'aspect de cadavres sortis de la tombe. L'impression du froid chez eux présente tous les symptômes d'une maladie grave.

Nous avons, dans la soirée, la chance de pouvoir profiter d'une éclaircie pour observer des hauteurs de Sirius et de la Polaire ; mais toute la nuit encore les grains continuent avec des alternatives d'embellies.

31 janvier. — Nous partons sous des gouttes de pluie et avec un temps très menaçant ; mais il faut arriver à tout prix à l'eau, les chameaux ont soif.

Nous marchons réellement dans l'erg, qui se développe ici dans toute son ampleur et dans toute sa beauté. Les chaînes sont assez confuses, car les gassis ont entièrement disparu, elles sont épaisses, puissantes, et largement assises ; des siouf énormes se détachent de leurs bases et de leurs flancs pour se dérouler capricieusement et finalement aller mourir dans les vallées à sol de nebka qui s'épanouissent ou s'allongent çà et là. Parfois de profondes sniga se creusent béantes entre deux de ces hautes rides, pour le plus grand plaisir des chasseurs, mais au détriment du gibier. C'est en effet dans une de ces sniga, au moment où je me préparais à descendre, que je tue une antilope qui était au vent et qui ne m'attendait guère.

Nous sommes bien là dans un Erg compact, dont les pics majeurs n'ont pas moins de 150 m. ; il est composé d'amas confus d'oghroud superbes, sans orientation bien caractérisée, quoique toutefois, malgré leurs détours capricieux, les chaînes semblent avoisiner une direction générale nord-est-sud-ouest.

La végétation est belle et toujours composée de Had et de Drinn ; ce n'est que dans l'après-midi que nous commençons à voir apparaître le Halma, signe certain que nous sommes voisins de l'oudje, car cette plante ne pousse point dans l'intérieur de cet erg.

Quelques feidjs de nebka s'ouvrent çà et là en A, A, A ; puis un peu plus loin — autre indice de l'approche de l'oudje — les vallées sont trouées, comme au nord de Ghdamès, de cuvettes B, B, B, à sol de détritus de calcaire blanc et gris assez fins et reposant sur une couche de gypse pulvérulent (calcaire rempli de sable siliceux. — Echantillon n° 61).

Un peu avant d'arriver au point de halte et du haut du sommet P j'aperçois au loin dans le nord le rebord de la falaise du Tinghert qui se détache vigoureusement en bleu sombre sur le ciel, dans l'espace laissé libre entre deux croupes de hautes dunes.

Au campement même et au fond d'une petite cuvette, je recueille des instruments en grès taillé et quelques débris de poteries, nouveau signe absolument caractéristique de notre voisinage du Djoua, car dans cet erg-ci on ne trouve jamais d'instrument de l'âge de pierre ailleurs que sur sa bordure ; c'est le contraire pour l'erg du nord, qui recèle un peu partout et jusque dans son centre de superbes ateliers.

1er février. — Nous continuons de marcher dans l'Erg, la matinée est glacée, comme la nuit au reste. En A nous sommes sur le sommet d'une chaîne, c'est pour ainsi dire la dernière à traverser. De son sommet on voit distinctement les grandes lignes de la falaise du Tinghert qui se développe dans notre nord. Il ne reste plus devant nous que de grands siouf, dernière manifestation du massif arénacé dont les éperons ultimes, s'atténuant peu à peu, se projettent dans la dépression en l'envahissant progressivement.

En B, cuvettes à sol de détritus calcaires avec mamelons de même nature. (Calcaire rempli de sable siliceux. — Échantillon n° 61.)

De C jusqu'en D, sol de nebka assez fortement ondulé, avec peu de végétation. Nous avons enfin terminé le parcours de ces masses sableuses et nous débouchons dans le Djoua, presque au point même où je désirais l'atteindre. La stupéfaction de nos hommes, surtout des Touareg, était grande ; ils ne pouvaient croire, dans l'origine, que la boussole me suffisait pour atteindre un point déterminé. Ils me disaient pendant la route que non seulement nous ne déboucherions ni dans l'est de Timassânine ni même à Timassânine, mais encore que nous nous trouverions par la suite dans son ouest. Or nous sommes bien dans le Djoua et à 60 kilomètres à l'est de Timassânine, c'est-à-dire en excellente direction pour continuer notre marche normale et exactement à l'endroit que j'avais visé dès l'origine, en E, c'est-à-dire à quelques kilomètres dans l'est de mon campement du 30 décembre 1893. Nous sommes maintenant à un peu plus de 200 kilomètres de Tiffozzoutine.

A partir de D, nous cheminons à travers des mamelons assez importants et confus de roche de calcaire blanc, plus ou moins recouverts par des siouf. Après E, les mamelons de calcaire se mélangent de mamelons de Borreig supporté par des assises d'argile sableuse ou de marnes vertes et rouge sombre. 1° Calcaire subcristallin en partie concrétionné ; — échantillon n° 62 ; et 2° gypse concrétionné et gypse transparent fibreux en petites couches roses. — Echantillon n° 63.)

Nous entrons dans le Djoua lui-même, mais ici nulle trace d'ouad; c'est une grande plaine à allure de Sebkha composée de gypse noyé dans un peu de sable, plaine qui commence en F et qui finit en G, et qui compte par conséquent une largeur de 6 kilomètres. Il y a des points où cette largeur est beaucoup plus considérable.

Un peu avant G nous coupons le medjebed de Timassânine à Ohanet, route très peu fréquentée à cause de l'éloignement des points d'eau.

Près de ce medjebed, sur une surface de reg fin et spongieux, nous trouvons les traces extrêmement nettes encore, *quoique datant de* 1887, d'un rezzou d'Oulad-Ta-Hammou qui étaient partis pour enlever des chameaux aux Fezzan. Après G, reg ondulé sur gypse et poussière de gypse verte ou rouge sombre. En H, série de mamelons qui se continuent en ceinture au pied des falaises du Tinghert, dont ils constituent pour ainsi dire l'assise inférieure, tout en formant une sorte de berge basse au Djoua. Ces mamelons ne sont que le rebord sud d'un plateau I de reg coupé d'une multitude de ravins et hérissé de petits gour comme toute la région P ; ces petits gour et le plateau sont composés, à la surface, de deux éléments en détritus moyens (échantillons nos 62 et 63), éléments intimement réunis, et superposés à des couches de marnes sableuses vert pâle ou rouge sombre. Les petits ravins de ce plateau se déversent dans un ouad assez large — 150 mètres environ — dans lequel nous campons au pied du Kef M. Cet ouad qui vient des ravins Z et V est pourvu d'une assez belle végétation de Dhamrane, de Guetaf, de Rtem et de Harta ; nous nous y arrêtons d'assez bonne heure, craignant de ne trouver ni bois ni nourriture pour les animaux, si nous montons dès aujourd'hui sur la hamada supérieure.

Le soir, en rentrant au camp, Ag-Yemma, qui était allé en avant explorer le passage pour le lendemain et qui avait atteint le rebord du plateau, me dit que l'ouad Tifist — que lui aurait voulu nous faire joindre — reste dans notre nord-est et que nous sommes juste dans la direction de Tabankort. Cette constatation m'étonne d'autant moins que c'est moi qui ai donné tous les jours l'azimut de route, et c'était justement Tabankort que je visais ; je vois toutefois avec plaisir que je ne me suis pas trompé.

Nous allons avoir encore, il est vrai, deux grandes journées de route jusqu'à Tabankort, mais comme notre chemin pour nous y rendre est l'ouad In-Aramas lui-même, il peut se faire que nous trouvions de l'eau dans son lit en amont de Tabankort. L'ouad a coulé il y a une cinquantaine de jours et ses mecheras gardent d'habitude beaucoup plus longtemps que cela l'eau des crues.

2 février. — Nous partons par un vent de sud-est très violent, l'atmosphère est embrumée de sable, mais malgré tout il fait froid.

Il s'agit maintenant d'escalader la falaise, et du point où nous sommes jusqu'à la crête supérieure il n'y a pas moins — en distance horizontale — de 6 kilomètres de mamelons et d'éboulis, et la marche y sera d'autant plus fatigante que jamais personne n'est passé par là et qu'il n'y a nulle part trace de sentier.

Nous courons une route sinueuse dans le lit des ravins qui descendent du haut de la falaise et nous avançons péniblement en faisant des détours innombrables, et cela sans interruption jusqu'en K. Toute cette région qui constitue la chute de la hamada sur la dépression du Djoua n'est qu'un immense chaos d'éboulis, de mamelons, de ravins enchevêtrés. Partout domine la roche de gypse. Tous les mamelons à sommets calcaires reposent sur roche de gypse ; il y a là divers calcaires dont un seul, blanc jaunâtre, est à stratifications horizontales régulières (calcaire sableux fossilifère, — traces d'Ostrea, etc., indéterminables. — Échantillon n° 64). On remarque aussi un banc argilo-sableux.

Les berges des ravins, en bas, ont de 15 à 20 mètres et quelquefois beaucoup moins. Quant à leur largeur, elle est, en bas, de 20 à 25 mètres et en haut ce ne sont plus que des rigoles de 1 à 2 mètres à peine.
En A, gypse et détritus calcaires fortement ravinés.
En B on remonte la tête de l'ouad dans lequel nous avions passé la nuit. En C, stratifications du calcaire n° 64.
En D, passage étranglé par des éboulis de grandes

roches plates de gypse ; mon mehari que je conduis par la rêne glisse sur ces dalles inclinées, tombe dans une anfractuosité, casse la crosse de mon Winchester, ma pharmacie de poche, etc., et manque de se briser les jambes. Il ne nous faut pas moins d'une demi-heure pour le tirer de ce pas scabreux, fort écorché et fort endommagé.

Pendant ce temps-là, la caravane a remonté un autre ravin affluent, et nous sommes forcés, Mohamed-Ag-Yemma, Villatte et moi, d'escalader une multitude de rochers, de franchir une quantité de fondrières, d'aller et de venir dans tous les sens pour grimper le dernier ressaut de la falaise par un effroyable sentier de mouflon, et finalement atteindre la hamada supérieure où notre caravane — qui s'est péniblement hissée de son côté — nous rejoint bientôt en K.

La différence de niveau entre le fond du Djoua et le sommet K est d'environ 150 mètres. De ce point nous avons en vue des gour éparpillés qui s'élèvent çà et là sur le plateau : Tifist, Bela-Ghdamès, le massif au sud de Tabankort, etc.

La hamada ou plateau de Tinghert est ici infiniment dure et rugueuse, bien que composée d'éléments brisés et de grosseur moyenne ; mais tous ces éléments présentent les mêmes aspérités que la surface d'une râpe, à cause de l'inégale usure qu'a produite sur eux le frottement du sable poussé par le vent. On n'avance que très péniblement, en l'absence de tout sentier tracé.

Le sol est constitué par des débris de divers calcaires, parmi lesquels dominent les fossiles plus ou moins usés qui suivent : Cyprina, Pholadomya, Ostrea, Ammonites, Oursins, grands Strombus. — *Cénomanien*. (Echantillon n° 65.)

Quelques fragments de silex se voient aussi çà et là,

mais tous ces débris reposent sur de la roche de gypse pendant tout le parcours de ce jour.

Quelques emplacements montrent — mais toujours en débris — surtout à partir du point E, des calcaires gris jaunâtres très compacts, à cassure subciroïde (échantillon n° 66), mêlés aux fragments d'Ammonites tellement usés qu'ils sont indéterminables. Ces roches donnent une teinte plus claire à la hamada, qui était d'abord d'un gris très sombre.

Le sol est peu ondulé, mais coupé de nombreuses têtes de rivières sans berges, contenant quelque végétation dans des lits de gravier et de roche.

En H nous entrons dans le lit de l'ouad In-Aramas qui, pour ainsi dire, n'a pas de berges ici. Son lit de roche et de gravier varie entre 60 et 150 mètres, avec une assez belle végétation de Drinn, de Rtem, de Mrokba, avec un peu de Dhamrane et de Baguel. Après I la hamada et le cours de l'ouad, qui s'étend en multiples filets dans une vaste plaine, sont littéralement jonchés des débris d'Ammonites signalés plus haut.

En J nous coupons le medjebed méridional de Timassânine à Ghdamès par Bela-Ghdamès. L'ouad s'épanche très large dans la plaine basse devant nous et prend l'allure d'un maâder.

Nous campons au milieu de ce maâder sur le gravier du lit même, au centre d'une vaste manifestation de roche de gypse qui a été couverte par la dernière crue très forte.

Le ciel est encore tout embrumé de sable à la nuit, bien que le vent ait complètement cessé. Mes chameaux commencent à donner de nombreux signes de fatigue et de soif surtout ; voilà neuf jours entiers qu'ils n'ont pas bu et il est temps d'arriver à l'eau. Il ne faut pas oublier non plus qu'ils marchent et portent sans interruption depuis 120 jours.

3 février. — Nous continuons à descendre l'ouad In-Aramas qui — après s'être épanché dans la plaine signalée hier soir, puis dans la plaine A, dont le sol est constitué par des détritus calcaires mélangés de silex sur gypse en roche affleurant un peu partout — s'enfonce bientôt dans des gorges larges et faciles, entre des lignes de gour de 30 à 50 mètres d'élévation. Un peu avant ces gorges, en B, nous trouvons une mechera pleine d'eau des pluies de décembre, vers laquelle nos chameaux altérés se précipitent en désordre. Nous les laissons boire longuement, et nous commençons la descente. La rivière, entre les gour, a une largeur variable de 100 à 300 mètres, son lit est plat et sans basses berges immédiates ; les gour sont espacés de plus d'un kilomètre dans l'origine, sauf aux divers coudes du Thalweg, où ils se rapprochent et où l'un d'eux sert alors de berge à la rivière.

On voit dans l'ouad du Dhamrane, du Baguel, du Rtem, du Guetaf, mais peu de Drinn. Le sol est tantôt du sable ou du gravier, tantôt de la roche calcaire blanche, jaune ou rousse. Les éboulis des gour donnent quelques fossiles (Strombus, Ostrea panopea. — *Cénomanien.* — Sphéroïdes d'Hydroxyde de fer, provenant de la décomposition de la Pyrite — Echantillons n° 67). C'est le sol de la hamada supérieure — dont les gour ne sont que les témoins — qui s'éboule à la suite des intempéries. Les stratifications calcaires du sommet sont supportées par des assises de marnes jaunâtres mêlées de beaucoup de gypse, qui elles-mêmes reposent sur la roche calcaire mise à nu au fond de la rivière par le passage des crues.

Jusqu'au point E, les gour servant de berges n'ont jamais moins de 30 mètres; de E en F elles en ont encore une quinzaine, et après ce point jusqu'à Tabankort elles se tiennent entre 8 et 10 mètres, s'atténuant ainsi peu à peu.

Au point G apparaissent les premiers Ethels de la rivière. De H en I, passage très resserré, ou plutôt étranglement de l'ouad qui, par moments, a moins de 10 mètres de largeur entre des berges déchiquetées de gypse et d'argiles jaunes et rouges : ces berges, qui ont en moyenne 8 mètres d'élévation, présentent un très curieux aspect : l'eau les a rongées à la partie inférieure, et elles forment des cavernes par leurs roches surplombantes qui, n'ayant pas été atteintes par les crues antérieures, restent suspendues jusqu'à ce qu'une crue plus forte use les dessous d'argile et force ainsi ces roches à s'ébouler. Il y a çà et là dans ces parties étranglées des mares d'eau douce.

En J nous atteignons la branche occidentale de l'ouad In-Aramas, branche par laquelle j'étais déjà passé dans les années précédentes.

Nous campons à Hassi Tabankort, au point même que j'avais occupé en 1892 et 1893. Il ne reste pas vestige, naturellement, du trou où nous avions pris de l'eau autrefois, la crue ayant tout comblé ; mais il y a plusieurs flaques d'eau douce le long du pied des berges.

Je relève ici les traces encore visibles de ceux de mes hommes que j'ai renvoyés de Saghen et qui sont rentrés à Ouargla.

Il fait ce soir très mauvais temps, le vent a passé à l'ouest et souffle en tempête. Depuis ce matin, du reste, le temps était menaçant et le ciel entièrement couvert d'une brume épaisse de sable et de nuages, suite forcée du chihili de la veille.

4 février. Séjour. — La nuit a été déplorable à cause du froid, du vent, et surtout de la pluie qui continue à tomber fine et drue ce matin ; elle nous force à passer tout un jour à Tabankort, où pourtant je n'avais que faire, puisque c'est la troisième fois que je visite ces Tilmas dont j'ai déjà précédemment donné les coordonnées géographiques.

Cette continuité de pluie que nous éprouvons est tout à fait extraordinaire dans le Sahara, où très fréquemment il m'est arrivé de voyager trois mois consécutifs en hiver ou au printemps sans recevoir une seule goutte d'eau. Il n'a plu qu'en 1880, 1885 et dans l'hiver de 1893 à 1894.

Je congédie ici — comme c'était convenu — mes deux guides Touareg, Mohamed et Moussani, après les avoir payés et leur avoir fourni les vivres nécessaires pour leur retour du côté de l'ouad Samene, où sont leurs campements.

Une heure après leur départ, Mohamed-Ag-Yemma revient avec Bissati, — qui surveillait les animaux au pâturage dans le voisinage, — il voulait emmener avec lui un de mes chameaux qui avait eu précédemment des accès de folie et disait à Bissati que je lui avais donné l'autorisation de le prendre. Rien n'était plus faux et je renvoie Mohamed en lui refusant carrément cet animal qui est actuellement presque guéri et qui peut porter une charge, ou tout au moins nous servir en route à relayer les chameaux fatigués ou trop blessés.

On complète la provision d'eau et on fait boire à nouveau tous les chameaux pour être prêts au départ demain matin.

L'eau, comme je l'ai dit, est à la surface du sol en quelques points au pied des berges, mais on peut actuellement en trouver dans tout le lit de la rivière en creusant à 15 ou 20 centimètres seulement, à cause de la date rapprochée de la crue. Pour cette même raison, l'eau d'ici est beaucoup meilleure que les autres années, parce qu'elle n'a pas séjourné longtemps sur ou dans les terres gypseuses et salées.

La journée tout entière est détestable et la pluie ne cesse guère.

5 février. — Notre route se développe en entier sur une hamada calcaire coupée de cuvettes, de gour, de petits mamelons et de lits d'ouad. Le sol est formé de détritus de moyenne grosseur de diverses variétés de calcaire blanc, noir et jaune (calcaire vacuolaire ; Hydroxyde de fer provenant de la décomposition de la Pyrite dans un calcaire jaunâtre. — Echantillons n°s 68 et 69). A partir de I, de très nombreux débris de silex se mêlent au calcaire.

Partout ces détritus de roche reposent sur du gypse en poussière ou sur de la roche de gypse. Les mamelons et les gour du voisinage ne sont pas très élevés — les plus hauts ont de 30 à 40 mètres — et sont de même constitution géologique que la hamada. Dans les cuvettes, le sol est du reg assez fin, de même dans les lits d'ouad, où affleure pourtant parfois la roche. Ces lits d'ouad contiennent du Dhamrane et un peu de Rtem, de Drinn et de Chaliat.

Tous ces ouad se déversent, les premiers dans l'ouad In-Aramas, les autres dans l'Iziman, et leurs eaux se dirigent ainsi toutes vers l'oudje de l'erg qui est visible pendant toute la journée à des distances qui varient entre 10 et 20 kilomètres, suivant la plus ou moins grande avancée des promontoires de sable.

En C, cuvette de reg calcaire sur gypse et marnes rouges et jaunes ; autour de nous s'élèvent ici de petits gouiret de marnes jaunes et rouges.

Indépendamment des averses d'hier, il a plu récemment, car tous les lits des ouad ont été recouverts d'eau qui a couru, comme l'indiquent les brindilles déposées sur les bords, et le sol absolument détrempé.

A partir de I, le silex se mêle en très grande quantité au calaire, surtout des débris de silex zôné (échantillon n° 70).

Nous avons suivi jusqu'en J le medjebed assez bien tracé qui conduit au puits de Mouileh-el-Guefoul, mais dès ce point nous le quittons pour marcher plus au nord sur la hamada même qui est assez dure par moments, surtout au sommet des petites éminences où la roche est à nu et d'une grande âpreté. En K,K,K se dressent sur la plaine un certain nombre de mamelons de calcaire jaunâtre se délitant assez facilement et contenant de nombreuses parcelles d'Hydroxyde de fer (échantillon n° 69).

Nous campons dans le lit même de l'ouad In-Amestekki qui, indépendamment de la végétation signalée pour les autres rivières, contient aussi d'assez beaux Ethels. Sa largeur est d'environ 200 mètres et son lit est pavé de gros galets et de dalles rugueuses de calcaire.

6 février. Nous partons sur la hamada, ayant à notre droite l'erg en vue à moins d'une dizaine de kilomètres. Le sous-sol est toujours le gypse, mais c'est le silex qui, à la surface, domine dans la matinée, avec quelques calcaires. Les débris de calcaire de la hamada, de même que ceux qui composent les mamelons rapprochés, sont de natures diverses : 1° calcaires jaunes avec Hydroxyde de fer, comme l'échantillon n° 69 ; 2° calcaire compact sub-cristallin blanc ; calcaire avec parties rosées cristallines, et calcite ; calcaire grenu cristallin jaune (échantillon n° 71); 3° calcaire vacuolaire — probablement miocène — avec Cerithes et Perna — même âge, très probablement, que le n° 12 du 10 décembre 1893 (échantillon 72) ; 4° enfin çà et là un peu de calcaire noir en petits fragments sur du gypse ou du sable. En somme, terrain peu régulier, mais généralement rocheux.

De B à C, reg noir, fin, toujours sur gypse.

Les mamelons K — entre C et D — sont du calcaire n° 69 ; ils ont une trentaine de mètres. Après D, hamada de calcaire en grandes dalles — *safia* des Arabes — calcaire grossier jaune, blanc, gris, perforé ; avec mélange d'autres calcaires et de silex. Ce terrain est parsemé de taches de reg noir, fin.

Après D, au pied ouest du mamelon, nous rencontrons une mechera sur la roche vive, mechera produite par la dernière pluie et que nos chameaux épuisent jusqu'à la dernière goutte. En G, reg de calcaire et de silex sur gypse avec de nombreux affleurements de roche de gypse.

Nous descendons peu après dans un vaste lit d'ouad T qui, peut-être, n'est qu'une grande branche orientale de l'Igharghar. Ce lit est sans végétation, mais couvert sur son bord gauche de petits mamelons de 5 à 6 mètres de calcaire blanc fortement érodés. Les berges de rive gauche ont une dizaine de mètres.

De H en J, hamada très rude de calcaire dolomitique blanc en grandes dalles (*safia*), mêlée de cuvettes de reg avec petits galets de quartz. A partir de J, gros reg de quartz, de silex et de calcaire. En L, cuvette bossuée de petits mamelons. En M nous atteignons le bord du lit majeur de l'Igharghar. Sa berge, dont nous suivons un instant le sommet, consiste en une chaîne de hauteurs N, N, N ayant 12 à 15 mètres et entièrement composées de grès calcarifère (échantillon n° 73). La plaine supérieure jusqu'en O est constituée par ce même grès qui contient entre ses stratifications du gypse en poussière.

Les cuvettes de cette plaine sont en reg de grès en petits sphéroïdes, mélangé d'un peu de quartz roulé. Ce plateau est bossué de petits mamelons de même nature, au milieu desquels surgit parfois un témoin isolé de calcaire blanc ou jaune. Partout le sous-sol est de gypse.

Nous traversons en R le medjebed de l'oudje qui va de Mouileh-El-Guefoul à Ghdamès. C'est une des multiples branches de la route septentrionale de Ghdamès à In-Salah.

En vue à notre droite, une ligne de hauteurs V V de calcaire subcrayeux, qui servent d'assise à l'erg.

En S nous retombons dans l'Igharghar qui faisait une courbe à notre gauche et qui, à partir de S, reprend la direction du nord pour entrer dans l'Erg entre deux promontoires de dunes dont l'un, celui de l'ouest, se nomme Menkeb-Ghraghar.

Nous campons au beau milieu du thalweg, à la hauteur de l'éperon de dunes de l'est, en un point très voisin de mon campement du 16 février 1892. Le lit de l'ouad, dont le sol est ici du reg très fin, nourrit du Dhamrane, du Baguel, et il y a du Had au pied des dunes. Nous recueillons ici des fragments de lave roulée, des silex taillés et des coquilles du Mollusque fluviatile Cyrenea fluminalis (échantillon n° 74). Il y a aussi des fragments d'Hydroxyde de fer.

Au moment où nous campons, nous sommes assaillis par un grain glacé de courte durée, mais qui se renouvelle à plusieurs reprises dans la soirée.

7 février. — Nous avions rejoint ici la région du grand Erg, et si nous avions eu des chameaux frais et dispos, nous aurions pu en peu de temps regagner l'Algérie par le puits de Hassi Bottine, comme l'avaient fait mes deux courriers partis de Tabankort en février 1892; malheureusement l'état de mes animaux ne me permettait pas de tenter sans reprendre d'eau la traversée de l'erg entier, et je décidai d'aller boire à Mouilah-Maattâllah.

Après avoir traversé le reg fin de l'ouad, nous marchons en A sur de très gros reg avec quartz, puis à la base du Menkeb-Ghraghar nous retrouvons en B les vestiges de mon ancien campement de 92. En C, hamada de calcaire blanc grisâtre et noir, très rude, avec quelques monticules du grès calcarifère n° 73. Le calcaire blanc est en dalles ou en gros fragments et recouvert çà et là de débris de troncs d'arbres silicifiés.

E, hamada sillonnée de ravins dont le fond est du reg. En T, mamelons allongés assez importants et ligne de hauteurs composées de calcaire, avec nombreux grains de sable, rempli d'Échinides du Sénonien supérieur (échantillon n° 75).

En F, hamada de calcaire gris sombre à l'extérieur, en gros fragments extrêmement durs, puis, à partir de G, calcaire blanc et gris, compact, mélangé de divers éléments. (Calcite cristallisée; calcaire subcrayeux blanc gris; calcaire compact gris à structure cristalline par places. Echantillons n° 77.)

En H, sorte de cuvette à sol de reg, de détritus fins de calcaire blanc subcrayeux. Hamada et reg reposent toujours sur un sous-sol de gypse. L'erg qui serpente tout près de nous à droite continue à s'appuyer sur une ligne de hauteurs rocheuses de calcaire blanc, compact, et de calcaire subcrayeux.

Nous retombons en I sur des calcaires gris sombre à gros éléments très durs pour la marche, qui en J font place à un reg assez gros mais facile, composé de fragments calcaires de diverses nuances.

En K nous passons auprès d'un Djedar de pierres amoncelées qui jalonne le medjebed — que nous coupons ici — d'El-Bïodh à Ghdamès (c'est une autre des multiples branches de la grande route déjà indiquée de Ghdamès à In-Salah).

En L, région de cuvettes à bords de calcaire blanc subcrayeux, puis reg jusqu'en M, où commence le calcaire dolomitique blanc bleuâtre, très dur, en grandes dalles polies jusqu'à N, point où nous entrons dans l'erg. Depuis quelques kilomètres nous recueillons des débris de troncs d'arbres silicifiés (bois silicifiés avec cristaux de quartz à l'intérieur. Echantillon n° 78).

Toutes les hamada de ce jour sont à peu près nues, pourtant là où elles sont constituées par de grandes dalles ou par de gros éléments, on trouve d'assez nombreuses touffes de Dhamrane actuellement très vertes.

Les cuvettes et les ravins semblent tous, depuis E, se déverser vers le sud ; cela tendrait à me faire supposer qu'il existe à notre gauche, courant parallèlement à l'oudje jusqu'à l'ouverture majeure du Gassi Touil, une rivière — indépendante ou dépendante de l'Igharghar — qui recueille toutes les eaux des mamelons traversés dans l'après-midi.

Nous campons dans l'erg sur le bord est de la branche majeure du Gassi-Touil.

8 février. — Nous marchons, presque aussitôt le départ, sur le bras majeur du Gassi Touil (S). Son sol est du reg avec de très nombreux affleurements de grès rose et brun, mélangé de diverses autres roches — (grès très grossier avec gros grains de quartz blanc à ciment ferrugineux — grès calcarifère grossier — calcite — bois silicifié. — Échantillons n° 79). Parmi les débris de bois silicifiés, je vois des troncs (de 8 à 10 mètres de long) brisés en morceaux sur le sol.

Je voulais suivre le gassi S, tourner les éperons de la chaîne Y et la traverser au loin, pensant que cela nous menait très près de la direction de Mouilah-Maâttallah ; mais El-Hadj prétendant que ce puits se trouve beaucoup plus à l'ouest, je suis la direction qu'il préfère et nous coupons aussitôt cette même chaîne Y de M en C' par un teniet peu difficile mais très élevé. Nous tombons en C' sur un gassi D fermé un peu plus au sud et dont le sol, ainsi que de petits mamelons C' C' qui le bossuent, est composé de grès à ciment calcaire très blanc (échantillon n° 80); il est coupé à notre gauche par une assez profonde cuvette, dirigée est-ouest, à sol de reg fin sur gypse encore humide des pluies récentes.

L'erg a une assez belle végétation de Drinn, d'Alenda, d'Arisch, de Harta et de Had. Nous voyons sur ces végétaux quelques sauterelles, mais en petit nombre, elles viennent certainement du Tassili.

La chaîne X que nous traversons aussitôt après est celle qui paraît isolée à gauche lorsque l'on se rend de Mouilah à El-Biodh ; quant à la chaîne Z, elle n'est autre que le commencement du Draâ d'El-Biodh.

Nous débouchons sur le gassi R. Là El-Hadj s'aperçoit, en reconnaissant, les diverses chaînes en vue, que Mouilah — dont le ghourd est visible — nous reste presque dans le nord, c'est-à-dire à angle droit sur la route qu'il nous faisait suivre ; nous marchons donc directement sur Mouilah en descendant le gassi R qui communique avec le gassi El-Mouilah par les pertuis O et Q, et qui, d'autre part, se rend sur la hamada de l'oudje vers L sans aucun barrage et aussi vers El-Bïodh dans la direction de U.

En G, le reg du gassi R contient beaucoup de grès blanc, puis dans tout le reste du gassi, en aval, on trouve un gros reg composé d'éléments divers, où domine le quartz roulé (échantillon n° 81).

Nous arrivons assez tard à Mouilah-Maâttallah, où nous campons au point même de mon ancien campement.

9 février. — Il est inutile de décrire ce point d'eau que j'ai déjà noté et étudié dans mes rapports antérieurs. Nous creusons les puits pour faire boire les chameaux et remplir les outres; cette opération dure assez longtemps à cause de notre petit nombre et nous ne pouvons partir que très tard; nous ne faisons du reste que quelques kilomètres, car le gassi qui s'étend devant nous est énorme et sa traversée demande de longues heures. Je tenais pourtant à partir pour n'avoir plus le lendemain que de bonne route à faire et surtout pas de sable à franchir. Nous campons donc presque à l'extrémité nord du Draâ-el-Mouilah, sur le bord même du gassi.

Nous relevons ici les traces nombreuses de Touareg allant vers le nord. Ce sont probablement ceux qui — avec Abd-En-Nebi — sont allés à El-Oued, il y a deux ou trois mois; ils avaient avec eux un assez grand nombre de chamelles et de chamillons — d'après ce que révèlent les traces — qu'ils destinaient sans doute à la vente en Algérie.

Aussitôt campés, nous sommes assaillis par un formidable grain mêlé de pluie qui sera décrit au chapitre météorologie. La pluie continue dans la soirée avec intermittences.

Nous allons être forcés de faire une route un peu plus est que ne le demande notre direction, et cela pour rejoindre la chaîne du Teniet-Raha, traversée le 11 février 1892 — j'appellerai maintenant cette chaîne *Draâ K*, pour faciliter les explications; le Draâ K est la chaîne côtière du Gassi Touil du côté de l'ouest. — Si, en effet, nous suivions strictement l'azimut qui doit nous mener à Hassi Feidjet-El-Mezâbi (163° magnétique), nous coucherions deux ou trois nuits au beau milieu du Gassi El-Mouilah, sans bois, sans pâturages, privés de tout en un mot, car ce couloir entièrement nu — dont nous avions suivi la rive occidentale les 5, 6 et 7 janvier 1893 — se poursuit sans fermeture pendant environ 120 kilomètres au nord de notre campement actuel.

10 février. — Nous partons sur le Gassi El-Mouilah, dont le sol est assez uniformément composé de reg moyen et fin qui, dans la partie sud surtout, est semé de petits ravins à berges en pente très douce, puis de quelques détritus des roches suivantes : calcaire compact, gris-blanc avec petits grains de sable; calcaire rose rougeâtre, argileux avec graviers. (Échantillons n° 82.) Le quartz roulé domine partout, mélangé parfois de galets de calcaires roulés, de fragments de roches schisteuses apportées par les eaux. Ce gassi ne contient pas de débris de lave de ce côté-ci.

Nous avons à notre gauche dans le lointain la chaîne du Hassi Mkhottâ, qui suit une direction à peu près parallèle à la nôtre; à droite, dans l'est, la chaîne ou Draâ K déjà indiquée; cette dernière est assez sinueuse; je pensais la couper ce soir, mais nous l'abordons en un point très épais et où ce Draâ émet un grand éperon d'ouest, si bien que nous campons au pied même de la chaîne. Le reg est sans végétation. Quant au Draâ K, on y trouve du Had et du Drinn, mais point d'Arisch, sur ce versant-ci du moins.

Le ciel persiste à rester couvert avec forte brise de N.-E. très froide.

11 février. — Nous partons sur le reg du Gassi El-Mouilah en suivant le pied ouest du Draâ K qui nous sépare seul du Gassi Touil. Le sol est du reg régulier moyen et fin, mais toujours nu. Une grande chaîne court parallèlement à nous dans l'ouest, à 16 ou 18 kilomètres; le mirage m'empêche de décider si c'est toujours la chaîne du Hassi Mkhottâ, pourtant je crois plutôt que c'est une nouvelle chaîne qui est venue s'interposer. Dans ce dernier cas, ce serait la même que j'avais signalée dans l'est le 6 janvier 1893 (1).

En K nous commençons la traversée du Draâ K qui nous amène en F sur le Gassi Touil et sur sa bordure ouest. En E, dans l'intérieur même de la chaîne existe un petit gassi ou cuvette de reg entièrement fermé et entouré de dunes.

De F je relève un îlot de dunes isolé qui sera recoupé de notre campement, de même que d'autres îles plus importantes et plus éloignées, le tout au milieu du Gassi Touil.

Nous campons au pied est du Draâ K. J'ai recueilli aujourd'hui quelques silex taillés dans le Gassi El-Mouilah.

Le Draâ K n'est jamais interrompu par des coupures depuis la hamada de l'oudje jusqu'ici.

---

(1) Des recoupements lors de la construction de la carte ont prouvé que c'était bien une nouvelle chaîne, la chaîne Z.

12 février. — La marche de la journée tout entière s'effectue sur le reg, tantôt moyen, tantôt fin, du Gassi Touil, dont nous suivons toujours la chaîne côtière K. De nombreuses îles s'élèvent çà et là : l'île Y" est fort longue ; une autre, l'île Z, lui succède courant parallèlement à notre route ; une troisième masquée par l'île Z est parallèle à cette dernière.

A partir de F, le Draâ K est très épais, de l'autre côté court toujours le Gassi El-Mouilah non encore fermé. Il fait un vent violent de N.-O. glacé qui soulève des flots de sable et qui n'empêche pas le mirage de se produire avec une grande intensité.

Nous campons au pied du Draâ K, toujours sur le bord du Gassi Touil.

Le Draâ K a une belle végétation de Had, de Drinn et d'Arisch. L'Arisch, en général, disparaît en effet du flanc des chaînes exposé à l'ouest, tandis qu'il pousse en quantité sur leurs flancs exposés à l'est.

Point de gibier ici, pas même de traces d'antilopes, et nous avons pourtant relevé ce matin la trace récente du passage de trois chasseurs Chambba.

13 février. — Nous traversons le bras du Gassi Touil, sur le bord ouest duquel nous marchions hier. En A, la chaîne K est très mince et on peut communiquer en ce point par-dessus un simple renflement de nebka avec le Gassi El-Mouilah ; nous gagnons le Draâ Z qui est composé de trois îles (Z, Z', Z"). A partir de ce point le Draâ K nous abandonne.

Les îles Z, Z', Z" sont séparées par des détroits ou gassis de reg assez étroits et dont la tête près de notre ligne de marche, en C et en B, est coupée de siouf bas et insignifiants.

Du point G on relève la limite extrême sud-est des Draâs Z sur le Gassi Touil, dont la branche principale est maintenant devant nous. Sa chaîne de bordure est est à une vingtaine de kilomètres de nous, en face du point G.

La pointe nord des Draâs Z s'allonge en pitons très séparés jusque vers la chaîne P, au pied est de laquelle nous allons camper ce soir ; mais il est impossible de se rendre compte si cette pointe est coupée ou si elle rejoint la chaîne P. De même pour le Draâ K des jours précédents, il semblerait qu'elle s'éteint au N.-O. de G, mais il pourrait cependant se faire qu'elle se joignît en ce point avec la chaîne de bordure ouest du Gassi El-Mouilah. Le mirage, qui est intense, empêche de s'en rendre un compte exact.

Depuis C jusqu'au campement de ce soir, le reg est absolument couvert (sauf de E en F) de touffes de Had un peu espacées, mais très vertes. C'est du reg excessivement fin et tout à fait semblable à celui des Feidjs Dhamrane au nord d'Aïn-Taïba. A notre droite, le milieu du Gassi Touil, au contraire, est entièrement nu et présente l'aspect d'un long lac bleu sous le mirage ; les oghroud de l'est sont fortement relevés et coupés net par le mirage ; ils semblent nager dans une eau claire et former autant d'îles séparées qu'il y a de pitons distincts, les cols bas simulant autant de détroits qui semblent pleins d'eau.

En H nous rencontrons la piste fraîche (trois ou quatre jours) d'une centaine de chameaux marchant vers le sud ; les traces humaines qui s'y trouvent mêlées nous disent que ce doit être un convoi de Touareg emmenant des chamelles et des chamillons en plus de leurs mehara ; nous supposons que c'est le *Miad* venu en Algérie qui rentre dans son pays. Nous avons du reste suivi ces traces à rebours pendant les jours suivants. Nous coupions aussi de temps à autre les empreintes laissées sur le sol par les pieds des chevaux des capitaines Ropert et Crochard, passés ici l'an dernier, allant à Timassânine.

14 février. — Nous partons sur le bord occidental du Gassi Touil, sur un sol de reg fin couvert de touffes de Had assez espacées. Le reg contient çà et là quelques morceaux de lave cellulaire ; les chaînes baissent de hauteur et s'amincissent ; leurs pitons majeurs sont assez élevés et séparés par des siouf allongés et bas qui projettent au loin de longues pentes douces de nebka et de hasba sur le reg. Telles sont toutes les chaînes P, P, P de ce jour dans notre ouest. Dans l'est, au milieu du Gassi Touil s'élève une île assez importante qui se nomme Draâ-El-Khâtem. Les oghroud de bordure est du Gassi Touil sont éloignés de nous et n'apparaissent que complètement déformés par le mirage.

Il y a toujours beaucoup de Had, un peu d'Azal, mais plus d'Arisch dans les dunes, nous avons dépassé la limite nord de cet arbrisseau. La majeure partie de la route s'effectue sur des surfaces couvertes de Had (sauf de C en E) ; cela tient à ce que nous suivons le pied des chaînons ; mais le gassi lui-même est complètement nu et seulement ponctué çà et là de très rares touffes de Ghessal et de Had dont le mirage fait des montagnes.

15 février. — Nous continuons à côtoyer la chaîne de bordure ouest du Gassi Touil. Les siouf et les oghroud en sont peu élevés ; les plus importants ne dépassent plus 70 mètres. Les chaînes de l'est dans le lointain sont beaucoup plus hautes.

Pendant quelques kilomètres le reg du sol est fréquemment troué d'affleurements ou mêlé de détritus de grès très grossier cimenté par du calcaire (échantillon n° 85), tandis que le reg est uniformément composé — comme dans toute la première moitié septentrionale du Gassi Touil du reste — de cailloux de quartz transparent blanc, jaune, rouge, et de galets de quartz ferrugineux rougeâtre (échantillons n° 84).

Les dunes de gauche étendent fort loin des nappes de nebka ou de reg très fin couverts de touffes de Had qui en ce moment ne sont pas très vertes, sauf quelques exceptions.

A partir de C, reg très fin, absolument recouvert de Had ; à partir de E apparaît le Dhamrane, dont les touffes abondent alors sur la majeure partie du reg.

A droite dans notre est, à 4 ou 5 kilomètres, s'élève une grande île dans le Gassi Touil, île qui se nomme Draâ-El-Begra ; beaucoup plus loin au N.-E. se dessinent les deux pitons du Marfag-Ben-Salah, qui forment un des promontoires de rive est du Gassi Touil. Entre le Draâ-el-Begra et le Marfag-Ben-Salah la surface du Gassi est nue. Au N.-O. de Marfag-Ben-Salah, au milieu du couloir, il y a des Draâ peu importants et confus qui s'éparpillent un peu partout.

Les dunes n'ont plus d'Arisch de même qu'hier, mais d'assez nombreuses touffes d'Azal, ainsi que l'indique le nom de Draâ-el-Azal donné à une chaîne de notre gauche, en face de F. On sent réellement là la fin de l'erg ; le gassi n'est plus devant nous qu'une immense plaine couverte de végétation, avec des îlots épars de dunes.

A la hauteur de G, à notre gauche, les dunes disparaissent ou mieux s'écartent, laissant entre elles un grand feidj qui n'est du reste qu'un des bras du Gassi Touil et qui va — entièrement libre de dunes — jusqu'à la racine septentrionale des Slassel-Dhanoun, au Ghourd Retmaïa, région où il porte le nom de Feidj-Dhamrane ; il fuit vers l'ouest-nord-ouest par rapport au point G.

En H nous passons à gauche et au pied d'une petite ligne de dunes basses, îlot insignifiant nommé Selisselat-Dhanoun (*petite chaîne aux Dhanoun*). C'est là, en effet, qu'apparaît pour la première fois, quand on vient du sud, la plante qui porte ce nom.

L'Erg est décidément bien fini et c'est la plaine ondulée du sud algérien que nous foulons.

16 février. — Les traces de la caravane touareg signalées plus haut, et que nous voyions encore hier soir, s'éloignent ici dans la direction de Mokhanza. Nous marchons sur un terrain qui est en général plutôt de la nebka que du reg. Il y a de nombreuses touffes de Dhamrane, de Had, de Sffar, etc., et le Baguel apparaît au milieu de la journée.

A partir de C nous côtoyons dans son est la chaîne nommée Draâ Sbeït, composée de petites dunes — comme la plupart des massifs maintenant. — Elle étend au loin ses pentes de nebka sur le Gassi Touil, qui est toujours dans notre est et qui se dirige directement vers Mokhanza. Au milieu s'élève une île assez importante, Oghroud Toumïat, qui nous reste à 6 ou 7 kilomètres dans l'est.

Ce matin, nous avions en vue très loin dans l'O. le Khelal, ghourd remarquable qui fait partie de l'oudje nord de l'erg d'Aïn-Taïba ; nous avions de même en vue au N.-O. le ghourd Maâttallah, autre piton très typique qui s'élève à droite de la route de Bel-Haïrane à Aïn-Taïba. Entre ces deux pitons et le campement de ce matin, la plaine est à peu près libre de dunes et fait suite méridionale aux divers feidjs Dhamrane déjà cités.

De B en C le reg est nu ; tout le reste du chemin parcouru ce jour est couvert de végétation. En E et au campement du soir se montrent quelques affleurements de roche qui percent la nebka ou le reg : calcaire blanc compact (échantillon n° 86).

Vers F nous coupons la piste d'une assez nombreuse troupe de chameaux marchant vers Aïn-Taïba et qui ne date pas de plus de 5 ou 6 jours. Mélangées à ces traces se montrent les empreintes des chaussures de trois Européens : nous concluons de ce fait que c'est là qu'a passé la mission Méry que nous avions laissée derrière nous, lors de notre départ de Ouargla.

Nous campons au pied de la pointe nord du Draâ Sbeït. Ce Draâ est peu épais et peu compact ; ce sont en général des siouf très allongés et sinueux, dominés par quelques pics de 50 à 60 mètres. Au point où nous campons et où se termine le Draâ Sbeït, il est nettement séparé par une étroite surface de Gassi d'une autre ligne de petites dunes P, P qui restent au N.-E. de notre campement et qui séparent le Gassi de Mokhanza de l'autre gassi, ou plutôt du Feidj qui s'ouvre devant nous ; ce dernier se poursuit avec quelques petits encombrements de siouf jusqu'à Hassi Bel-Ktouta.

17 février. — Nous partons sur des Feidjs bordés à droite de petites chaînes de dunes P très peu élevées et nous coupons bientôt mon itinéraire de 1890 au puits mort dit Hassi Oulad-Nesire, après lequel, et sur notre ligne de marche, nous rencontrons le puits dit Hassi Douaouda ou Hassi Oulad-Bou-Khacheba, du nom de la famille qui l'a creusé. Ces deux puits se trouvent dans le

Feidj au milieu de cuvettes de reg à fond de roche de gypse et de gypse en poussière d'où émergent de petits mamelons érodés, de 1 mètre de hauteur en roche de gypse d'un gris sombre et qui se délite facilement.

Les feidjs parcourus sont tantôt en sol de reg, tantôt en sol de nebka, mais assez fréquemment percé par des affleurements de calcaires blancs compacts de l'échantillon n° 86. Le feidj libre se poursuit par le passage T, T, T qui fait une grande courbe dans notre ouest pour rejoindre le Feidjet-El-Mezâbi. En E nous passons tout près, à droite, du ghourd Moussaoui ; notre ligne de marche, plus courte que la direction T, T, T, est cependant très peu obstruée de sable, sauf deux ou trois siouf que l'on pourrait à la rigueur tourner en inclinant un peu dans l'ouest.

La végétation — qui est sèche ici pour le moment — est toutefois assez dense ; elle est représentée par du Had, du Dhamrane, du Baguel, du Drinn, du Sffar et du Hanna dans les cuvettes. L'Alenda n'apparaît qu'à la hauteur de F.

Nous rencontrons de fréquentes traces de chasseurs Chambba se dirigeant toutes vers l'est, ce qui nous étonne fort, mais ce dont nous ne tardons pas à avoir l'explication.

Nous campons à Hassi Feidjet-El-Mezâbi. A peine les tentes sont-elles installées que nous voyons arriver deux chasseurs Chambba, El-Hadj-Ali et un de ses cousins. Ces hommes se cachaient depuis près d'une heure derrière une dune et nous observaient pour savoir à qui ils avaient affaire ; ce n'est que quand ils ont vu les tentes dressées qu'ils ont avancé, sachant alors que c'étaient des Européens.

Ils commencent par nous féliciter de notre heureux

retour, nous disant qu'on nous croyait bien perdus. Ils nous apprennent toutes sortes de nouvelles : l'occupation de Tombouctou, la construction des postes de Hassi Chebbaba, de Hassi Bel-Haïrane, etc. Ils nous disent que nous avions deviné juste quant à l'origine des traces que nous avions relevées dans le Gassi Touil. Ces hommes nous aident à faire boire nos chameaux qui absorbent des quantités énormes d'eau. Ils sont, en effet, très fatigués par la longueur du voyage, et en outre les trois dernières journées de chihili que nous venons d'essuyer ont augmenté leur soif.

18 février. — Séjour. Les deux chasseurs Chambba repartent pour le sud, dans l'espoir de tuer des antilopes ou des gazelles, et je leur fais cadeau de quelques hectogrammes de poudre et d'un peu de farine ; en revanche ils m'ont donné la moitié de leur sel, bienfait inappréciable, car j'avais oublié de dire que depuis une vingtaine de jours nous étions entièrement dépourvus de sel ; or il faut avoir été soumis à cette privation pour se rendre compte de ce qu'elle a de pénible. Mon matelot Villatte et moi en étions réduits à ne plus absorber que des boîtes de sardines, le pain et la viande non salés constituant pour nous une nourriture tout à fait immangeable.

Nous faisons boire à nouveau tous les animaux du convoi, qui parviennent enfin à étancher leur soif. Il souffle un épouvantable chihili du S.-O., nous sommes littéralement inondés de sable. La violence du vent est telle que j'ai toutes les peines du monde à faire une observation de hauteurs circumméridiennes du soleil. Ce chihili qui dure toute la journée continue même à souffler par bouffées pendant la nuit, ce qui est un cas tout à fait exceptionnel dans le Sahara.

19 février. — Nous partons au milieu des tourbillons de sable soulevés par le chihili de S.-O. qui continue à nous aveugler et qui, phénomène curieux, affole toutes mes boussoles (voir au chapitre Météorologie) ; le vent passe ensuite au N.-O. en restant tout aussi violent et encore plus gênant, puisqu'il nous souffle en pleine figure. Nous traversons de C en D une ligne de dunes qui vient de Hassi El-Azala situé par le travers de K à 6 ou 7 kil. dans l'est. Cette chaîne se continue à gauche en biais et à une distance de 4 à 5 kil. jusqu'aux environs du Hassi Righi. Vers E je coupe mon itinéraire du 19 mars 1892, allant d'Hassi El-Beyodh à Hassi Bel-Ktouta. Nous marchons sur des plateaux où la roche calcaire en poudingue apparaît fréquemment au milieu de la nebka du sol que forment et projettent les siouf environnants. Nous sommes bien entrés dans la région des Guentras, mais ils sont encore peu accentués et ne dépassent pas en hauteur 15 à 18 mètres, dessinant çà et là de grands lits de vallées sans direction bien nette. On peut cependant suivre une vallée continue de Hassi Feidjet-El-Mezâbi jusqu'à la chaîne de Bel-Ktouta, et il est même possible de tourner cette dernière à son origine sud. C'est en somme la région de transition entre le régime des gassis et celui des guentras.

En G nous traversons la chaîne ci-dessus indiquée et nous campons à 3 kil. au nord du Hassi Bel-Ktouta, dans un feidj qui vient de Bel-Haïrane et qui va vers Hassi El-Achyïa.

Nous avons eu aujourd'hui la végétation habituelle des Guentras mêlés de siouf, savoir : un peu d'Azal, du Baguel, du Dhamrane, du Drinn et de l'Alenda.

20 février. — Départ très matinal, malgré un ciel menaçant et des gouttes de pluie. Nous marchons d'abord sur un sol de feidj jusqu'aux premiers siouf S, puis viennent quelques gnater en poudingue calcaire rugueux très dur. En C, s'élèvent des gour de grès rougeâtre ou gris, avec du calcaire gréseux sur le sommet. Les grès du dessous sont composés de multitudes de sphéroïdes agglutinés d'assez forte dimension et de tubes prenant naissance près des racines d'arbustes morts.

En B nous avions vu pour la première fois réapparaître le Zita avec le Baguel élevé et le Hanna.

Les lits des grandes vallées sont en reg avec plaques de gypse. Ces vallées qui appartiennent au système de l'ouad El-Achyïa enserrent une multitude d'îles (gour ou guentras), elles sont très couvertes de végétation. Nous avons à notre gauche les puits d'El-Achyïa et des Oulad-Salah.

La pluie, qui se met à tomber avec force, nous oblige à camper de bonne heure dans une de ces vallées à sol de sable avec Drinn, Alenda, Zita, etc... Nous sommes tout près du Hassi Gnifida ancien et à 800 mètres au nord du Hassi Gnifida-Djedida, creusé seulement l'an dernier.

Tout le reste de la journée sévit une violente tempête à forme particulière décrite dans le chapitre Météorologie.

21 février. — Nous partons sur les plateaux qui, jusqu'en A, sont partout recouverts de nebka, avec la végétation habituelle de ce genre de terrain : Sffar, Baguel, Alenda, Dhamrane, Halma et un peu de Hanna de temps en temps.

Nous sommes noyés dans un brouillard comme je n'en ai jamais rencontré dans le Sahara, il empêche de voir quoi que ce soit à plus de 10 mètres et nous devons nous diriger à la boussole jusqu'à 11 heures.

En K nous sommes à peu près par le travers et dans

l'ouest du Hassi-Goumière. Le plateau se fait très dur et n'a plus que de très rares emplacements de nebka. Il est coupé de nombreuses cuvettes profondes dont les plus importantes pour la journée sont le Houdh-Ghenami, le Houdh-Denggara et le Houdh-El-Alenda.

En E nous coupons mon itinéraire de 1890. Il y a autour de nous de nombreux campements de Chambba, car le Sahara est ici relativement assez beau et peut suffire aux besoins des troupeaux de chameaux.

Nous campons dans le Houdh-El-Alenda, près des tentes du Chambbi Beu-Amira.

22 février. — Nous marchons sur les plateaux composés de calcaires rugueux mélangés de grès et parfois recouverts d'un peu de sol de nebka. De profondes cuvettes trouent ces plateaux ; nous traversons en particulier celles dites : Houdh-Chemata et Houdh-El-Hadj-Dahi. Dans ces cuvettes, la végétation est généralement très belle et composée de Dhamrane en abondance et d'un peu moins de Baguel. Les plateaux ont aussi une belle végétation de Sffar, de Dhamrane, de Baguel, de Reguig, etc.

A partir de G, le plateau s'ondule et les cuvettes ont des bords en pentes douces ; le fond en est remblayé de buttes sableuses très couvertes de Drinn, de Rtem, de Merekh, etc... En sortant du Houdh-El-Hadj-Dahi, nous passons sur un petit amas de dunes nommé Sif-El-Arif, sur lequel se silhouettent en brun et en noir une quinzaine de tentes appartenant à la tribu des Mkhâdma de Ouargla.

En K nous descendons la berge du plateau qui forme une longue ligne de collines orientées sensiblement N.-E.- S.-O. et qui nous présente, à droite le Khechem-Sidi-Lârbi et à gauche le Khechem-Er-Rth, promontoires ou éperons du plateau.

Nous descendons là sur une immense plaine de reg où se trouve le puits de Rebâia. On a en vue : le Gour Gandouz, le Sif Arig-El-Mansouri, la colline d'Hassi Sahane, les Siouf de Hassi Bou-Khezana, l'Erz-ez-Zit, etc. Le matin, on peut même apercevoir le poste de télégraphie optique du Hassi Khaldïat (poste de châbet Lakhdar) ; mais à l'heure où nous passons, il ne paraît pas, l'horizon du N.-O. étant brumeux.

Nous campons dans la plaine de reg non loin du Hassi Rebâia. Les Mkhâdema, revenant d'y abreuver leurs chameaux et qui rentrent à leurs tentes rencontrées cet après-midi, viennent nous saluer et me féliciter de l'heureuse issue de mon voyage. Ils me disent que de très nombreuses tentes des Chambba-Oulad-Smaïl s'élèvent dans la plaine où pâturent leurs chameaux.

23 février. — Très forte journée de marche qui commence au milieu d'un brouillard intense semblable à celui du 21, mais qui nous mouille complètement de ses gouttelettes imperceptibles. Impossible de faire aucune visée et, jusqu'à onze heures, il faut s'en tenir à un azimut par à peu près, qui cependant — vérification faite — cadre bien avec mes précédentes cartes.

Le terrain est uniquement une vaste plaine ondulée de reg fin, avec quelques îlots de nebka nourrissant du Drinn et de l'Alenda. Nous passons entre Hassi Sahane et Hassi Hofrat-Chaouch. Nous laissons dans le sud-ouest les areg insignifiants de Bou-Khezana et d'Arifidji (Erg-ez-Zit), dominés au loin par la brèche du grand plateau de l'ouest dont on voit les éperons principaux : Kef Ang-Djemel, Kef. El-Ahmeur, etc... Entre cette brèche et les areg, et dominé à l'est par un petit mouvement de terrain qui se poursuit jusqu'aux collines du Hassi

Douiouidi, se dessine le lit ensablé mais verdoyant de l'ouad Mya qui va passer entre Kef El-Ahmeur et Kef Dribina, pour recevoir, juste à cette hauteur, l'ouad En-Nsa.

Nous campons au puits même de Khaldïat qui se trouve dans une dépression allongée en forme d'ouad et rejoignant le lit de l'ouad Mya. Le puits est dominé au N.-O. par des mamelons sur le sommet desquels s'élève le poste de télégraphie optique de Châbet-Lakhdar, auquel j'envoie aussitôt porter un télégramme adressé à M. le Gouverneur Général de l'Algérie pour l'aviser de mon retour.

Toute la cuvette du puits ainsi que le lit de l'ouad Mya ne forment qu'une vaste Haïchat où poussent vigoureusement le Dhamrane, le Baguel, le Zita, l'Alenda, etc., le tout sur de petites buttes de sable.

24 février. Nous passons au poste optique de châbet Lakhdar pour avoir quelques nouvelles de France et pour demander un peu de sel, qui commence de nouveau à nous manquer, au chef de poste. Nous marchons sur une succession de mamelons et de plateaux à sol de hamada, avec de très nombreux affleurements de roche de gypse; tous ces promontoires vont se terminer dans l'est au sud d'El-Hadjira. En B nous rejoignons mon itinéraire du 30 octobre 1893, que nous allons suivre à rebours jusqu'à Biskra, puis passant à Taïbat Daharaoula et près El-Alia, nous allons camper à 5 kilomètres au N.-N.-O. de cette oasis.

Le ciel s'est maintenu couvert tout le jour.

25 février. — Nous partons sur le steppe à sol de gypse avec nombreux débris de silex blanc. Nous traversons le

Houdh Takkane près d'un puits inachevé qui a 30 mètres de profondeur ; la partie supérieure du puits est creusée dans de la roche de gypse (gypse grenu avec petites tubulures perpendiculaires à sa surface. — Echantillon n° 88) ; le fond au contraire est dans de la roche de calcaire sableux avec parties à sections circulaires formées de zones concentriques de silex (échantillon n° 89). Nous campons assez tard à 25 kilomètres au sud de Dzioua.

26 février. — Marché sur le steppe bossué de lignes de mamelons, avec une végétation composée d'Aarfedj, de Dhamrane, de Kesdir et de Drinn ; puis surviennent des lignes de gour et des collines sableuses qui nous amènent à Dzioua où nous faisons une halte d'une heure pour abreuver les animaux du convoi. Je rencontre là El-Hadj-Abd-El-Kâder, Caïd des Oulad-Zit campé tout près ; je refuse l'hospitalité qu'il m'offre, pour ne pas perdre une demi-journée. Nous campons à 11 k. au nord de Dzioua, au pied des mamelons de Zourz. Dans les cuvettes gypseuses qui séparent Dzioua de notre campement, je recueille de nombreuses coquilles des Mollusques terrestres Helix, et Bulimus decollatus (échantillons n° 90).

Mes yeux très souffrants — surtout le droit — depuis quelques jours me refusent presque tout service.

27 février. — Nous ne quittons plus le medjebed qui nous fait passer près des deux puits dits Oglat-Zourz, puis nous avançons sur un plateau très peu ondulé qui nous amène camper sur le bord de l'ouad Rtem. Mon œil est dans le même état.

28 février. — Nous continuons notre marche sur le même plateau et nous arrivons à l'ouad Chaâba où se trouve le Hassi Zreig-Mta-Chaâba ; nous avançons encore un peu et nous campons sur la rive nord de l'ouad Itel, à son confluent avec l'ouad Chaâba. Toutes ces rivières ont fortement coulé depuis notre premier passage et elles conservent encore des Ghedirs pleins d'eau.

Je suis obligé ce soir de faire les observations d'étoiles avec l'œil gauche, et encore avec beaucoup de peine.

1ᵉʳ mars. — Nous quittons l'ouad Itel pour remonter sur le plateau (désert de Mokrane) par des sentiers sinueux et en suivant un des nombreux ravins qui sillonnent cette petite falaise. Nous traversons les ouad El-Atrous, ouad Besbess, et ouad Zeurba, et nous campons à 5 kilomètres au nord de ce dernier.

2 et 3 mars. La marche se continue pendant ces deux jours sur le Mokrane et nous campons, le 3, à 6 kilomètres au nord d'Oumach.

4 mars. — Dernier jour du voyage, je rentre à Biskra à 8 heures du matin, après une absence totale de 134 jours.

Mes mehara et un certain nombre de mes chameaux — en comptant le voyage de Ouargla à Biskra pour venir me rejoindre au moment du départ, — ont donc fourni cent cinquante jours de marche consécutive sans jamais être complètement déchargés. On peut ainsi espérer, en choisissant bien ses animaux et en leur donnant de temps en temps deux ou trois jours de repos, se rendre d'Algérie jusqu'au Soudan avec les mêmes chameaux. On remarquera que depuis Hassi Feidjet-El-Mezâbi je ne donne plus que très peu de détails sur la route et sur la configuration des lieux; cela tient à ce que nous sommes là en pays connu et déjà sillonné de plusieurs de mes itinéraires antérieurs; je n'aurais donc, en insistant, pu que me répéter sans utilité.

VIII

LES TOUAREG AZDJER

MŒURS. — COUTUMES. — COMMERCE. — PAYS. — RENSEI-
GNEMENTS DIVERS.

Les Touareg Azdjer n'habitent jamais les villes, ils ne s'y rendent que pour avoir des nouvelles et en même temps s'y pourvoir des articles indispensables à leur nourriture et à leur habillement. Leur existence entière se passe sous la tente ou, pour mieux dire, autour des tentes, sur le sable, au pied de quelque haute touffe qui leur sert de parasol et d'abri contre le vent. Ils vivent généralement de laitage produit par leurs animaux, de la viande de ces animaux ou d'un peu de gibier, et très souvent d'herbes diverses. Ils sont loin d'être dans une situation brillante et leur faim n'est pas toujours satisfaite, car en général ils sont pauvres.

Cultures. — Le blé est une rareté dans leur pays, d'abord parce qu'il faut l'aller acheter fort loin et aussi parce qu'il manque fréquemment sur les marchés où ils vont s'approvisionner. Comme exemple, je puis citer le cas d'un serviteur d'Ikhenoukhen qui revenait de Ghât vers le 15 janvier, n'ayant pu se procurer dans cette ville la petite quantité de blé que son maître lui avait donné l'ordre d'acheter.

Pour obvier à cet état de choses, les Azdjer tentent naturellement de faire quelques cultures ; mais, ces cultures dussent-elles réussir chaque année, leur produit ne saurait être autre chose qu'une quantité négligeable, proportionnellement aux besoins de la population. En effet, ces cultures — dont les travaux incombent uniquement aux Amghad et surtout aux nègres — ne peuvent être entreprises que les années de pluie ; en outre, les surfaces sur lesquelles elles sont possibles sont très restreintes et en petit nombre. On compte, d'après les renseignements qui m'ont été fournis, trois ou quatre points dans l'ouad Tidjoudjelt, autant dans l'ouad Mihero, quelques autres dans l'ouad Tikhamalt, un certain nombre dans l'ouad Tarat. Un des plus importants est le lieu dit Aghaghar, dans l'ouad Tidjoudjelt. Il y a là près de 6000 palmiers, tous poussés de noyaux et non point plantés, qui fournissent une certaine quantité de dattes de mauvaise qualité. Ces palmiers sont dans le lit même de la rivière, et lors des crues, leurs troncs sont submergés.

C'est toujours et uniquement dans le lit des rivières, en des endroits préalablement détrempés par le passage ou le séjour d'une crue et dépourvus de broussailles, que les serviteurs noirs jettent quelque peu de semences. Mais ces semis abandonnés au hasard, dépourvus de toute irrigation, exposés aux dévastations des sauterelles, ne donnent qu'un rendement insignifiant, excepté dans les années où les pluies se succèdent à assez courts intervalles, comme 1880, 1885 et l'hiver 1893-1894, seules années pluvieuses pendant la dernière période de vingt ans. Les surfaces qui reçoivent ces maigres cultures sont presque toujours situées près des points où gisent des lacs temporaires.

Ibenkar. — Ces lacs n'ont pas tous le même régime — soit à cause de l'épaisseur d'eau emmagasinée, soit à cause de la nature du sol qui en constitue le fond — mais tous se déssèchent après une période plus ou moins longue. Les poissons d'assez grande taille que l'on y recueille parfois proviennent des petits lacs permanents (ou plutôt mares permanentes) entretenus par des sources et situés dans le haut des rivières et d'où ils ont été emportés par les crues.

Ainsi Menkhoukh ne conserve d'eau après une forte crue que pendant huit ou dix mois, Tiffozzoutine deux ou trois mois, Saghen plus d'un an, Aghaghar plus de deux ans.

En général, dans tous les points bas des dépressions naturelles creusées dans les rivières du Tassili, on trouve presque toujours de l'eau à une plus ou moins grande profondeur au-dessous du sol. C'est là ce que les Touareg nomment *Ibenkar*. L'existence de cette nappe que l'on peut, si l'on veut, appeler *nappe de réserve*, explique naturellement la vigueur de végétation des divers Tamarix des cours d'eau de ce pays.

Propriétés. — Les lits de rivières sont ici les seuls terrains abordables, et aussi le seul point où se confine la végétation. Ces lits sont tous sans exception des propriétés particulières. Il suffit néanmoins, pour avoir le droit d'y camper et d'y faire paître des troupeaux sans aucune rétribution, de faire partie de l'agglomération des Azdjer. Par contre, si des Touareg appartenant à d'autres groupes que les Azdjer veulent y jouir des mêmes privilèges, ils sont alors dans l'obligation de verser aux propriétaires une redevance en agneaux, chevreaux ou chamillons, suivant la nature des animaux qu'ils possèdent. Ainsi, actuellement l'ouad Tahohaït et ses environs sont occupés par des

Issakkamaren (tribu serve des Ahaggar), et ces derniers paient une redevance aux Azdjer, les véritables maîtres de cette contrée.

Le bas ouad Tikhamalt est la propriété des Imanghassaten ; l'ouad Lézy est à Moulay de même que presque tous les affluents de l'ouad Tedjijet qui côtoie à l'est le massif du Ahaggar, etc.

Costumes. — Le costume des hommes est assez simple, il se compose du pantalon arabe un peu moins ample, un peu plus long et serré du bas de la jambe, soit en étoffe bleu foncé du Soudan, soit en cotonnade blanche de fabrication européenne. Ils revêtent une espèce de chemise flottante descendant jusqu'au genou à peu près, à manches courtes qui atteignent à peine le coude. Celles de ces chemises qui proviennent du Soudan et particulièrement de Kano (la chemise classique) sont en cotonnade à très petits carreaux bleu et blanc, ornées de broderies sur la poitrine. Les autres sont ou en laine épaisse et provenant du Fezzan, ou en coton blanc. Ils serrent cette chemise à la taille au moyen d'une ceinture quelquefois fort belle et qui est, pour ainsi dire, soutenue par des bretelles rouges ou blanches qui, passant sur les épaules, se croisent sur la poitrine et dans le dos. Par-dessus ce vêtement ils s'enveloppent dans une grande couverture. Les plus ordinaires proviennent du Fezzan et sont en laine épaisse de couleur sombre. D'autres beaucoup plus belles et surtout beaucoup plus coûteuses sont fabriquées au Soudan et achetées sur le marché de Kano ; elles sont disposées en damier bleu et blanc ou noir et blanc en étoffe de coton.

Tous les Touareg sans exception portent le voile, dont la partie supérieure forme une sorte de visière avancée au-dessus des yeux et la partie inférieure, assez serrée, masque tout le visage jusqu'au-dessous des yeux qui restent seuls apparents. Ce voile *Tiguelmoust* est en cotonnade blanche et plus souvent en cotonnade bleue venant de Kano. Les plus pauvres se contentent d'étoffes blanches venant d'Europe, ou pour mieux dire d'Angleterre. Il est bon de faire remarquer que toutes ces étoffes provenant du Soudan sont uniquement composées de petits lés de 7 centimètres de largeur, aussi bien pour les pantalons et pour les voiles que pour les couvertures à carreaux bleu et blanc et noir et blanc.

Les Azdjer — sauf de rares exceptions, parmi lesquelles il faut citer Ikhenoukhen qui porte constamment une haute chechia rouge à gland de soie — restent la tête nue, du moins le sommet : chez quelques-uns, le crâne est surmonté de cheveux coupés court, mais presque tous conservent leur chevelure entière ; elle est frisée ou légèrement crépue et se dresse en mèches éparses au-dessus de la partie supérieure du voile.

Un vêtement assez répandu, surtout dans les parties élevées et froides de la montagne, est un manteau ou pardessus confectionné en peaux de chevreau ou d'agneau, qui se porte le poil en dedans. C'est là l'ouvrage des femmes. Le menu fretin, les pauvres, les nègres, ne sont souvent revêtus que de simples guenilles bleues ou blanches provenant dans l'origine des marchés européens.

L'habitude constante est de marcher pieds nus tant qu'il n'y a que du sable ; mais dès qu'ils arrivent sur un terrain dur, les Touareg chaussent une espèce de sandale d'un type tout spécial, formée d'un simple cuir épais retenu seulement au pied par une lanière qui, passant entre le pouce et les autres doigts, se bifurque ensuite à droite et à gauche et se fixe de chaque côté du pied sur le bord de la semelle. Les riches seuls portent des bottes souples en cuir rouge fabriquées à Ghdamès, Ghât et dans l'Aïr, qui, pour leur permettre de chausser leurs sandales, ont aussi le pouce séparé des autres doigts.

J'ai vu deux des chefs qui portaient des chaussettes de coton disposées de la même façon que les bottes ; elles avaient été achetées à Mourzouk et étaient de fabrication anglaise, et probablement les mêmes que celles autrefois exportées au Japon.

Le costume des femmes est plus simple encore que celui des hommes : il se compose d'une ou plusieurs longues chemises serrées à la taille et en étoffe de coton blanc. Elles s'enveloppent ensuite dans une couverture en laine blanche de provenance du Fezzan — les femmes Touareg n'ont pas de laine et ne savent pas du reste l'employer — le tissu en est épais et serré et l'un des coins est généralement ramené sur la tête.

Leurs cheveux sont d'un noir brillant, ils sont frisés et divisés en un certain nombre de tresses qui encadrent un visage ovale assez allongé et régulier. Les fillettes ont les cheveux séparés en un nombre infini de petites tresses qui pendent tout autour de la tête.

Les négrillons sont généralement nus ou recouverts des lambeaux d'une gandoura. Ils ont les cheveux rasés de près, sauf sur une ligne verticale s'étendant du front à la nuque, qui leur forme une sorte d'auréole longitudinale composée d'une infinité de petits toupets fortement crépus.

La chaussure des femmes est la même que celle des hommes, mais seulement plus soignée et plus ornée.

Industrie. — Le travail des femmes se borne à s'occuper du laitage, à fabriquer des nattes pour l'entourage des tentes, et à couvrir d'essais de sculpture ou plutôt d'ornementation les pieux des tentes, pour la construction desquels elles emploient l'Ethel dont le bois est assez mou.

C'est ce même arbre qui fournit la matière pour creuser les vases de bois et les cuillers dont se servent les Touareg. C'est là, du reste, ce qui constitue la seule industrie masculine dans le pays.

Armes. — Les Touareg, qu'ils soient nobles ou serfs, esclaves ou chameliers, ne paraissent, à aucun moment de leur existence, sans leurs armes qui consistent en un sabre droit à deux tranchants *Takoba*, un poignard *Télak*, retenu au bras par un anneau de cuir, et presque toujours aussi une lance en fer *Allârh*, de forme assez gracieuse et incrustée de cuivre.

Certains d'entre eux, surtout les chefs ou les riches, portent en outre le bouclier *Arhar* en peau d'antilope, orné au recto d'un grand dessin en forme de croix d'un goût assez pur.

Les fusils sont relativement très rares et toujours en assez mauvais état ; le Targui, de son aveu même, ne se sert de cette arme qu'à l'origine d'un engagement et, le premier coup de feu tiré, il rejette son fusil qu'il considère comme devenu inutile.

Quant à l'arc et aux flèches, je n'ai pas eu l'occasion d'en voir pendant mon voyage, et les Touareg Azdjer ne se servent pour ainsi dire plus de ces armes.

Les lames des sabres et des poignards arrivent nues dans le pays et sont d'origine européenne et très probablement allemande ; les gardes et les poignées se fabriquent, quelques-unes à Ghât, mais la masse dans l'Aïr. Quant aux fourreaux et aux bracelets de cuir qui retiennent le poignard au bras, ce travail est toujours exécuté dans l'Aïr et au Soudan.

C'est aussi l'Aïr qui avec le Soudan fournit l'*Arheredj* ou long sac de cuir ornementé de pendeloques, destiné à contenir le sabre et la lance sur le mehari ; de même provenance est la bride en cuir orné *Tighounine*, du mehari dont l'arceau de fer, seul, vient généralement du Kordan chez les Tibbous.

Commerce. Caravanes. — Le poignard de bras vaut de 5 à 8 fr. Le sabre, de 8 à 25 francs.

Les peaux de Zébu ou bœuf à bosse du Soudan *Ésou* bien tannées ont à Ghât un cours variable, mais voisin de 5 fr. l'une.

Les cotonnades de fabrication européenne — et je suis bien forcé de spécifier, anglaises — les plus répandues sont celles nommées le Mâlti et le Mahamoudi ; sur le marché de Ghât, le premier se vend, la pièce de 20 mètres, 7 fr. 50. Le Mahamoudi, par coupon de 4 mètres, vaut 2 fr. 50, et la pièce de 35 mètres, 20 fr. 50. Tels sont les prix que l'on m'a indiqués sur place. J'ajouterai que ces étoffes se vendent exactement la même somme à Ghdamès ou à Ghât ; cela tient, disent les Touareg, à ce qu'il y a infiniment peu de transactions à Ghdamès et beaucoup plus à Ghât, pendant le passage des caravanes.

Si nous pouvions fournir aux Touareg les étoffes indiquées ci-dessus aux prix où ils se les procurent dans leurs villes-marchés, il est évident qu'ils n'hésiteraient pas à nous les prendre, surtout si nous allions les leur offrir en des points voisins de leurs campements habituels.

J'ai rencontré en route fort peu de caravanes (une seulement pouvait compter 30 chameaux), et ces dernières ne portaient que des peaux de chèvres tannées jaunes et rouges — dites maroquin — provenant de Ghât et allant à Ghdamès. Ces peaux roulées sont fort bien emballées dans de multiples chiffons, puis mises en ballots presque cylindriques étroitement serrés dans des filets à grandes mailles confectionnés en cordes de lif de palmier. Ce filet est abondamment garni de ce même lif, mais en feuilles, afin de préserver le chargement intérieur. Chaque ballot constitue une demi-charge de chameau.

Voici les renseignements qui m'ont été fournis sur l'*Aïria* ou grande caravane de sel qui, tous les ans partant de l'Aïr, se rend à Bilma pour charger le précieux minéral, qu'elle va distribuer ensuite au Soudan en repassant par l'Aïr.

Il y a deux caravanes par an, fortes chacune de 5000 à 6000 chameaux. Une partie passe par Ghât avec un chargement d'aller, l'autre partie se rend directement aux salines, les animaux étant haut-le-pied ; toutefois, comme cette fraction est obligée de traverser un énorme espace entièrement dépourvu de végétation, les chameliers chargent au départ et aux points verdoyants la plus grande quantité possible d'une graminée commune au Sahara, le *Mrokba*. Chaque soir ils en donnent une portion à leurs animaux et en laissent sur place une portion égale pour le retour, car ils prennent toujours — et pour cette unique raison — le même chemin pour aller et pour revenir. Ces caravanes sont composées presque exclusivement de Keloui et de Kel-Gheress.

Les caravanes des Touareg sont organisées d'une façon très différente de celle de nos nomades de l'Algérie. Elles ne partent d'abord que fort tard, 9 ou 10 heures du matin, marchent lentement tout le jour, sans laisser les animaux brouter, — on va voir bientôt pourquoi, — puis le soir, au moment du campement, les conducteurs entravent tous leurs chameaux, leur laissant la liberté de s'éparpiller pour pâturer, ce qui, le lendemain, nécessite une recherche assez longue pour rassembler le convoi. En marche, les chameaux sont tous attachés à la file indienne, fussent-ils 30 ou même 40, nombre que l'on ne dépasse pas pour une seule file. Un nœud coulant saisit la mâchoire inférieure de chaque animal et va s'attacher au bât de celui qui le précède. On procède au déchargement dans l'ordre où sont placés les chameaux, en les faisant agenouiller l'un après l'autre, et il sera fait de même lorsqu'il s'agira de partir.

Cette façon d'agir permet de convoyer avec très peu d'hommes une caravane importante, mais elle a le défaut de ne pas donner les vitesses qu'atteignent nos convois lorsqu'ils sont bien menés par les chameliers.

Du reste, pour employer le système de la file indienne, il est indispensable d'avoir des animaux absolument dressés, sinon, au bout d'un quart d'heure, toutes les charges sont à terre.

Les caravanes de commerce qui se rendent de Ghdamès à Ghât doivent, suivant la coutume, payer aux Azdjer un droit fixe de 200 francs, quel que soit d'ailleurs le nombre des chameaux qui composent le convoi. En revanche, au retour, ces mêmes caravanes ne paient qu'une taxe de 5 francs par *chameau chargé*, les animaux haut-le-pied passant en franchise.

Au surplus, les renseignements que j'ai pu recueillir n'indiquent point une grande intensité du transit commercial, soit chez les Azdjer, soit à travers leur pays. La seule affirmation bien nette et pour laquelle tout le monde est d'accord est celle relative à l'importance de la caravane dite Aïrïa.

Organisation. — Caractère. — Il est bon d'indiquer en quelques lignes ce qu'il faut penser des Touareg Azdjer en tant que tribu ou groupement d'individus et en tant qu'organisation politique.

Sauf Guedassen, tous les autres notables sont simplement consultés, de sorte que Guedassen devrait être le souverain maître. Dans la réalité, il n'en est nullement ainsi : chaque chef subalterne, chaque principicule, chaque Djouad même, ayant la prétention de commander sur tous les points où il a planté sa tente ou envoyé ses troupeaux au pâturage. De cette situation résulte, en somme, une sorte d'état anarchique qui est certainement l'état normal de ce pays et qu'Erwin-von-Bary avait du reste si justement signalé dès 1877.

Ce serait une grave erreur de croire que le mot de *confédération des Azdjer* — mot créé par nous au surplus — peut être un instant pris dans son sens français quand il s'agit des Touareg. Les diverses fractions réunies sous ce nom sont fort loin d'avoir la cohésion d'une nation européenne. Les Aouraghen forment un clan, le plus puissant de tous à l'heure actuelle ; les Ifoghas un second ; les Imanghassaten un troisième ; ce dernier est même soumis à plusieurs influences, etc., etc.

Ce sont bien plutôt des hordes indisciplinées qui ne reconnaissent pas de chef unique, qui n'agissent en commun que dans des cas exceptionnels, devant un grand péril, devant une menace directe à leur indépendance. En toute autre circonstance, chaque chef, chaque fraction obéit au sentiment du moment ou à une impulsion personnelle, sans se préoccuper autrement des intérêts ou de l'organisation de la confédération.

Au moment où, dans l'été de 1893, les Ifoghas razziés par les Tripolitains de l'ouad Lajal ont voulu poursuivre ceux qui leur avaient enlevé près de 800 chameaux et tué une vingtaine d'hommes, ils réclamèrent en vain l'aide des autres fractions, exemple très frappant du manque de cohésion qui caractérise nettement les Azdjer aussi bien que les autres Touareg, du reste.

Il résulte de cet état de choses que nous ne pouvons raisonnablement pas songer à traiter diplomatiquement et d'une façon sûre — quel que soit d'ailleurs le but poursuivi — avec les Azdjer ; ils ne sont pas mûrs encore pour entrer dans cet ordre d'idées. Il sera nécessaire, si on désire entrer en relations de ce genre, de les considérer *a priori* comme des hordes n'agissant pas d'après une ligne de conduite raisonnable, ou nettement arrêtée et mûrie, et ayant quelques chances de durée. Il ne faudra pas oublier qu'il n'existe pas chez eux de commandement unique et fort ou de pouvoir exécutif tout-puissant, et prévoir enfin qu'un événement fortuit pourra toujours amener, au moment où nous nous y attendrons le moins, un changement de politique, une trahison quelconque, ou tout au moins une rupture des conventions que nous aurions pu passer avec eux et dont ils auraient accepté toutes les clauses, quitte à ne tenir compte d'aucune.

La promesse que les chefs m'avaient d'abord faite et qu'ils n'ont pas tenue par la suite suffit à montrer ce qu'il faut penser de leur loyauté, de leur dignité et de leur degré de franchise.

Quant au soi-disant pouvoir de l'Amenokal, mon cas dans l'ouad Mihero est la preuve convaincante qu'il n'existe point : voilà avec moi Moulay-Ag-Kkaddadj, le chef suprême d'hier, l'oncle du chef suprême d'aujourd'hui et son représentant près de moi, m'accompagnant sur son ordre, et il ne peut même pas me protéger contre une quinzaine de malandrins, ni me faire continuer mon voyage sur un territoire qui appartient sans conteste aux

Azdjer ! L'opposant lui répond sans la moindre gêne : « Je ne connais pas ici d'autre chef que moi ».

Que l'on aille maintenant affirmer la puissance de l'Amenokal des Azdjer, ce n'est qu'une amère dérision ou une mauvaise plaisanterie. Erwin-von-Bary avait dit la même chose que moi et les lignes ci-dessous que j'emprunte à un article du commandant Monteil ne font que confirmer ce que j'avance :

« L'autorité de l'Amenokal ne vaut que ce que vaut l'homme qui est investi de la charge, et dans le sein de la tribu se développent souvent des personnalités qui contrebalancent et quelquefois annihilent par leur influence ou celle de leurs clients le pouvoir royal. L'autorité de l'Amenokal n'est effective qu'en temps de guerre ou en cours de razzia... (1) : »

Les Touareg Azdjer sont avant tout mendiants, depuis les chefs jusqu'aux derniers des esclaves ; tous viennent demander au passant de l'argent, des cadeaux et de la nourriture. C'est une véritable plaie et nul ne peut se soustraire à cette déplorable coutume qui consiste à se faire donner du matin au soir et à faire fournir par le voyageur la nourriture à tous les visiteurs. Les caravanes de négociant transitant dans le pays sont soumises aux mêmes exigences, indépendamment, bien entendu, des droits de passage qui sont régulièrement dus. Les principales excuses à ce défaut sont : la pauvreté de leur pays, leur misère et la difficulté de se procurer du grain, même pour ceux qui ont de l'argent, l'habitude séculaire du pillage. Leurs instincts mendiants découlent aussi un peu de leur organisation. Il y a chez eux trois classes d'hommes : les nobles, peu nombreux, les serfs et les

---

(1) Commandant Monteil — Tombouctou et les Touareg (Revue de Paris, 1ᵉʳ mars 1894).

nègres. Les nobles sont habitués à prendre chez les seconds, qui sont leurs vassaux, tout ce qui peut leur convenir ; ceux-ci rendent la pareille aux passants, quand les nobles ont d'abord exigé d'eux les droits d'usage et tous les cadeaux qu'ils sont parvenus à se faire octroyer.

Onésime Reclus a dit quelque part des Arabes qu'ils étaient « les rois de l'emphase », on peut tout aussi bien appliquer aux Touareg cette parfaite qualification du musulman ; qu'on en juge par les deux anecdotes suivantes qui m'ont été racontées par un Targui qui semblait convaincu :

Un Targui connu, armé d'un bon sabre et voulant montrer quelle était sa vigueur, a coupé en deux un chameau accroupi en le frappant d'un seul coup au milieu de la bosse ; le narrateur ajoute même que le sabre est ensuite profondément entré dans la terre. Un autre, dans un combat, a littéralement fendu en deux un de ses ennemis en lui portant un furieux coup sur l'épaule ; comme la victime était à cheval, sa monture a été aussi coupée en deux du même coup et par la même occasion. Les deux exploits ci-dessus sont absolument impossibles aussi bien pour eux que pour tout autre homme armé de l'outil qu'ils appellent un sabre. Ils donnent la mesure de la vantardise des Touareg.

Il serait difficile de trouver un seul Targui ne prisant pas. C'est là leur principale et presque leur unique occupation. Ils font eux-même et tous les jours la poudre de tabac nécessaire à leur consommation. Pour cela ils pulvérisent péniblement et lentement des feuilles et même des tiges de cette solanée entre deux pierres plates prises au hasard sur le sol, à moins que la chance ne leur fasse trouver ces sortes de meules en grès des âges précédents, qui rendent alors le travail plus facile et plus expéditif.

Le Targui est fier, froid, calme, dédaigneux et surtout éminemment amoureux de la toilette ; aucun homme ne consentirait à paraître en public s'il n'était revêtu de ses plus beaux atours.

J'en ai vu qui, en marche, semblaient être les derniers des pouilleux — Bakha et Moussani, par exemple, deux de mes chameliers — et qui, lorsqu'ils se présentaient aux campements ou à un Mïad quelconque, prenaient des allures et des costumes de princes ; tout cela sortait d'un simple sac cylindrique en peau de chèvre.

Le pays. — C'est toujours à des points comme celui où je les ai rencontrés que les Touareg installent leurs campements, qu'ils cherchent à masquer au milieu des fourrés de Tamarix qui peuplent leurs rivières. Ces arbres, en effet, les préservent des regards indiscrets, de la violence du vent ; leur donnent de l'ombre en été ; leur fournissent le bois nécessaire à la cuisine, les perches indispensables à la construction des tentes, et enfin les éléments pour tailler eux-mêmes leurs ustensiles de ménage.

En outre, l'Ethel est une nourriture qu'acceptent volontiers leurs chameaux peu habitués à la flore variée et souvent plantureuse du Sahara Algérien qui, dans les années favorisées de quelques fortes averses, se couvre de végétation.

Le pays des Touareg est absolument pauvre, désolé et dénué de toutes ressources. Il ne me paraît pas que ces contrées puissent jamais être considérées autrement que comme des espaces difficiles qu'il faut traverser, mais qu'il ne peut être en aucune façon question de coloniser, au moins d'une manière générale. En effet, de très rares points pourraient être utilisés à la rigueur, mais leur importance est tout à fait insignifiante, étant donnée l'immensité des surfaces infertiles ou inabordables sur lesquelles ils ne formeraient pour ainsi dire que des taches invisibles.

Le pays des Touareg est uniformément aride et composé de hamada et de montagnes de roches rugueuses entièrement nues. La végétation se confine uniquement dans les lits de rivières, qui parfois sont fort larges et à peu près constamment à sec. Pourtant il se produit des crues (hivers 1880-1885-1893) qui les remplissent d'eau sur une hauteur considérable et les transforment momentanément en torrents impétueux, si bien que les routes qui empruntent la plupart du temps les lits de ces ouad deviennent de ce chef impraticables pour une durée plus ou moins longue.

Il n'y a donc rien à faire de ces contrées que l'on ne peut que traverser, mais non pas mettre en valeur. Si on désire les traverser au moyen d'un chemin de fer, il se présentera de grandes difficultés d'exécution, attendu qu'il faudra renoncer à faire suivre par la voie les cours d'eau dont les crues irrégulières mais parfois formidables détruiraient en un instant tous les aménagements. Dans ces conditions, les massifs montagneux devront être franchis directement et les travaux rendus nécessaires pour ces escalades représenteront alors des dépenses considérables.

Ghât. — Cette ville autour de laquelle se meuvent les Azdjer est une ville absolument morte, sauf pendant deux ou trois mois de l'année, durant la période de passage des caravanes. Elle comporte une garnison turque de 80 hommes casernés dans un bâtiment situé en dehors de la ville. Les Turcs n'y commandent pour ainsi dire pas, ou du moins les Azdjer n'y admettent en aucune façon l'autorité turque. Ils me disaient eux-mêmes : « Les Turcs ne dominent à Ghât que de nom, leur garnison est impuissante du reste, et chacun est libre d'aller et de venir nuit et jour dans la ville. Ghât appartient aux Azdjer. Nous avons combattu parce que les Turcs avaient la prétention de nous empêcher d'entrer dans la ville en armes, et nous avons été vainqueurs. Nous le serions encore, le cas échéant ».

Ghdamès. — Cette ville est à peu près dans les mêmes conditions. La razzia — dont j'ai dit plus haut quelques mots — qui a été dirigée dans l'été de 1893 contre les Touareg Ifoghas par les tribus arabes tripolitains de l'ouad Lajal, a été organisée à l'instigation du Kaïmakan de Ghdamès, qui voulait ainsi se venger du bon accueil qui m'avait été fait par les Ifoghas et par Ouan-Titi, tant en 1892 qu'en 1893. Ce Kaïmakan, comme je l'ai déjà signalé l'année dernière, ne veut pas entendre parler de relations entre les Français et les Touareg de l'est. Il considère arbitrairement tous ces derniers comme ses administrés et comme des nomades appartenant aux Turcs. Timassânine est pour lui une oasis turque. Toutes prétentions aussi peu fondées que ridicules du reste.

En résumé, cet homme est entièrement hostile aux Français et à nos projets. Il faut voir dans son attitude le résultat d'un mot d'ordre musulman dont la constatation ne laisse pas que de présenter une certaine gravité, si on veut bien la rapprocher de ce qui se passe dans l'ouest et y étudier les agissements du Maroc. Le mouvement qui s'opère, sous couleur de religion, existe donc aussi bien à l'est qu'à l'ouest, et aurait pour résultat immédiat de nous enfermer complètement dans nos possessions algériennes actuelles. Je ne vois pour mon compte, pour rompre les anneaux de cette chaîne saharienne — qui ferme notre hinterland rationnel et légal et que l'on cherche à river autour de nous — que la force, l'argument le meilleur sinon l'unique avec des gens de cette sorte.

Imanghassaten. — Cette tribu nous est plus hostile que toutes les autres dans l'est, et nous devons la considérer comme la plus mauvaise des Azdjer. Ceux que j'ai eu l'occasion de rencontrer chez les Aourâghen cherchaient sans cesse à contre-carrer tous mes projets, excitaient les chefs contre moi et leur reprochaient de recevoir un infidèle.

Ifoghas. — Ces gens sont assez peu aimés par les chefs des Azdjer, en général, à cause de leurs alliances et de leur contact fréquent avec les Ahaggar. Ils sont même considérés par les Azdjer comme plutôt Ahaggar qu'Azdjer.

Keloui. — Leurs rapports actuels avec les Azdjer sont plutôt mauvais et ces derniers ne s'étonneraient pas d'une collision possible ou tout au moins de razzias dirigées contre leurs chameaux. Pendant mon séjour, les chefs n'étaient pas sans éprouver certaines inquiétudes sur le sort de quelques-uns des leurs, à ce moment en voyage dans l'Aïr, chez les Keloui, avec Anakrouft.

Sectes. — La majorité des Touareg rencontrés appartient à la secte des Tidjani. On trouve aussi chez les Azdjer des Quadryia; Guedassen est Senoussi, mais il ne me paraît pas que ce dernier ordre ait beaucoup d'adhérents.

Mealla ou colonne Turque. — En janvier 1894, il y avait à Mourzouk — où le Pacha venait de mourir — une colonne turque forte, d'après la chronique, de 2000 hommes, dont beaucoup de Goumiers irréguliers. Cette colonne venant du nord de la Tripolitaine était *soi-disant* destinée à châtier les indigènes de l'ouad Lajal, qui avaient opéré sur les Ifoghas la razzia dont j'ai parlé plus haut. Il n'est bruit partout que de la marche prochaine de cette *mealla* sur Ghât, et cette nouvelle cause le plus grand trouble chez tous les Touareg, qui redoutent beaucoup ces mouvements de troupes turques. Les principaux Azdjer ont envoyé devant moi des hommes de confiance à Ghât, avec ordre de déménager sans retard les maisons qu'ils y possèdent et d'en enlever tout ce qu'elles contiennent, pour l'amener aux campements sahariens. Des Djouad reviennent en masse de Ghât sous les murs de laquelle ville ils étaient campés et ramènent avec eux femmes et enfants. La *mealla*, disent-ils, vient à Ghât pour faire payer l'impôt qui naturellement rentre rarement. Tout le monde est en mouvement et chacun appréhende les incursions des Goums de cavaliers tripolitains. Déjà autrefois les cavaliers irréguliers d'une colonne turque venue à Ghât se sont avancés jusqu'à l'ouad Tikhamalt, battant la campagne, pillant les campements, enlevant les troupeaux et les femmes. Les Touareg craignent énormément le retour de scènes semblables et une nouvelle invasion de même nature.

IX

CONCLUSION

Pour me résumer, je répéterai qu'après trois ans d'efforts, de démarches, de lettres, j'étais parvenu à pénétrer enfin au cœur même des campements des Azdjer et à me mettre franchement en route vers l'Aïr ; tout me semblait devoir marcher à souhait, lorsque cette malheureuse circonstance de la présence d'un chérif fanatique dans l'ouad Mihero est venue bouleverser tous mes projets, renverser toutes mes espérances et me forcer à une pénible et triste retraite.

Si les notables Azdjer — notamment Guedassen — avaient voulu y mettre un peu d'énergie, ils auraient certainement réussi à me faire marcher de l'avant ; mais ils ne l'ont pas fait, et il m'a fallu reporter à une échéance ultérieure la réalisation de mes projets et préparer les voies pour une nouvelle tentative ; c'est peut-être dans ce fait que gît le résultat le plus considérable de la mission que je viens de terminer. En effet, j'ai fini par obtenir des chefs des Azdjer la promesse de leur concours effectif l'hiver prochain pour mon voyage dans l'Aïr et l'assurance qu'ils favoriseraient mes projets. Il est évident que les cadeaux dont je les ai comblés ; les cadeaux nouveaux que je leur ai fait espérer ; mon séjour au milieu de leurs tentes, séjour pendant lequel ils ont pu se convaincre de ma patience, de mes intentions, de mon désir de suivre leurs coutumes et de ne contrarier en rien leurs habitudes; l'assurance très nette que je leur ai donnée des sentiments pacifiques du gouvernement français à leur égard; il est évident, dis-je, que toutes ces raisons réunies seront pour beaucoup dans l'accueil favorable qu'ils m'ont formellement promis. Je reste donc plein de confiance dans la réussite de mes projets, si mes efforts suffisent pendant l'été à obtenir des divers Départements Ministériels, les crédits nécessaires pour me permettre de reprendre la suite de ma mission.

On a vu, dans un des chapitres qui précèdent, que les tentatives commerciales chez les Touareg ont fort peu de chances d'aboutir, surtout parce que ces derniers voient là une atteinte à leurs privilèges actuels et qu'ils craignent que nous n'accaparions le courant si insignifiant qui passe chez eux et par eux. On a de même vu que les tentatives d'entente diplomatique sont tout aussi illusoires: les Touareg consentiront probablement à tout ce que leur demanderont les négociateurs chargés de traiter avec eux, mais ils ne tiendront aucun compte dans la suite des conventions arrêtées, pour plusieurs raisons, dont la principale est que chez eux il n'existe pas de pouvoir assez fort pour s'imposer à tous et faire respecter les traités conclus. C'est un peuple, il ne faut pas l'oublier, qui est encore à une période de son existence fort en retard sur la nôtre, et le moment n'est pas venu de le traiter comme une des nations du vieux continent.

On a pu croire, ces temps derniers, que le désir des Touareg Azdjer était d'entrer en relations avec nous et de préparer les bases d'une entente à passer entre eux et nous. Il n'en est rien cependant; les *miad* Touareg, qui se sont rendus en Algérie à la fin de 1892 et de 1893, ainsi que quelques individualités isolées venues antérieurement, nous visitaient bien plutôt pour se rendre compte de notre puissance et de nos projets futurs de pénétration que dans tout autre but, et dans tous les cas ils n'étaient en rien ni pour rien des ambassadeurs délégués par leurs chefs, mais seulement des hommes agissant pour leur compte personnel et profitant de la visite purement religieuse qu'ils venaient rendre aux marabouts Tidjani, chefs de la secte à laquelle ils appartenaient, pour se présenter en même temps aux autorités françaises. Non seulement les individualités qui composaient ces mïad, entre autres Abd-en-Nebi, Abderrhaman-ben-Doua, Handeboul, n'agissaient point comme délégués des chefs, mais même leurs voyages ont été fort mal interprétés par ceux-ci et par la population entière, qui les voient maintenant d'un assez mauvais œil, à cause des tentatives de relations avec les Français, dont ils ont pris l'initiative aux yeux de tous.

Voilà exactement quelle est la situation vis-à-vis des Touareg, dont les desiderata sont les suivants: pas de maîtres, pas d'impôts ni de prison, pas d'amendes, de vexations, de tracasseries, pas d'entraves d'aucune sorte. Liberté entière, indépendance complète, voilà où aboutissent toutes les conversations avec eux. Haine absolue et crainte constante de toute ingérence étrangère, quelle qu'elle soit, dans leurs affaires : « Nous sommes chez nous et nous prétendons y rester les maîtres. Du reste, nous n'allons point chez les autres, qu'ils ne viennent donc pas dans notre pays... »

Dans ces conditions, il n'est pas douteux qu'on ne pourra jamais traverser *régulièrement et avec quelque sécurité* leur pays qu'en s'appuyant sur la force et en établissant sur tout le parcours de la voie que l'on aura choisie des postes solidement occupés, dont les garnisons armées se chargeront de faire la police le long de la route. Cela, bien entendu, si l'on veut établir un courant suivi entre le Soudan et l'Algérie. Je n'ai pas à m'occuper ici de l'opportunité de la création d'une telle voie commerciale; j'ai dit dans mon rapport de mission de l'an dernier à quel chiffre total s'élevait le commerce se rendant du Soudan à la mer par le Sahara (cinq millions de francs en tout) (1). Il ne m'appartient point de décider si la France doit essayer d'amener à elle cet insignifiant trafic qu'égale tout au plus le chiffre des exportations faites par l'Europe avec le Soudan par la voie du nord; j'envisage seulement la traversée du Sahara au point de vue scientifique. En me plaçant sur ce terrain, je déclare qu'il est indispensable que tout cet immense espace nous soit connu, qu'il est de toute nécessité de chercher le moyen de l'étudier et d'atteindre au moins la région du Tchad par le pays des Azdjer et par l'Aïr. La tâche est difficile, mais non point impossible. Un explorateur isolé n'excitera pas les mêmes craintes que des caravanes commerciales, et il passera à force d'argent, à défaut d'une solide et forte escorte qui serait son meilleur atout et sa plus sûre chance de réussite. J'ai fait tous mes efforts pour persuader aux chefs des Azdjer qu'ils n'avaient rien à redouter d'un homme seul voyageant à travers leur pays, et poussé seulement par le désir de voir du nouveau; je me suis attaché à leur prouver qu'ils avaient même un intérêt matériel immédiat à le bien recevoir et à l'aider dans la réalisation de ses pro-

---

(1) Le commandant Monteil, qui a puisé ses renseignements à d'autres sources que les miennes, arrive à la même conclusion et donne aussi un chiffre de cinq millions de francs.

jets. Je crois les avoir convaincus et j'espère fermement pousser l'hiver prochain jusqu'à l'Aïr sans trop d'encombres, si les moyens mis entre mes mains sont suffisants.

X

PUITS

Les eaux des puits du Sahara semblent provenir :

1° Des eaux de pluie emmagasinées sur les lieux mêmes où on les rencontre, ou dans le voisinage immédiat, ou dans le sous-sol d'une rivière ;

2° De nappes plus ou moins artésiennes venant de très loin et ayant circulé et séjourné dans les couches profondes.

Les premières sont toujours à une température beaucoup plus basse que les secondes. Il s'ensuit que le thermomètre pourrait indiquer — au moins d'une façon générale — à peu près la provenance ou l'origine probable des eaux de tel ou tel puits. J'ai émis cette opinion dans un rapport déjà assez ancien, et les observations enregistrées pendant mon dernier voyage n'ont fait que me confirmer dans cette manière de voir : ainsi les Tilmas, ou points auxquels on rencontre de l'eau en creusant très peu profondément dans le lit d'une rivière — eaux qui ne peuvent guère provenir que des réserves des pluies infiltrées dans le sous-sol immédiat du lieu — m'ont accusé des températures de 15°, 14°5, 14°, et exceptionnellement 19°. Les eaux laissées sur le sol par les crues accusaient, à la même époque, des températures variant entre 12°8 et 13°2.

Au contraire, les puits paraissant alimentés par des nappes plus ou moins profondes m'ont donné des températures beaucoup plus élevés : 21°5 ; 22°5 ; 23° ; 23°2 ; 24° et 26°.

Les eaux à températures basses (au-dessous de 15° ou 16°) — sauf pour le point très remarquable de Mouilah Maâttallah — sont généralement meilleures, moins salées, moins magnésiennes que celles dont la température est élevée.

Il y a pourtant lieu de faire des exceptions pour les eaux d'El-Goléa et de Timassânine, qui, quoique élevées comme température, sont de qualité excellente.

Il faut noter que la température des eaux provenant de réserves locales ne reste pas constante et suit celle de l'atmosphère ; je n'ai pas encore pu établir exactement dans quelle proportion, mais le fait est certain.

La température la plus élevée a été observée au puits de Timassânine avec 26°, la plus basse au point d'eau de Mouilah Maâttallah avec 11° ; ce dernier point m'avait donné l'an dernier, exactement à la même époque, 15°.

Voici les diverses températures des eaux des puits rencontrés :

>Zreïg 15° (en octobre) ; elle accusait 12°5 en janvier 1893.
>Dzioua 14°.
>Khefif 22°5.
>El Baghla 24°.
>El Hadjar 22°5.
>Hadj Moussa 23°2.
>Chebbaba 14°5.
>Djelgoum 19°.
>El Mongar 19°5.

El Bïodh 18°.

Timassânine 26°.

Tadjentourt 14°.

Mecheras ou laissées de crues des rivières, de 12°8 à 13°2.

Mecheras de l'ouad Tabankort, 12°8.

Mouilah Maàttallah 11°, février 94 et 15° en février 92.

Feidjet-el-Mezâbi 23°.

Khaldïat 21°5.

Dans l'énumération qui va suivre, je ne parlerai point des puits que j'ai déjà visités et décrits dans mes voyages antérieurs, mais seulement de ceux que j'ai relevés et étudiés pour la première fois.

Oglat Khefif. — Profondeur totale 4 m. 60, avec une épaisseur d'eau de 0 m. 60 à la température de 22° 5. Altitude.... mètres ; l'eau est de qualité médiocre. Il y a là une multitude de puits ; quelques-uns sont munis de Khottâra qui ont servi à l'arrosage de minuscules champs de blé.

H. El-Baghla. — Profondeur totale 3 m. 80, avec une épaisseur d'eau de 0 m. 40 à la température de 24°. Altitude..... mètres ; l'eau est de bonne qualité. Le puits est très ancien et a été foré dans la roche calcaire ; il n'est qu'à 8 kilomètres à l'O.-S.-O. de Ouargla.

H. El-Hadjar. — Profondeur totale 12 m. 65, avec une épaisseur d'eau variant de 0 m. 80 à 1 m. à la température de 22°2. Altitude, 154 mètres. L'eau est bonne. Le puits est entièrement creusé dans le gypse ; il a environ 2 mètres de diamètre, et au fond se trouvent des galeries horizontales de 4 ou 5 mètres de longueur.

H. El-Hadj-Moussa. — Profondeur totale 3 m. 05, avec

une épaisseur d'eau de 0,95 à 1 m. à la température de 23°2. Altitude. 330 mètres. L'eau est mauvaise. Il y a plusieurs puits, ils sont creusés au pied des dunes dans une cuvette entourée de mamelons de gypse et à sol de sable. Le puits est creusé au diamètre de 0 m. 80 et soutenu par une sorte de maçonnerie en pierres sèches, sauf au fond où le capitaine Lamy a fait descendre un tube de fer de grand diamètre pour maintenir les éboulements. Les cuvettes environnantes contiennent aussi des puits remblayés de sable, mais que l'on peut curer très rapidement.

H. Chebbaba. — Profondeur totale 4 m. 15 avec une épaisseur d'eau de 1 m. 15 à la température de 14°5. Altitude, 430 mètres. L'eau est de qualité médiocre. Il y a deux puits très voisins l'un de l'autre, ils sont creusés sur la rive gauche de l'ouad Chebbaba et ont un diamètre variable de 2 à 3 mètres. On peut y abreuver beaucoup d'animaux, mais je ne cite là qu'un renseignement que je ne puis contrôler. Si l'on épuise le liquide contenu dans les puits, l'eau revient à nouveau en extrayant les terres éboulées au fond. Le puits est signalé par 8 ou 10 palmiers épars dans le lit de la rivière.

Tilmas Djelgoum. — Ce point d'eau est situé dans l'ouad Mya au pied de sa berge de gauche, au fond d'un Khelidj à bords de sable argileux d'une vingtaine de mètres de largeur et d'une longueur d'environ 200 mètres. Il suffit de percer un trou dans le gravier du fond de ce Khelidj, et, à environ 1 mètre de profondeur, on trouve une eau claire et *excellente* qui se renouvelle indéfiniment à mesure qu'on la puise. Cette eau est à la température de 19°. Altitude, 480 mètres. Le puits est signalé par un groupe de Djedar édifiés sur le haut de la berge de gauche de l'ouad Mya.

Tilmas Ferkla. — Les puits sont situés au milieu du lit de l'ouad Mya dans un Khelidj à peu près semblable à celui de Djelgoum. Je ne puis voir l'emplacement du puits, car, par suite de pluies récentes dans le haut de la rivière, la crue est venue jusqu'ici et le Khelidj est plein d'eau. Les Tilmas de Ferkla sont très abondants, plus encore que Djelgoum, mais l'eau y est un peu moins bonne. Il suffit de creuser seulement à 0 m. 25 ou 0 m. 30, pour la trouver. Altitude, 490 mètres.

Aïn-El-Guettâra. — Source cachée dans un ravin étroit et profond du Bâten, au bas d'une chute de l'ouad El-Guettâra. On trouve un très mince filet d'eau, *ne coulant que goutte à goutte*, du haut de roches calcaires surplombantes. A quelques mètres plus bas il existe des trous ou sources dans la roche même, trous toujours pleins d'une eau de très bonne qualité et très abondante. Altitude, 520 mètres. La source est signalée par quelques palmiers poussant dans les rochers mêmes des sources.

H. El-Mongar. — Profondeur totale 9 m.50, avec une épaisseur d'eau (au moment de mon passage) de 0 m.50 à la température de 19°5. L'eau est de qualité médiocre. Altitude, 370 mètres. Le puits a un diamètre de 0 m. 60 en haut et de 2 m. en bas. L'eau est en assez grande quantité, mais le puits se remblaie assez facilement au fond par suite d'éboulements et il a besoin de fréquents curages. Hassi El-Mongar est situé au pied sud-ouest d'un petit gour isolé faisant partie du massif du Gour-el-Mongar.

H. Tadjentourt. — Profondeur totale 2 m.80 à 3 m. avec une épaisseur d'eau de 0,50 à 0,70 à la température de 14°. L'eau est d'assez médiocre qualité. Altitude, 429 mètres. Ce sont des Tilmas bien plutôt que des puits (car il y en a un assez grand nombre), et ces Tilmas ne conservent l'eau que pendant un an après les crues. La quantité d'eau au moment de mon passage était insignifiante, et quand nous avions épuisé un puits le liquide ne se renouvelait plus, ou du moins extrêmement lentement, malgré un curage énergique des éboulis.

Les puits sont creusés au milieu du lit de la rivière au pied nord du massif de l'Eguélé. Ils s'ouvrent dans un terrain d'argile rouge sang mêlée de gravier ; le fond est sur la roche calcaire. Le puits se trouve sur le Medjebed de Ghdamès à Ghât.

Mecheras des ouad Tikhamalt et ouad Mihero. Dans ces rivières nous avons trouvé de l'eau, résultant des crues, à peu près partout. En temps ordinaire on est obligé de creuser à petite profondeur en certains points de ces mêmes rivières pour faire sa provision d'eau.

H. Feidjet-El-Mezâbi. Profondeur totale 15 m. 30 avec une épaisseur d'eau de 2 m. à la température de 23°. Eau de qualité très médiocre. Altitude, 164 mètres.

Le puits a un diamètre d'environ 1 m. il est coffré en perches d'azal qui pourrissent peu à peu et dont les débris donnent à l'eau un goût sulfureux.

Ce puits n'est pas très éloigné du puits et du Bordj de Bel-Haïrane.

H. Khaldïat. Profondeur totale 5 m. avec une épaisseur d'eau de 0 m. 80 à 1 m. à la température de 21 °5. Altitude, 142 mètres. L'eau est potable, mais non point bonne. Ce puits, situé au fond d'une vallée couverte de végétation communiquant avec l'ouad Mya, est dominé par des mamelons sur lesquels s'élève le poste de télégraphie optique de Châbet Lakhdar, à l'alimentation duquel il sert du reste.

XI

ALTITUDES

Sommet de la Hammada à l'ouest d'Areg Touareg.	213 m
Houdh Sebkha.	160
Hassi el-Hadjar.	154
Hamada près Zmila-mta-Ouad-El-Fahl.	230
Ouad Medhaâb-Debouba	254
Ouad Djâfou.	329
Areg Khanem (pied ouest)	374
Hassi El-Gara (près El-Goléa).	350
Hamada au nord d'El-Marokkât.	325
Hassi El Hadj-Moussa.	330
Hassi Chebbabe.	430
Ouad El-Far.	470
Ouad Tabaloulet.	460
Faîte entre l'ouad Tabaloulet et l'ouad Tiboukhar	530
Ouad Tiboukhar.	430
Ouad El-Hadj Brahim (en bas)	460
Oudeï Seder.	500
Garet El Melaga (ouad Mya).	460
Tilmas Djelgoum	480
Tilmas Tinkelman.	525
Sommet du Chaâbet-El-Merâbta.	590

Faîte entre l'ouad Seder et l'ouad Moussa-ben-Yaïch	610 m
Ligne de partage des eaux entre la Méditerranée et l'Atlantique près d'Aïn-El-Guettâra. . . .	610
Sommets du Bâten.	700
Aïn-El-Guettâra.	520
Ouad Oumm-Khelida.	460
Hassi El-Mongar.	370
Ouad Abkhokheune à sa sortie des gorges . .	440
Ligne de la Méditerranée et l'Atlantique près des gorges d'Abkhokheune	630
Ouad Tilemsine supérieur.	600
Hamada entre Hadj-Moussa et Inifel.	390
Dayet Saret.	315
Haniet el-Baguel.	315
Dayet Insokki.	325
Ouad Insokki (au pied de Kef-el Ouar). . . .	335
Dans l'ouad Messeyed.	370
Sommets des pics du Draâ Souf et du Draâ El Beguira.	600 à 650
Campement du 17 décembre 1893 près de Munkeb el-Beguira.	389
Maâder ben-Abbou.	367
Fond du thalweg de l'Igharghar à son entrée dans le Tinghert.	350
Timassânine.	365
Dans le Djoua 26 kil. est de Timassânine. . .	380
Campement du 30 décembre (près du Djoua). .	440
Campement du 31 décembre 1893 (id.) . . .	486
Mechera du 1er janvier 1894.	425
Campement des 2 et 3 janvier	430
Point où l'itinéraire abandonne le Djoua. . .	440
Dans l'erg au sud-ouest d'Ohanet (4 janvier). .	440

Hamada au nord des Gour Abreha.	498 ᵐ
Pied des Gour Abreha.	430
Hassi Tadjentourt.	429
Ouad Tadjentourt (passage du Medjebed de Ghdamès à Ghât).	485
Faites sur le plateau d'Eguélé	520
Ouad Tanegholé.	500
Ouad Assekkifaf.	500
Plateau de Timozzouguine	555
Ouad Tikhamalt (près Saghen).	530
Afara-n-Ouechecherane (ouad Tikhamalt).	553
Rive de l'Ouad Tikhamalt près Tadjenout.	600
Ouad Mihero (près Edeyeheouen).	630
Ouad Tiffozzoutine (23 janvier)	540
Mechera de l'ouad Tiffozzoutine.	500
Plaine d'Issaouan, 25 janvier 1894	465
Plaine d'Issaouan, 26 janvier.	440
Erg d'Issaouan (cuvettes), 27 janvier.	460
Erg d'Issaouan (sommets des chaînes), 27 janvier.	540
Erg d'Issaouan (cuvettes), 28 janvier.	425
Erg d'Issaouan (sommets des pics), 28 janvier.	550
Fond du thalweg du Djoua (70 kil. est de Timassânine).	440
Sommet de la falaise au N. du Djoua (2 février).	600
Ouad-In-Aramas (passage de la route de Ghdamès).	450
Tilmas Tabankort..	333
Ouad In-Amestekki.	375
Ouad Igharghar (à son entrée dans l'erg).	320
Mouilah Maâttallah.	360
Gassi El Mouilah (station H).	324
Gassi Touil (station I).	304
Gassi Touil (station J).	300

Gassi Touil (station K).	257 m
Gassi Touil (station L).	235
Gassi Touil (station M).	220
Draâ Sbeït (pointe nord).	206
Hassi Feidjet-el-Mezâbi	164
Houdh-el-Alenda	170
Près Hassi Rebâia.	162
Hassi Khuldïat.	142
Dzioua.	106
Désert du Mokrane (au nord de l'ouad Zeurba).	185
Lit de l'Ouad Djedi au sud d'Oumach.	80

XII

GÉOLOGIE

J'ai rapporté cette année un grand nombre d'échantillons de roches et des fossiles qui donneront lieu ultérieurement à un travail complet ; je me contenterai pour le moment de reproduire ici une note succincte au sujet de la présence du terrain Carbonifère dans le Sahara.

Je tiens à répéter ici que toutes les déterminations des fossiles et des roches que j'ai rapportés ainsi que tous les documents géologiques techniques sont dus à la bienveillante obligeance de M. le professeur Munier-Chalmas, qui, dès les années précédentes, n'avait pas hésité à mettre sa science à la disposition du simple explorateur, auteur de ce rapport.

Cette note a pour but de faire connaître les principaux résultats de mes recherches géologiques dans le Sahara.

Le terrain Carbonifère joue, dans la constitution du sol des régions que j'ai explorées cet hiver, un rôle considérable.

Avant d'indiquer les points où ce système affleure, je rappellerai brièvement les régions où le Carbonifère a déjà été signalé en Afrique.

1° Overweg a recueilli, entre Mourzouk et Ghât, des

échantillons qui, d'après M. le professeur Beyrich (1), indiquent la présence du Devonien ou peut-être du Carbonifère.

2° M. Stache (2), d'après les documents rapportés, par le docteur Lenz, du Sahara occidental (région comprise entre l'Ouad Draâ et les dunes d'Iguidi), reconnaît l'existence du calcaire carbonifère caractérisé par des Productus, notamment un Productus nouveau, *Pr. Africanus* (Stache).

3° Les matériaux paléontologiques recueillis par la première mission Flatters indiqueraient nettement, d'après le rapport de M. l'ingénieur Roche (3), la présence du Devonien caractérisé par *Atrypa reticularis*, etc...

Ce système s'étendrait du N.-N.-O. au S.-S.-E. tout le long du bord occidental de la vallée des Ighargharen avec des témoins avancés vers le nord à Khanfoussa et Garet-el-Beïda, formant ainsi des bandes parallèles aux bandes carbonifères de la région que j'ai explorée et dont je vais indiquer la disposition.

Le Carbonifère dans les régions que j'ai parcourues se manifeste sur une grande surface semblant s'étendre obliquement — dans l'Erg d'Issaouan et sur le plateau d'Eguélé — du nord-ouest au sud-est entre le 27° et le 28° parallèle nord et entre 5° et 6° 30' de longitude est.

Sur mon itinéraire de retour entre 28° 10' et 27°30' nord, le sol est recouvert de dunes qui perdent peu à peu de leur compacité à mesure que l'on marche vers le sud ; et, en arrivant au 27° parallèle, ce ne sont plus

---

(1) Beyrich. — *Bulletin de la Société de géologie allemande*, 1852. — T. IV, pages 159-160.

(2) Stache. — *Comptes rendus de l'Académie des Sciences de Vienne*, 1883.

(3) Ministère des Travaux Publics. — *Documents relatifs à la mission Flatters.*

que des pitons de sable isolés ; dans la même région et sur mon itinéraire d'aller le sable cesse — sur ma route du moins — à 27°45', et ce qui reste pour atteindre le 27° parallèle est du terrain de roche, tantôt raviné, tantôt assez plan. A partir du 27° jusqu'au 26° parallèle on peut dire qu'il n'y a plus exclusivement que de la roche se présentant sous forme de plateau (le Tassili) fortement accidenté et coupé par les lits encaissés des rivières.

La bande de Carbonifère que je viens de signaler n'est point continue, mais au contraire plusieurs fois interrompue ; j'ai pu cependant constater sa présence plus ou moins nettement caractérisée sur neuf points différents : là le Carbonifère est représenté soit par des calcaires renfermant de nombreux Productus (voir la carte spéciale à la page 235 : points 2 et 9 B et D), notamment le Productus Cora (1) (7 et 9 D) ; soit par d'autres assises calcaires où se montrent de très grandes quantités de tiges de crinoïdes (Poteriocrinus). Ces tiges sont parfois tellement abondantes qu'elles constituent presque à elles seules la roche (notamment en 6 et 9 D) ; en 6 elles forment une longue ligne de collines orientées ouest-sud-ouest est-nord-est. Ces tiges se détachent facilement des bancs qui les contiennent et couvrent le sol de leurs débris.

Un point particulier sur lequel j'insisterai est celui relatif à la présence de végétaux carbonifères (n°º 1, 3, 8 A, E) appartenant au genre Lepidodendron (1 et 3 A) et transformés en fer limonite au milieu de grès rouges ferrugineux.

Il ressort des études que j'ai pu faire que les bandes

---

(1) Les documents paléontologiques de la région que j'ai explorée seront publiés par MM. Munier-Chalmas et Haug.

Devoniennes de la première mission Flatters sont très probablement parallèles aux bandes Carbonifères que je viens de signaler et dont la direction générale est nord-

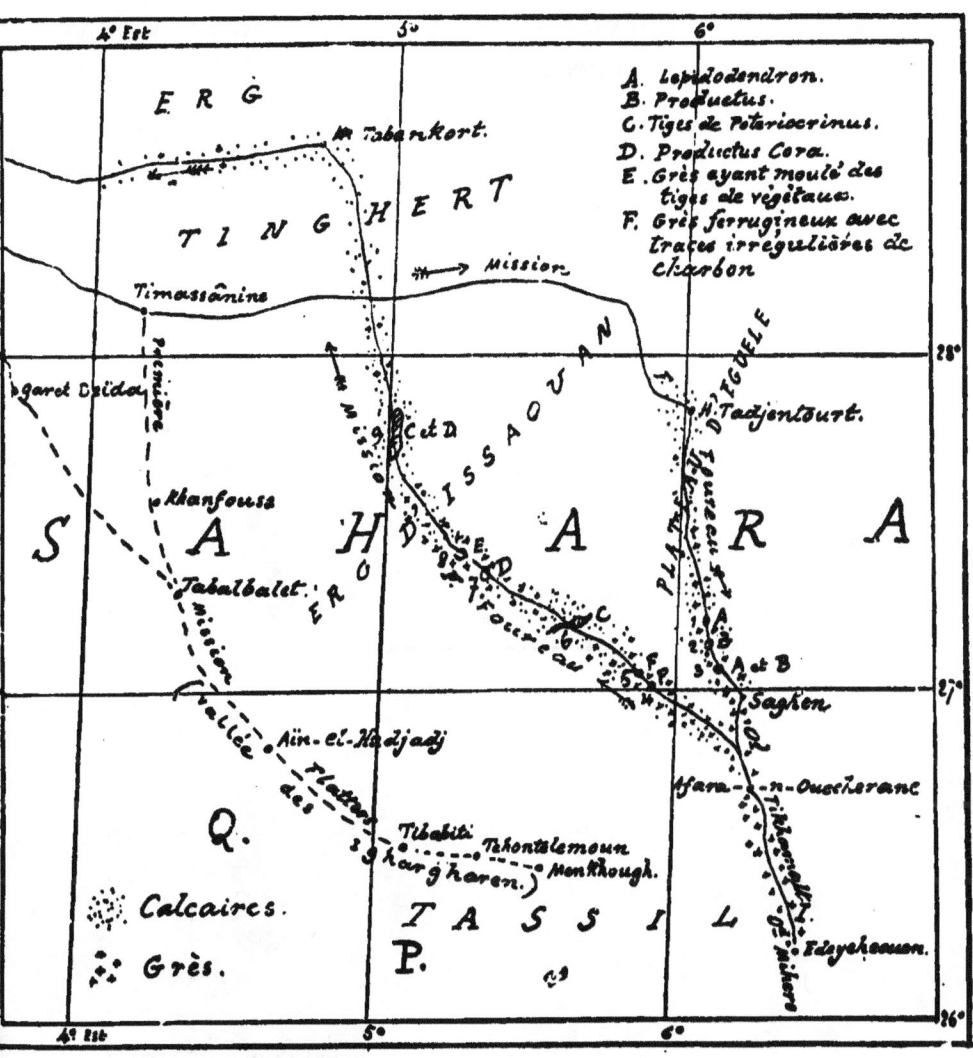

ouest sud-est. Si l'on partait d'un point situé entre P et Q de la carte par exemple pour gagner le nord-est, on rencontrerait en premier lieu des bandes Devoniennes ; ensuite on atteindrait les bandes Carbonifères, et en continuant dans cette direction on pourrait peut-être rencontrer le terrain houiller ; mais je ne fais cette hypothèse qu'avec la plus grande réserve ; d'un autre côté, il serait fort possible que si le terrain houiller existe, il n'affleure pas et soit recouvert complètement par des terrains secondaires ou tertiaires.

XIII

OBSERVATIONS ASTRONOMIQUES

Rapport sur les observations astronomiques faites par M. Foureau pendant sa mission au Sahara, d'octobre 1893 a mars 1894.

L'instrument employé était un théodolite magnétique (Théodolite L. Teisserenc de Bort, construit par Echassoux) dont le cercle vertical donnait les 30" d'arc. L'heure Temps moyen de Paris a été fournie au départ et à l'arrivée par l'Observatoire d'Alger. Quatre chronomètres à marches connues, et soigneusement comparés entre eux chaque jour, nous fournissent cette même donnée, pour les dates intermédiaires, avec un haut degré de précision. (*Voir note relative aux chronomètres.*)

Chaque observation comprend au moins une série de huit hauteurs (nous ne parlons pas des circumméridiennes qui ne comptent jamais moins de 20 pointés et qui parfois en ont 72), fournissant deux déterminations complètes indépendantes de l'erreur d'origine. Les lectures du cercle ont été faites avec grand soin, et l'on y a joint chaque fois les lectures du niveau du théodolite, la pression barométrique et la température de l'air; les circonstances atmosphériques pouvant influencer la valeur des mesures ont été notées avec soin.

Pour plus de sûreté toutefois, et afin de retrouver les erreurs accidentelles, les calculs ont été faits, non pas sur les moyennes, mais sur les observations individuelles. Il va sans dire que dans les résultats conclus les déterminations cercle à droite entrent en même nombre que celles faites cercle à gauche.

En résumé, le total des observations s'élève à 138, se décomposant comme suit :

Longitudes par angles horaires ;
Soleil, 15 ⎫
Etoiles, 51 ⎬ Total 66.

Latitudes par hauteur de la Polaire, 50. ⎫
Latitudes par la méthode des circum- ⎬ Total 64.
méridiennes, 14 ⎭

Observations magnétiques, 8.

Sauf une dizaine de séries effectuées dans de mauvaises conditions, vent violent, brume, il a été possible de toutes les utiliser ; elles nous ont fourni les longitudes de 54 localités et les latitudes de 52. Il nous paraît inutile d'insister sur l'importance de ces chiffres.

Dans plusieurs endroits les déterminations ont été multiples et portant sur des astres différents : cela nous a permis de nous rendre compte du degré de précision des observations, point qui, de notre avis, est de la plus haute importance dans des recherches de ce genre. Elle atteint ce que l'on pouvait attendre de l'instrument et des méthodes employées ; l'erreur possible sur les latitudes ne dépasse pas 30" d'arc, et l'erreur réelle est, certainement, le plus souvent moindre.

Quant aux longitudes, la chose est plus délicate : il y

a en effet deux facteurs à considérer : l'état des chronomètres et l'erreur d'observation proprement dite.

L'erreur sur les chronomètres était inférieure à 4 secondes, le 7 novembre, et l'écart possible est allé en diminuant jusqu'à la fin du voyage.

Quant aux observations, une remarque est à faire : celles qui se rapportent aux étoiles — et c'est, de beaucoup, le plus grand nombre — sont bien plus précises que celles concernant le soleil ; l'écart entre les résultats individuels fournis par le calcul ne dépasse pas 3 secondes dans une même série, et est souvent moindre, pour les premières. Pour le soleil, par contre, il nous a fallu supprimer nombre de résultats individuels offrant des divergences supérieures à 5 secondes, et dans deux ou trois cas nous n'avons su à quelle cause attribuer ce fait.

Les observations de nuit étant bien plus difficiles que celles effectuées de jour, il semble impossible d'en incriminer l'observateur ; peut-être faut-il attribuer ces divergences à l'échauffement de l'instrument ou à des réfractions anormales. Il y aurait même là peut-être lieu d'examiner la chose de près dans un voyage ultérieur.

En résumé l'erreur maximum possible sur les longitudes ne doit pas dépasser 7 à 8 secondes au commencement du voyage, et a dû s'abaisser à 4 et 5 secondes pendant le mois de février.

Comme on le voit par ce qui précède, les résultats sont des plus satisfaisants et tout à la louange de M. Foureau. Le travail énorme qu'il a dû s'imposer (1658 *hauteurs observées en totalité*) a pu être utilisé en totalité et constitue un ensemble de documents géographiques du plus haut intérêt.

Chronomètres. — Les montres emportées par la mission étaient au nombre de 4, toutes à échappement à cylindre ; elles ont été distinguées par des numéros d'ordre, 1, 2, 3, pour les montres de Leroy, et la dernière par la lettre R du nom de son constructeur Ratel.

Tous les jours elles ont été comparées entre elles en se servant du n° 3 comme étalon ; et toutes les circonstances qui ont pu se présenter ont été notées. De plus, des comparaisons faites télégraphiquement de Biskra avec l'Observatoire d'Alger (la Bouzaréah) permettent de connaître exactement :

1° Les états respectifs au départ et à l'arrivée de chaque montre ;

2° Les marches au départ et à l'arrivée.

Les observations ont donc été absolument complètes et fournissent tous les éléments nécessaires au calcul.

Les chronomètres peuvent, au point de vue de leurs marches, être partagés en deux groupes : ceux à marche rapide, les n°^{s} 1 et 2 ; et ceux à marche lente, les n°^{os} 3 et R. Dans les deux groupes, et cela pour des motifs que nous ignorons, la marche qui était au retard pour tous a subi brusquement — et cela à des dates différentes — une accélération considérable. Le tableau suivant en donne une idée :

	N° 1	N° 2	N° 3	R
Départ, marche diurne de	+ 5^s 83	+ 2^s 89	— 0^s 35	+ 0^s 64
Arrivée, —	+ 9^s 26	+ 9^s 25	+ 0^s 18	+ 5^s 46

Au premier abord il semble que la marche du n° 3 est celle qui a le moins varié ; mais il n'en est rien en réalité ; ce chronomètre est celui qui a donné les plus mauvais résultats et il a dû être rejeté des observations ;

sa marche diurne moyenne déduite en effet des états au départ et à l'arrivée est de $+ 2^s211$.

Nous avons donc dû procéder à une recherche préliminaire pour déterminer les dates des changements de marche, et nous avons trouvé :

N° 1 variation de marche le 7 nov. 93 : 20° jour de route.

N° 2 variation de marche le 6 nov. 93 : 19° jour de route.

N° 3 variation de marche le 4 nov. 93 : 17° jour de route.

N° R variation de marche le 2 novembre 93 : 15° jour de route.

Nous en déduisons, en partant des marches initiales et en remarquant que la variation de marche a lieu dans les premiers jours du voyage :

Marche diurne N° 1 jusqu'au 7 novembre $+ 5^s83$ d'où Etat le 7 novembre $+ 3^m12^s2$.

— N° 2 jusqu'au 6 novembre $+ 2^s89$ Marche ultérieure $+ 9^s86$ d'où Etat le 7 novembre $+ 3^m32^s7$.

— N° 3 jusqu'au 4 novembre $- 0^s35$ Marche ultérieure $+ 2^s54$ d'où Etat le 7 novembre $+ 0^m44^s0$.

— N° R jusqu'au 2 novembre $+ 0^s64$ Marche ultérieure $+ 4^s71$ d'où Etat le 7 novembre $- 23^s2$.

Ayant ramené tous nos états au 7 novembre, il nous a été facile d'en déduire, à l'aide des comparaisons des chronomètres faites ce jour-là, l'état moyen le plus probable de chacun d'eux. Voici le détail de ces comparaisons :

CHRONO.	OBSERVÉ	CALCULÉ	CHRONO.	OBSERVÉ	CALCULÉ
1 — 3	$+ 2^m 27^s$	$+ 2^m 28^s2$	2 — 1	$- 0^m 28^s$	$- 0^m 20^s5$
2 — 3	$+ 2^m 55^s$	$+ 2^m 48^s7$	2 — R	$+ 4^m 06^s5$	$+ 3^m 55^s9$
R — 3	$- 1^m 10^s55$	$- 1^m 07^s2$	1 — R	$+ 3^m 37^s5$	$+ 3^m 35^s4$

Les écarts, observation moins calcul, sont donc très faibles et légitiment absolument la méthode employée. En appliquant le même procédé à tous nos chronomètres, nous trouvons que les états calculés doivent être augmentés de 0ˢ6 pour que la somme des résidus soit nulle ; mais l'examen préliminaire auquel nous nous étions livré nous a averti que seuls les chronomètres à marche rapide ont eu une marche à peu près constante. Nous nous en sommes donc tenu à ces deux chronomètres, et, répartissant entre eux l'erreur, nous en avons conclu :

		CALCULÉ
Le 7 novembre, État sur T.M. de Paris. N° 1	$+ 3^m 08^s 4$	—
N° 2	$+ 3^m 36^s 4$	—
N° 3	$+ 0^m 41^s 4$	$+ 44^s 0$
N° R	$- 0^m 30^s 1$	$- 23^s 2$

Rien ne serait du reste plus facile, à l'aide de ce qui précède, que de modifier les états conclus ; il en résulterait au plus une oscillation de 3 ou 4 secondes dans l'état du 7 novembre, différence qui irait toujours en s'atténuant jusqu'à devenir nulle à la fin du voyage.

Nous reportant ensuite aux états finaux obtenus par la comparaison directe avec l'Observatoire d'Alger, nous en avons déduit pour les marches supposées rectilignes des deux chronomètres n° 1 et n° 2 jusqu'à la fin du voyage :

N° 1 $+ 9^s 370$ au lieu de $+ 9^s 26$ observé à l'arrivée.
N° 2 $+ 9^s 866$ au lieu de $+ 9^s 25$ observé à l'arrivée.

Ces deux marches diurnes cadrent donc très sensiblement avec les marches observées à l'arrivée.

Ceci fait, nous avons employé un *chronomètre fictif* animé d'une marche uniforme égale à la moyenne des marches de nos deux chronomètres et ayant, au départ et à l'arrivée, un état égal à la moyenne des deux états :

Chronomètre fictif. — Etat au 7 nov. 1983 $+\quad 3^m22^s4$
Chronomètre fictif. — Etat au 6 mars 1894 $+\quad 22^m26^s9$
Marche diurne 9^s6176.

De cette marche diurne uniforme nous avons déduit les états successifs de notre chronomètre fictif et, en leur ajoutant $\pm \frac{1}{2}$ des états relatifs du n° 1 et du n° 2 obtenus par comparaison journalière, nous en avons déduit les états respectifs des divers chronomètres pour chaque jour.

M. Foureau, comme contrôle, a dressé à très grande échelle (on en trouvera ci-contre la réduction) les courbes des états; elles permettent de se rendre compte facilement des oscillations que ces derniers ont subi, et de voir que leur amplitude est faible.

Une méthode identique nous a fourni les états pour les vingt premiers jours de voyage, mais il n'a pas été fait d'observations à ces dates, la route suivie étant déjà bien connue et les localités fixées sur la carte avec une précision suffisante.

Nota. — Un indigène a touché, le 2 novembre dans la matinée, au chronomètre n° 1; sa marche n'en a pas été modifiée, mais son état a brusquement varié de 2^m33^s, comme l'ont facilement établi les comparaisons prises ce jour-là; il en a été, bien entendu, tenu compte dans les calculs qui précèdent.

Pièces jointes. — 1° Liste journalière des états.

2° Feuilles de comparaison avec l'Observatoire d'Alger au départ et à l'arrivée.

3° Courbes représentant les données du 1° à grande échelle.

Paris, août 1894.
F. OTRAMARE,
Astronome à l'Observatoire.

RELEVÉ DES RÉSULTATS

LIEUX	Longit. est	Latitude nord	Angles horaires par	Latitude par
Hassi El-Hadjar	9ᵐ 55ˢ 5	31° 26' 33"	bord sup. soleil	Haut. de α pet. Ourse
4 kil. N. de l'Ouad El-Fahl	8 59 6	31° 15' 35"	α de l'Aigle	id.
27 kil. S.-O. de l'Ouad El-Fahl	7 54 3	31° 04' 50"	b. sup. du soleil	id.
Ouad Medhaàh-Debouba	6 33 4	30° 59' 05"	b. sup. du soleil	id.
Ouad Djàfou	5 02 5	30° 52' 04"	α de l'Aigle	id.
Areg Khanem	3 37 1	30° 45' 12"	b. sup. du soleil	id.
Hassi El-Gara (El-Goléa)	2 03 8	30° 33' 03"	b. inf. du soleil	id.
40 k. sud d'El-Goléa	2 20 9	30° 14' 57"	b. sup. du soleil	id.
Hassi El Hadj-Moussa	2 36 8		b. inf. du soleil	
id.	2 37 5	29° 55' 25"	b. sup. du soleil	Haut. de α pet. Ourse
14 kil. O de Dayet Saret	3 57 7	29° 49' 53"	α de l'Aigle	id.
Haniet-El-Baguel	5 10 8	29° 40' 47"	α de l'Aigle	id.
Ouad Insokki (5 kil. sud de Kef-el-Ouar)	5 58 1	29° 26' 46"	α de l'Aigle	id.
Ouad Messeyed	6 41 9	29° 09' 33"	α de l'Aigle	id.
Estuaire de l'O. Imgharghar	9 43 7		β Orion	
Oudje sud (Entre Beguira et Ben-Abbou)	10 08 5	28° 34' 14"	α Taureau	Haut. de α pet. Ourse
Maàder-ben-Abbou	11 07 6	28° 32' 10"	α Taureau	id.
8 kil. Ouest de Menkeb Allal	12 43 5	28° 27' 10"	α Taureau	id.
	14 09 9	28° 31' 14"	α Taureau	id.
El Bïodh (moyenne)	14 14 9	28° 30' 25"	b. inf. du soleil	Circ. de β Baleine
Timassânine (moyenne)	17 08 5	28° 04' 09"	b. inf. du soleil	Circ. du soleil
26 k. est de Timassânine	18 17 7	28° 09' 44"	β Orion	Circ. de β Baleine
59 k. est de Timassânine	19 35	28° 13' 36"	β Orion	Haut. de α pet. Ourse
88 k. est de Timassânine	20 45	28° 14' 25"	γ Orion	id.
135 k. est de Timassânine	22 33 5	28° 14' 57"	x Orion	id.
Dans l'erg au S.-O. d'Ohanet	23 45 7	28° 11' 36"	β Orion	id.
Hassi Tadjentourt	24 51 5	27° 42' 48"	bord inf. soleil	Circ. du soleil
Ouad Tanegholé	24 51 6		x Orion	
Ouad Asekkifaf	24 47 3	27° 19' 28"	bord inf. soleil	Haut. de α pet. Ourse
Afara-n-Ouechecherane	25 29	26° 45' 59"	id.	id.
Ouad Mihero	25 32 4	26° 21' 56"	β Lion	id.
Afara (second campement)	25 29 3		bord inf. soleil	
Ouad Tifozzoutine	24 46 3	26° 55' 44"	α Pégase	Haut. α pet. Ourse
Ouad Tifozzoutine inférieur	24 27 2	26° 57' 37"	α Lion	id.
Au N. de l'Issaouan St. B.	22 37 4	27° 17' 56"	α Lion	id.
Dans l'Erg St. C.	21 44 2	27° 28' 32"	α Grand Chien	id.
Dans l'Erg St. D.	21 19 6	27° 39' 46"	id.	id.
Dans l'Erg St. E.	20 43 6	27° 55' 20"	α Lion	id.
Près du Djoua St. F.	20 15 2	28° 07' 48"	α Grand Chien	id.
Base de la falaise du Tinghert	20 02 9	28° 17' 59"	α Petit Chien	id.
Ouad In-Aramas supérieur	19 06 6	28° 26' 06"	id.	id.
Mouïlah-Maàttallah	14 26 6	28° 50' 43"	α Lion	id.
id.	14 27 8		bord inf. soleil	
Gassi Touil St. I.	15 22 6	29° 26' 50"	α Grand Chien	Haut. de α pet. Ourse
Gassi Touil St. J.	15 27 3	29° 45' 17"	α Hydre	id.
id.		29° 44' 40"		Circ. α Grand Chien
Gassi Touil St. K.	16 03 8	30° 01' 19"	α Grand Chien	id.
Gassi Touil St. L.	16 11 5	30° 20' 17"	α Hydre	Haut. de α pet. Ourse
Gassi Touil St. M.	15 42	30° 37' 49"	β Baleine	Circ. β Grand Chien
Draà-Sbeïtt	15 08 6	30° 54' 32"	id.	Haut. α pet. Ourse
Hassi Gnifida-Djedida	14 26	31° 37' 56"	α Aigle	id.
Houdh-el-Alenda	14 07 6	31° 55' 25"	α Lion	id.
Près Hassi Rebâta	13 13 2	32° 09' 03"	α Hydre	Circ. α Grand Chien
Au sud de Dzioua St. N.		33° 01' 48"		Haut. de α pet. Ourse
Au N. de Dzioua St. O.		33° 21' 36"		id.
Ouad Rtem	12 00 8	33° 44' 52"	α Hydre	id.
Ouad Itel	11 57 3	33° 59' 39"	α Lion	id.

XIV

MÉTÉOROLOGIE

Généralités. — Mon voyage de cet hiver a duré 134 jours; mais les observations météorologiques n'ont porté que sur 132 journées seulement, du 23 octobre 1893 au 3 mars 1894.

Les heures d'observation étaient : 7 heures du matin, midi et 7 heures du soir.

L'espace sur lequel ont été recueillis les documents qui suivent s'étend en latitude entre le 35ᵉ et le 26ᵉ parallèle nord, et en longitude depuis le méridien 0° jusqu'au méridien 6° 30' est. Il est tout entier situé dans la zone désertique; sa partie centrale comprend le grand erg; la partie méridionale, les plateaux rocheux des Touareg; la portion nord s'étend sur les steppes du sud algérien, région beaucoup plus couverte de végétation que toutes les autres; quant à la partie occidentale, elle comprend le plateau crétacé nu du Tademayt, sillonné d'un très grand nombre de rivières à sec.

Pression. — Il n'y a pas grand'chose à noter dans cet ordre d'idées; je changeais sans cesse de campement et le baromètre m'a servi surtout à déterminer les différences d'altitude de divers lieux; j'avais du reste des points de comparaison, déjà touchés par moi antérieurement, et pour lesquels j'avais calculé une altitude qui, la plupart du temps, s'est trouvée confirmée à quelques mètres près

La plus grande partie de mon voyage, soit 3000 kil. sur 4600 parcourus, s'est effectuée par des altitudes variant entre 300 et 700 mètres, cette dernière est celle à laquelle je me trouvais dans l'ouad Mihero (630 m. dans le lit de la rivière) et au sommet du Bâten qui domine In-Salah. Dans cette dernière région j'ai franchi la ligne de faîte entre le bassin de l'Atlantique et celui de la Méditerranée par deux fois et à une altitude de 630 mètres environ, tandis que dans mes voyages de 90 et de 92, cette même ligne de faîte avait été traversée, plus à l'est, par des altitudes de 526 mètres et 400 mètres.

Températures. — J'observais les minima ; mais comme l'heure à laquelle se produisent généralement les maxima me trouvait toujours en marche, il ne m'a pas été possible de constater ces maxima. Je me bornais à prendre la température de l'air à midi au thermomètre fronde.

Le thermomètre à minima a oscillé pendant toute la durée des observations entre les deux limites extrêmes suivantes : + 20°5, le 3 novembre 93, près de Ouargla, 160 m. d'altitude ; et — 7°5, le 28 novembre 93, à Hassi El-Hadj-Moussa, 330 m. d'altitude.

D'autre part, le thermomètre fronde à midi est resté entre les limites extrêmes ci-dessous : + 33°6 le 31 octobre près de Negoussa, 160 m. d'altitude, et + 8°5 le 30 janvier dans l'erg d'Issaouan, 500 m. environ.

La période de cinq mois embrassée par mon voyage est, au point de vue des températures subies, une période ordinaire, et s'il s'est présenté des minima très froids (pour le Sahara), nous avons cependant eu beaucoup de nuits relativement douces à cause de la présence des nuages, fait qui a été la caractéristique du ciel saharien cette année.

Etat du ciel. — Je n'ai jamais vu le ciel du Sahara aussi souvent couvert que cette année, — et c'est une exception dans ce pays où le ciel pur est si fréquent, surtout en hiver où les brumes de sable sont beaucoup plus rares qu'en été ; — quoi qu'il en soit, pendant les 132 jours d'observations, j'ai noté : 60 fois le ciel pur pendant tout le jour, 44 fois le ciel voilé par un plus ou moins grand nombre de nuages, et enfin 28 fois le ciel complètement couvert.

Je ne parle ici que de 7 heures du matin à 7 heures du soir, attendu qu'il n'a pas été fait d'observations de nuit, sauf dans les cas de pluie qu'il était fort intéressant d'enregistrer.

J'ai compté parmi les jours de ciel pur, ceux pendant lesquels il était cependant fortement embrumé, non point par des nuages, mais seulement par des masses de molécules très fines de sable ou de terre soulevées par le vent, et particulièrement par les vents de la région sud ou par le vent de N.-O.

Pluies. — La quantité de pluies tombées cet hiver dans le Sahara donne l'explication des nombreux jours à ciel couvert dont j'ai parlé plus haut.

Depuis que je voyage dans le Sahara, je n'ai jamais observé de pareilles chutes d'eau, très remarquables autant par leur fréquence que par le volume énorme de liquide qu'elles ont apporté dans la région. Depuis plus de 20 ans du reste on ne signale que deux autres hivers semblables : celui de 1879-1880 et celui de 1884-1885.

En janvier et février 1880 il est tombé chez les Touareg 30 *fois* de la pluie ; c'est pour cette raison que Flatters avait trouvés pleins tous les ghedirs de la vallée des Ighargharen, et que les animaux de son convoi avaient pu se repaître d'une si belle végétation. Les pluies de cet hiver ont été un peu moins importantes que celles de 1880, puisque les rivières des Touareg ayant coulé un peu moins loin, les eaux de crues se sont partout arrêtées en amont des points atteints en 1880.

On peut citer cependant, comme un fait tout à fait remarquable, ce renseignement que je tiens de source entièrement sûre et sincère : la pluie est tombée à Timassânine nuit et jour, sans discontinuer, du 16 au 20 décembre 93, soit 4 jours et 4 nuits. Plus d'un mois après j'ai trouvé la contrée entièrement mouillée encore et couverte de ghedirs ou de points vaseux.

Quoi qu'il en soit, cet état de choses m'a été très profitable, attendu que, aussi bien dans le Tademayt que dans l'erg d'Issaouan et dans le Tassili des Azdjer, j'ai constamment pu boire de l'eau de pluie, bienfait inappréciable et surtout inespéré dans un pays où l'eau est habituellement détestable.

Les pluies ayant donné lieu a· crues dont j'ai trouvé les laissées dans les rivières du Tademayt sont tombées, d'après les renseignements, vers le 15 novembre 1893. Il est bon de remarquer que le 14 novembre, dans la soirée, nous constations de nombreux éclairs lointains dans la région du sud ; or, nous étions campés à El-Goléa, et ces éclairs se produisaient précisément dans la direction où est tombée la pluie du 15. Il y a donc certainement corrélation entre ces deux phénomènes qui, s'ils n'ont pas été simultanés, se sont cependant suivis de très près.

Quant aux pluies ayant amené les crues des rivières du Tassili, elles sont tombées vers la mi-novembre et la mi-décembre.

Voici l'énumération des jours pendant lesquels j'ai reçu de la pluie, et l'indication des points où je me trouvais à ce moment :

29 octobre 93, quelques gouttes à 7 h. du soir. El-Alïa.

Nuit du 2 au 3 novembre, quelques gouttes. El-Bour.

8 novembre, gouttes de pluie dans l'après-midi. Près Ouad el-Fahl.

Nuit du 14 au 15 novembre, gouttes de pluie toute la nuit. El-Goléa.

Nuit du 16 au 17 novembre, petite pluie à minuit et 2 h. du m. 40 k. S. d'El-Goléa.

21 novembre, gouttes de pluies à plusieurs reprises. H. el-Hadj-Moussa.

6 décembre, forte pluie de 7 h. du s. à 2 h. du m. (20 à 25 m/m). H. el-Hadj-Moussa.

Nuit du 13 au 14 décembre, pluie abondante depuis 9 h. s. jusqu'au jour. Ouad Tinersal.

14 décembre, pluie assez forte presque tout le jour (25 m/m). Ouad Tinersal.

15 décembre, gouttes de pluie à 6 h. s. et à 10 h. s. Ouad Gholga.

16 décembre, petite pluie vers 9 h. du m. O. Imgharghar.

Nuit du 16 au 17 décembre, petite pluie à 3 h. du m. Ouad Imgharghar.

25 décembre, ondée à 3 h. après midi. Timassânine.

1er janvier, 94 gouttes de pluie de 3 h. à 7 h s. 100 k. est de Timassânine.

5 janvier, larges gouttes de pluie à 7 h. s. Gour Abreha.

Nuit du 5 au 6 janvier, averses toute la nuit —

6 janvier, petite pluie à 7 h. du m. —

18 janvier, gouttes de pluie à 8 h. m. Près Isouitar.

29 janvier, à 3 h. s., pluie glaciale avec grêle. Erg d'Issaouan.

30 janvier, rafales, averses, grains avec grêle tout le jour. Erg d'Issaouan.

Nuit du 30 au 31 janvier, grains, averses et grêle toute la nuit, à partir de 10 h. du soir. Erg d'Issaouan.

3 février, grains violents de pluie accompagnée de grêle tout le jour. Tabankort.

Nuit du 3 au 4 février, pluie et grains toute la nuit. Tabankort.

4 février, pluie tout le jour jusqu'à 8 h. du soir. Tabankort.

5 février, grains de pluie de courte durée vers 3 h. s. Ouad In-Amestekki.

6 février, 3 h. 1/2 soir, pluie glaciale de courte durée. Ouad Igharghar.

7 février, petite pluie de courte durée à 4 h. s. Grand Erg.

9 février, pluie, grains violents de 3 h. à 4 1/2, avec ronflement du vent sur les cailloux, longtemps avant l'arrivée même du vent sur nous, se termine par un magnifique arc-en-ciel double complet. Draâ-el-Mouilah.

Voici du reste ce que je relève sur mon carnet de notes à ce sujet : Nous venons de recevoir un grain formidable : tout le Sud est dans l'ombre, tandis que les chaînes et le gassi au Nord sont splendidement éclairés par un brillant soleil ; le spectacle est merveilleux. Le grain accompagné de pluie nous atteint pendant que le nord est toujours sous le soleil. Il est précédé d'un bruit sourd continu, un ronflement semblable à celui de la mer qui brise sur une plage ; ce bruit est produit par le passage du vent sur les graviers du reg. C'est saisissant comme effet et très surprenant quand on l'entend pour la première fois ; car bien qu'il se continue pendant le grain, on le perçoit longtemps avant de ressentir aucun souffle de brise. Le grain se termine par un magnifique arc-en-ciel dont j'ai la chance de pouvoir prendre un cliché photographique.

C'est ce phénomène que les Arabes nomment *Hadjadj*, mot qui sert aussi à désigner les petites trombes de sable et les grands coups de vent soulevant la poussière.

Nuit du 9 au 10 février, pluie intermittente de 7 h. du soir à 9 h. du matin. Draâ-el-Mouilah.

11 février, petite pluie à 2 h. 1/2 du m. Gassi-el-Mouilah.

Nuit du 11 au 12 février, gouttes de pluie intermittentes pendant la nuit entière. Gassi-Touil.

12 février, gouttes de pluie vers 6 h. s. Gassi-Touil.

20 février, 7 h. m., gouttes de pluie; pluie abondante de 10 h. du m. à 2 h. 1/2 ; à 3 h. grain violent; à 5 h. s. autre grain accompagné de pluie très forte ; à 10 h. s. pluie très forte. H. Gnifida-Djedida

Nous sommes au centre d'une sorte de tempête à forme cyclonique, une des plus violentes que j'aie jamais vues dans le Sahara, le vent fait le tour du compas :

Midi,	bar. 741 8	—	vent de S E faible
1 h.	bar. 741	—	vent d'O fort
2 h.	bar 740	—	vent de N O fort.
3 h. 1/2	bar. 739	—	vent N N O fort.
4 h. 1/2	bar. 738	—	vent N fort.
5 h. 1/2	bar. 737	—	vent N N E par rafales.
7 h. s.	bar. 739	—	vent E faible.

23 février, le matin, brouillard se résolvant en pluie très fine, puis vers 3 h s. gouttes de pluie.— H. Khaldïat.

25 février, petite pluie vers 11 h. du soir. Au S. de Dzioua.

L'addition de toutes ces journées de pluies donne 35 chutes d'eau ; mais il y a lieu de distinguer et de dire que

7 fois seulement j'ai eu l'occasion de constater de fortes pluies; et 28 fois de petites pluies ou même simplement des gouttes de pluie.

Neige. — Je n'ai pas atteint les régions du Sahara central où se produisent des chutes de neiges; mais les renseignements sûrs que j'ai recueillis me permettent de dire que les hauts sommets du Tassili des Azdjer (altitudes dépassant 1500 m.) reçoivent de la neige à peu près tous les hivers. Il paraît même que, certaines années, elle y séjourne assez longtemps sur le sol.

Dès 1878, M. Léon Teisserenc de Bort avait indiqué qu'il devait exister un minimum de température en hiver sur le massif montagneux du pays des Touareg — même en corrigeant les températures de l'effet de l'altitude. — « Ce minimum est dû, dit-il (1), en partie à la présence de « chutes de neiges signalées par Duveyrier sur le Ahag- « gar et à la sécheresse de l'air qui permet au rayonne- « ment de refroidir considérablement le sol des plateaux, « ce qui entraîne comme conséquence nécessaire le « refroidissement de l'atmosphère voisine du sol. »

J'ai pu constater que cette manière de voir était parfaitement justifiée, puisque j'ai rencontré dans le Tassili une région où les froids nocturnes sont fréquents dans le voisinage des points élevés du plateau qui se recouvrent de neige en hiver.

Grêle. — Je n'ai eu l'occasion de constater que 4 fois pendant mon voyage des chutes de grêle: le 29 janvier 1894, le 30 janvier, la nuit du 30 au 31 janvier; dans l'erg d'Issaouan; et le 3 février à Hassi Tabankort.

Les grêlons étaient toujours accompagnés de pluie et

---

(1) L. Teisserenc de Bort. — *Les Isothermes de janvier et juillet.* — *Annales du bureau central météorologique, 1878.*

la chute de grêle n'était pas compacte; quant aux grêlons, leur dimension ne dépassait pas celle d'un pois ordinaire. On observe parfois dans le Sahara, en été, pendant de grands orages, des chutes de grêle en grêlons assez gros.

Orages. — Ce phénomène s'est produit 5 fois, mais toujours dans des régions assez éloignées de nous ; nous ne constations que les éclairs et parfois du tonnerre.

Le 8 novembre à 7 h. du soir, éclairs dans le S.-O. et le S.-E. près de l'O. El-Fahl (l'orage s'étendait sur la région de l'erg).

Le 14 novembre à 8 h. 1/2 du soir, grands éclairs dans le sud. El-Goléa. Nous avons eu des gouttes de pluie dans la nuit (l'orage s'étendait sur la région méridionale du Tademayt).

Le 6 janvier 94, à la nuit, éclairs dans le nord et dans l'ouest. Près des gour Abreha (l'orage s'étendait sur le Tinghert et sur la partie sud de l'erg).

Le 3 février à 5 h. du soir, tonnerre dans le N.-O.; à 7 h. s. tonnerre et grands éclairs dans le N. Tabankort (l'orage s'étendait sur la région du Tinghert et de l'erg).

Le 23 février à 8 h. du soir, éclairs dans l'ouest à Hassi Khaldïat (l'orage devait s'étendre sur les plateaux du Mzab).

Fulgurites. — C'est ici l'occasion de parler des fulgurites que j'ai rencontrées assez souvent dans l'erg pendant presque toutes mes missions; le plus bel amas que j'aie jamais reconnu était situé sur le flanc d'une dune, au milieu du gassi Touil, — le ghourd M'rahi. — Ce gisement se trouvait disposé à peu près comme une roue de voiture à laquelle il manquerait le moyeu et les jantes, les rayons seuls restant, rayons irréguliers et à demi enfouis sous le sable, ayant de 1 m. 50 à 4 m. de longueur avec un diamètre de 3 à 5 centimètres. Leur apparence était celle d'un tube irrégulier et grisâtre de couleur. C'était en somme — comme chacun le sait — du verre grossier et impur extrêmement fragile et produit par la fusion du sable sous le choc de la foudre (1).

Gelées. — J'ai recueilli de la glace à plusieurs reprises, et il a été constaté que le thermomètre à minima avait donné 23 fois des températures au-dessous de 0° ou s'arrêtant à 0°.

Gelées blanches. — On a constaté 11 fois de la gelée blanche.

Brouillard. — Ce phénomène est tout à fait anormal dans le Sahara, et je l'ai observé *pour la première fois* dans ma dernière mission ; ce qu'il y a de singulier, c'est qu'il s'est présenté *à six reprises*.

Le 22 novembre, brouillard intense et glacé de 7 h. à 9 h. du matin. — Avant 7 h. le ciel était entièrement pur. — O. El-Far.

Le 17 décembre 93, brouillard intense depuis 5 h. du matin jusqu'un peu après le lever du soleil. Oudje Sud, près Draâ-el-Beguira.

Le 18 décembre, brouillard intense ne se dissipant qu'à 9 h. 1/2. Ben-Abbou.

Le 19 décembre, léger brouillard au lever du soleil. Près Menkeb-Allal.

Le 21 février, brouillard extrêmement épais qui dure de 8 heures à 10 heures 1/2. — Il est impossible de voir à plus de 8 à 10 m. — Houdh-el-Alenda.

(1) J'en ai déposé des fragments au laboratoire de géologie à la Sorbonne.

Le 23 février, très épais brouillard, depuis 3 h. du matin jusqu'à 9 h. 1|2, se résolvant en pluie extrêmement fine. Hassi-Khaldïat.

Rosée. — Il a été constaté 28 fois de la rosée ; 12 fois elle a été très abondante, et 16 fois ce n'était qu'une légère rosée.

Halo solaire. — Ce phénomène n'a été observé que deux fois : le 8 novembre, faible halo solaire à 8 h. du matin ; le chihili a soufflé ensuite tout le jour, et le soir nous avons eu des gouttes de pluie et de l'orage lointain.

Le 20 novembre, grand halo solaire à 10 h. m. Ouad Tilmas (Tademayt.)

Halo lunaire. — 4 fois nous avons observé ce phénomène et c'était toujours un grand halo ; il s'est présenté les 20 novembre, 21 décembre 93, 5 janvier 94, et 19 février 94.

Mirage. — Le Sahara, comme chacun le sait, est le pays par excellence du mirage qui déforme tous les objets en vue et trompe le voyageur au point qu'à certaines heures du jour il ne reconnaît plus une contrée qu'il a déjà vue, mais dans d'autres conditions ou à d'autres heures.

Je me bornerai à esquisser seulement les sept successives déformations d'un ghourd sur la bordure du Gassi Touil entre 7 heures et 7 h. 10 minutes du matin, le 15 février 1894. Le ghourd est dans l'est-nord-est, le soleil étant dans le sud-est 1/4 d'est de l'observateur.

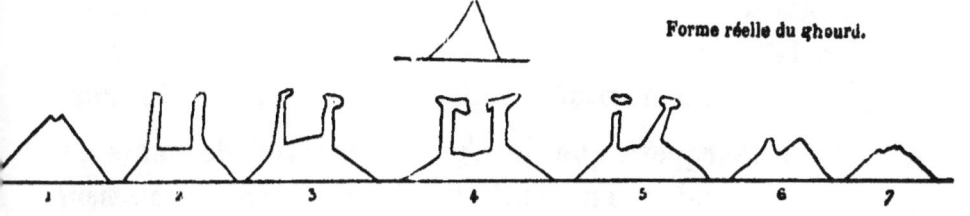

Forme réelle du ghourd.

On pourrait multiplier à l'infini ces exemples, mais je me contenterai de reproduire les deux séries ci-dessous qui sont choisies parmi les plus typiques.

Il arrive souvent que du haut d'un sommet il est impossible de se rendre compte si deux masses de sable sont reliées par des dunes basses ou séparées par une surface de reg plan, la coupure paraissant, dans l'un et dans l'autre cas, sous le mirage, n'être qu'un lac brillant et miroitant. Combien de fois ne me suis-je pas dirigé autrefois — alors que je n'étais pas encore un familier de l'erg — sur une coupure de ce genre, pensant trouver un passage libre de sable, et lorsque j'arrivais à courte distance, je trouvais devant moi des dunes, moins élevées que leurs voisines il est vrai, mais enfin des dunes.

Vents. — Voici le tableau de la fréquence des vents pendant la durée de mon voyage :

Vents de la région N.-O. à N.-E. en passant par le nord. . . . . 68 fois.
Vents de la région S.-O. à S.-E. en passant par le sud. . . . . 45 fois.
Vents d'est. . . . . 10 fois.
Vents d'ouest. . . . . 3 fois.
Vents nuls. . . . . 5 fois.
Vent spécial nommé chihili. . . . . . 18 fois.

On remarquera que je n'ai pas indiqué de vents de nord ni de sud, qui ne sont que des *exceptions absolument rares* dans le Sahara et qui tournent toujours vers l'est ou vers l'ouest, ne persistant jamais tout un jour, du moins je ne l'ai jamais observé ; j'ai donc pris les points extrêmes entre lesquels oscillent toujours les vents de la région nord ou de la région sud. Pour les vents d'entre N-O. et N-E., ce sont les vents de N-O. qui dominent de beaucoup. Pour ceux d'entre S-O. et S-E., ce sont ceux de S-O. qui sont les moins fréquents. Quant aux vents d'est et d'ouest du compas, ils sont aussi très peu fréquents et, dans tous les cas, toujours variables et faibles.

Ces constatations indiquent que les points N-O. et S-E. devaient fatalement être pour les habitants de la région des points remarquables. Il faut peut-être chercher là la véritable cause de la différence d'orientation des points cardinaux des Arabes avec les nôtres.

Le vent *se couche* dans le Sahara presque toujours en même temps que le soleil. J'emploie le mot « se couche » pour traduire l'expression pittoresque et très juste des Arabes. Un seul, fait assez fréquemment exception à la règle, c'est le N-E. que les Arabes nomment tEl Chitâne (*le diable*) parce qu'il persiste pendant la nuit.

Le chihili est un vent chaud, de la région entre le S-E. et le S-O. C'est généralement le S-O. qui en tant que chihili est le plus fréquent ; car tous les vents de cette région du compas ne peuvent être indifféremment nommés chihili. En effet, ce dernier seul soulève beaucoup de sable et embrume l'atmosphère.

Le N-O. soulève aussi parfois beaucoup de sable, mais il n'a pas les mêmes propriétés que le chihili et n'est pas comme ce dernier chargé d'électricité ou du moins concomitant avec des phénomènes électriques. C'est après des journées de chihili que j'ai vu, en passant la main sur la crinière d'un cheval ou la bosse d'un mehari, se dégager des milliers de petites étincelles électriques.

Le chihili ne se lève jamais avant 8 h. 1/2 ou 9 h. du matin et ne souffle en grande brise ou en brise carabinée qu'à partir de 11 heures, pour commencer à mollir entre 3 et 4 heures et s'apaiser entièrement au coucher du soleil. Les cas où il continue à souffler — mais alors par rafales — pendant la nuit sont infiniment rares et je ne l'ai guère noté qu'à Biskra, mais non pas dans le Sahara.

Le chihili des régions sud arrive à affoler les boussoles. Cet accident m'était déjà survenu à plusieurs reprises dans mes précédents voyages et il s'est renouvelé cette année, le 19 février 94, jour pendant la matinée duquel l'instrument était tellement perturbé, que l'aiguille, après avoir fait plusieurs fois le tour du cadran, venait se coller au verre et restait immobile, quelle que fût la position donnée à l'instrument.

J'attribue ce phénomène à l'état spécial produit sur le verre protecteur par le passage rapide des molécules très fines du sable poussées par le vent. Cependant il doit y avoir en outre quelque autre chose, car les boussoles de rechange consultées par moi pour contrôler le phénomène étaient dans le même état au moment précis où je les sortais des caisses et les retirais de leurs écrins.

Quelques mots sur la végétation de l'Erg. — C'est ici que viennent se placer tout naturellement quelques réflexions sur la végétation de l'Erg. J'ai traversé 6 fois, du nord au sud ou inversement, cette intéressante région, et j'avais été frappé de l'inégale répartition des plantes sur toute cette immense surface. La traversée de l'Erg du sud ou Erg d'Issaouan — qui comme celui du nord contient deux zones très différentes — a achevé de me prouver ce que déjà j'avais cru pouvoir affirmer, à savoir : la densité de la végétation dans les dunes est toujours en raison inverse de la multiplicité des gassis ou des trouées analogues ; je n'ai jamais vu se démentir cette loi, et si un voyageur suit une chaîne d'un erg quelconque, il peut à coup sûr, et sans voir la physionomie générale du pays, dire que cet erg est compact homogène et ne contient pas de gassis, si ses pieds foulent une belle végétation. Si, au contraire, le sable est à peu près nu ou recouvert seulement de rares plantes, il peut affirmer que l'erg dans lequel il marche n'est pas compact, que c'est une chaîne isolée sur la hamada, ou que c'est une région de dunes trouées de nombreux gassis ou de surfaces de hamadas.

Il est certain, en effet, que le fait de pauvreté végétale que je signale se produit fatalement quand on a affaire à des ergs isolés et non pas à une masse de sable continue compacte et non coupée de gassis ou de surfaces planes et absorbantes qui drainent toute l'humidité indispensable aux plantes et rendent ainsi les ergs infertiles.

La portion de l'Erg qui s'étend de Berreçof et de Touaïza à Ghdamès, surtout dans sa partie sud, est le type parfait du massif arénacé homogène et sans couloirs d'aucune sorte ; pics et vallées, tout est du sable, aussi la végétation y est-elle extrêmement florissante et elle va même jusqu'à atteindre les sommets des plus hauts oghroud.

OCTOBRE 1893

JOUR	LIEU	THERMOM. CENTIG.				Baromètre réduit à zéro			VENT		
		à minima	7 h.	12 h.	7 h.	7 h.	12 h.	7 h.	7 h.	12 h.	7 h.
23	20 k. au S. d'Oumach.	9°	20°	25°	15°5	757 8	757	756 2	N.N.O. faibl.	S.O. faibl.	S.O. fa
24	Ouad Fahama.	8	16	25	18	755 3	754 5	754 8	N.O. faibl.	S.E. var.	S.E. fa
25	Hassi Zreig.	8	12	24	16	753 8	753 8	754	S.E. faibl.	S.O. var.	S.O. fa
26	Au S. de l'Ouad Rtem.	5 7	12	23 5	17	747 8	748	744 2	S.O. faibl.	S. a.p.s.	nul
27	5 k. N. de Dzioua.	11 2	17 5	28	0	744 8	746	»	S.O. b.b.	S.O. var.	nul
28	Entre Dzioua et El-Alïa.	8	9	26	19	752 8	752	751 2	S.O. faibl.	N.E. faibl.	nul
29	5 kil. N. d'El-Alïa.	6	12 2	24	17	748	752 2	752	N.N.E. faibl.	S.S.O. faible	S.E. fa
30	Près Kef Dribina.	12 5	15 8	27 8	19	751 8	748 5	750 5	S.O. faibl.	S S.O. fai.	E.S.E.
31	6 kil. N. O. de Negoussa.	12 5	16	33 6	17 5	747 3	750 5	747 5	nul	S.O. b.b.	N.N.O.

CIEL		OBSERVATIONS
12 h.	7 h.	
pur	pur	Journée très belle, vent de S.-O. faible.
pur	pur	Journée très belle, faible vent de S.-E., ciel pur.
pur	pur	Journée belle, faible chihili dans l'après-midi.
pur	pur	Très belle journée, après-midi chaude, ciel pur.
pur	pur	Chibili dans l'après-midi, le vent tombe au coucher du soleil.
1/4 couv.	1/2 couv.	Au matin petit stratus, dans l'après-midi ciel nuageux.
1/2 couv.	3/4 couv.	Ciel en partie nuageux, petit vent de S. variable S.-O.; au coucher du soleil les nuages plus nombreux ; vers 7 h., quelques gouttes de pluie, ciel couvert toute la nuit.
1/4 couv.	1/2 couv.	Ciel en partie couvert, petit vent de S.-O.
1/2 couv.	1/4 couv.	Journée très chaude et chihili de 1 h. à 4 h.

NOVEMBRE 1893

JOUR	LIEU	THERMOM. CENTIG.				Baromètre réduit à zéro			VENT		
		à minima	7 h.	12 h.	7 h.	7 h.	12 h.	7 h.	7 h.	12 h.	7
1	El-Bour.	13°	17°5	30°5	17°	749	750 8	752	N.O.faibl.	N.variab.	N.O
2	Id.	17				752 3	»	»	N.O.faibl.	»	
3	Entre Negoussa et Ouargla.	20 5	21 5	29 5	21 2	752 7	753 2	752	N.O.faibl.	S.O. var.	N.E
4	23 kil. S. O. d'Ouargla.	16	18 5	30 5	24 6	752 6	752	743	S.O. à p.s.	N.O. var.	N.N.
5	Gour-Bou-Charef.	16	18	28 5	19 8	742 8	746 2	747	N.O.faibl.	N.O.faibl.	N.
6	Hassi-El-Hadjar.	10 5	18 5	28 5	19 5	745 5	750	750	N.E.faibl.	S.E.à p.s.	N.
7	Id.	9 2	15 2	29 2	19 5	747	748 5	744	S.O.faibl.	S.O. b. b.	S.O
8	6 kil. N. de l'Ouad-El-Fahl.	12 5	17	24 5	12 5	742 2	738 5	734	S.O. b. b.	S.O. fort	S.O.
9	23 kil. S.O. de l'Ouad-El-Fahl.	8 8	13 2	26 5	18	736 8	739	736	S.O. faibl.	O. faible	N.O
10	Ouad Medhaâb-Debouba.	8 8	12 3	26	17 5	737 2	738 8	737	S.O. faibl.	S.O. b. b.	N.O
11	Ouad Djáfou.	6 2	12 5	25 5	14 5	736	734 2	735	S.O.faibl.	S.O.faibl.	N.
12	Areg-Khânem.	6 2	12	26	19	733 2	734 5	735	S.O. à p.s.	S.O. b.b.	N.O
13	Hassi Gara (El-Goléa).	11 5	16	29 2	18	733	734	733	S.O.faibl.	S.O.faibl.	N. f
14	Id.	10 5	14	26 5	13 5	732 8	735 5	734	S. à p. s.	S. à p s.	E. à
15	Id.	9 5	14 5	26	20	731 8	734 5	732 5	N.E. à p.s.	S.O. faibl.	S.O
16	40 kil. S. d'El-Goléa.	13 5	17 4	26 4	18 5	732 5	733 2	734 8	S.O. à p.s.	S O. faibl.	N.E.
17	Hassi El-Hadj-Moussa.	9	14 5	25	19 5	731 8	733 2	733 5	S.O. à p.s.	N. variab.	nul
18	Id.	11 5	14 5	26 3	17 5	733	734	729 2	S.O.faibl.	N. b. b.	N.
19	Id.	7 4	9 3	23	18 3	728 5	730 2	727 3	nul	N. faible	N.
20	Id.	4 8	5 5	19	12 5	727 8	731	729	N.E. b. b.	N.E. b.b.	N.E
21	Id.	10 5	13 3	19	14	730 5	731	728	N E. fort	N.E. fort	N.E
22	Id.	7 5	8	19 2	14 5	728 5	729 2	727 5	N.E. fort	N.E.faibl.	N.E
23	Id.	3 2	4 8	16 5	4 5	727 5	730 9	729 2	E. faib'e	N. b b.	N.
24	Id.	—4 2	+1 3	18 5	6 8	728	731 8	730	nul	S.O. faibl.	N.E.
25	Id.	—4	+1	13	4 2	731 5	735 3	734 5	nul	N. faible	N.
26	Id.	—6 2	—0 3	12 6	8 7	733	735 8	733	nul	N. faible	N E
27	Id.	—6	—4	13 5	9	730 6	732 7	730	nul	N.E.faibl.	N.E
28	Id.	—7 5	—2	12 5	12	730 5	732 6	730 5	nul	N. faible	N.
29	Id.	—2 8	—0 3	15	9	729 2	731 8	731 2	O. faible	N.O.à p.s.	
30	Id.	—1	+4	16 5	8 8	730 2	732 8	731	nul	O. faible	N.

NOVEMBRE 1893

	CIEL		OBSERVATIONS
h.	12 h.	7 h.	
couv.	couvert	couvert	Ciel couvert toute la journée ; vers 9 h. grand halo lunaire.
vert	couvert	couvert	Dans la nuit gouttes de pluie avec intermittences de 1 h. à 5 h. du matin ; la journée ciel couvert.
vert	couvert	couvert	Ciel couvert toute la journée ; le soir le zénith s'éclaircit.
vert	1/2 couv.	menaçant	Le matin ciel couvert, éclaircie de 9 h. à midi ; le ciel se charge à partir de 2 h.
u	beau	pur	Ciel nuageux dans la journée, se dégageant au coucher du soleil.
u	1/4 couv.	pur	Ciel nuageux, se dégageant au coucher du soleil.
couv.	beau	pur	Au lever du soleil le ciel est couvert, éclaircie vers 10 h. ; dans l'après-midi chihili jusqu'à 4 h.
meux	couvert	beau	Au matin vent de S. O. b. brise, 8 h. halo solaire faible, après-midi fort vent de S.-O. et chihili, sable soulevé, gouttes de pluie dans l'après-midi ; dans la soirée vers 7 h. éclairs dans le S.-O. et le S.-E.
geux	pur	pur	Journée très belle, faible brise, ciel pur.
	pur	pur	Matinée très belle ; à partir de 10 h. chihili et sable jusqu'à 3 h., le vent tombe au coucher du soleil.
	pur	pur	Journée très belle ; ciel pur.
	pur	pur	Matinée belle ; à partir de 10 h. le ciel se couvre de légers stratus.
	stratus	beau	Le ciel est embrumé de légers stratus, se dissipant au coucher du soleil.
couv.	beau	couvert	Le ciel est couvert dans la matinée (cumulus) ; vers 4 h. le ciel se couvre, 8 h. 1/2 lueurs d'éclairs dans le sud, dans la nuit gouttes de pluie.
	pur	1/2 couv.	Au matin ciel très beau ; vers 1 h. légers stratus dans l'ouest ; le N.-O. en partie couvert vers 7 h.
couv.	1/4 couv.	1/2 couv.	Dans la nuit petite pluie, vers minuit et à 2 h. du matin ; ciel nuageux dans la journée, ciel demi-couvert au coucher du soleil.
	beau	pur	Dans la matinée ciel très beau ; de 1 h. à 3 h. faible chihili.
	pur	pur	Au matin légère rosée ; après-midi vent de Nord assez fort charriant du sable.
	pur	pur	Très belle journée.
eux	1/2 couv.	couvert	Dans la matinée vent de N.-E. assez fort et froid, soufflant toute la journée ; le soir vers 8 h. grand halo lunaire et vent de N.-E. soufflant toute la nuit par violentes rafales ; le ciel est menaçant.
ert	couvert	menaçant	Vent de N.-E. froid soulevant du sable, ciel complètement couvert, gouttes de pluie à plusieurs reprises, vent de N.-E. toute la nuit.
uag.	1/2 couv.	1/4 couv.	Vent de N.-E. très froid ; le vent tombe vers 11 h., le ciel se couvre en partie au coucher du soleil.
	pur	pur	Dans la nuit rosée abondante ; vers 2 h. de l'après-midi vent de Nord soufflant très fort, sable soulevé.
	beau	pur	Légère rosée ; vers 10 h. le sud se couvre de légers nuages, se dissipant vers 5 h. 1/2 ; nuit belle.
	pur	pur	Dans la nuit vers minuit vent de Nord par rafales ne soufflant que quelques heures.
	pur	pur	Nuit glaciale, vent nul, légère gelée blanche, la journée très belle.
	pur	pur	Le matin gelée blanche assez intense, journée très belle.
ouv.	1/2 couv.	couvert	Nuit très froide, pas de rosée, ciel nuageux (cumulus) se couvrant complètement au coucher du soleil.
	pur	pur	Légère rosée ; vers 10 h. vent d'Ouest soufflant une partie de la journée.
	beau	pur	Très légère rosée ; petits nuages dans l'Ouest, se dissipant au coucher du soleil.

DÉCEMBRE 1893 — 264 —

JOUR	LIEU	THERMOM. CENTIG.				Baromètre réduit à zéro			VENT		
		à minima	7 h.	12 h.	7 h.	7 h.	12 h.	7 h.	7 h.	12 h.	7 h.
1	Hassi-El-Hadj-Moussa.	—2°5	+1°5	16°	10°	730 7	734 5	730 8	E. à p. s.	N.O.faibl.	nul.
2	Id.	—2 5	3 5	17 2	12 5	732	735	731 5	nul	nul	S.E. à p
3	Id.	—2 8	2 5	18 5	11 6	731 2	734 7	731 3	nul	S.O.faibl.	E. faib
4	Id.	—1 3	5 3	20 5	12 8	729 5	731 8	728 3	nul	S.O.faibl.	S. faib
5	Id.	+1 5	9	20	12	727	729 8	728 2	nul	N.O.faibl.	N.O. à p
6	Id.	3 8	5 2	18	13	726	725	724	S. à p. s.	S.O.faibl.	N.O. fo
7	Id.	4	6	11 5	8 2	725 8	726 5	726 2	N.O.faibl.	N. b. b.	N.O.fa
8	15 kil. N. de Dayet-Saret.	1	3	12	5	724	724 2	727 2	N. faible	N. faibl.	S. à p.
9	Haniet-El-Baguel.	1	2 5	14	5	727	736	735	N. à p. s.	N.E.faibl.	N. à p
10	Ouad Insokki.	—0 5	4	15 4	6	734 8	735 8	734 6	N.E. à p.s.	E.N.E. àp.s.	N. faib
11	Ouad Messeyed.	—4	1 5	16 5	9 5	730 8	731 5	729	nul	N.N.E. ap.s.	E. à p
12	Ouad Tinersal.	+0 8	10 5	16 5	10	727 7	727 5	730	N.E. faibl.	N.E.b.b.	N.E.fa
13	Id.	9 5	10 3	15 5	12 5	728 8	729 8	729	N. b. b.	N. fort	N. for
14	Id.	8 5	10	10 5	10	728 2	729	729 2	nul	N. b. b.	N. à p
15	Ouad Gholga.	8	9 5	14	11 5	730 5	731 8	733 2	N.E.b.b.	N.E. b.b.	N.E.fo
16	Ouad Imgharghar.	9 6	12 5	15	13	732 8	731 5	731 2	S.E.faibl.	S.E.b.b.	S.O.fa
17	Entre Beguira et Ben-Abbou.	7	8 5	15 5	9	731 2	731	729	S.E. faibl.	S.O.faibl.	N. à p
18	Maâder-ben-Abbou.	6	6 5	16	10 3	727 7	729 2	729	N. à p. s.	N. faibl.	N. à p
19	8 kil. Ouest de Menkeb-Allal	1 5	4	15	11	730	732 5	734	E. à p. s	E. faibl.	nul
20	El-Bïodh.	2	3 8	16	9	734	735 3	733	S.O. à p.s.	S.O.faibl.	nul
21	Id.	3 2	4 5	17	12 5	735 5	734	735	nul.	N.O.faibl.	S. à p
22	35 k. E.S.E. d'El-Bïodh.	8 3	10	14 3	8 8	733 2	732 8	731	N.O.faibl.	N.O. fort	N.O.
23	20 k. O.N.O. de Timassânine	+0 5	1	15	5	728 5	731	730	E. faibl.	N.O.faibl.	N.O.
24	Timassànine.	0 0	4 2	14	11	728	736	732	nul	N. à p. s.	E. fa
25	Id.	9 5	10	16 7	10 2	734	735 5	733	E. à p. s.	N.E.faibl.	N. à p
26	Id.	3 2	4	16	10 2	733 8	737	734	nul	N.E.faibl.	E. à p
27	Id.	1 2	2 5	15 8	9 2	732 5	733	731	nul	N. faibl.	N.E. à
28	Id.	1 2	3 5	15	7	731 8	732 5	730	nul	N.O.faibl.	nul
29	26 kil. E. de Timassânine.	—2	+0 8	11 5	7 2	730 6	730 5	731 2	N.E.faibl.	E. b. b.	E. b.
30	59 kil. id.	—0 8	1	10 8	7	730 5	729 7	728	E. faibl.	E. fort	E. à
31	88 kil. id.										

DÉCEMBRE 1893

	CIEL		OBSERVATIONS
	12 h.	7 h.	
	pur	pur	Très légère gelée blanche, journée belle, le coucher du soleil est chargé de nuages.
ouv.	1/4 couv.	1/2 couv.	Ciel en partie couvert toute la journée, ne se dégage qu'au coucher du soleil.
	pur	pur	Matinée belle, après-midi chaude, vent d'Est faible se levant vers 8 heures du soir, souffle une partie de la nuit.
eux	nébuleux	1/4 couv.	Petits nuages dans le S.-O. et le N.-O., au lever du soleil. Le ciel reste brumeux jusqu'à la nuit.
ouv.	1/4 couv.	1/2 couv.	Grand banc de nuages dans le S. et le S.-O. se dissipant vers 9 h., vent de Nord-Ouest fort dans l'après-midi, tombe au coucher du soleil.
ant	menaçant	pluie	Ciel nuageux au lever du soleil ; le ciel devient menaçant à partir de 11 h., reste ainsi toute la journée ; vers 7 h. pluie très forte jusqu'à 3 h. du matin ; rafales de vent du Nord et N.-O. pendant la nuit.
ouv.	1/4 couv.	1/2 couv.	Le matin le ciel est dégagé sauf dans le Sud, où il existe de gros nimbus se dissipant vers 9 h. du matin. Après-midi belle.
ouv.	pur	1/4 couv.	Très forte gelée blanche, ciel nuageux se dégageant vers 11 h., devient de nouveau nuageux au coucher du soleil.
ouv.	1/4 couv.	1/4 couv.	Très forte rosée, 7 h. ciel chargé dans le sud, reste ainsi presque toute la journée, ne se dégage qu'au coucher du soleil.
	pur	pur	Le lever du soleil est chargé de nuages, se dissipant vers 6 h. 3/4 ; très forte gelée blanche particulièrement sur le versant nord des dunes, après-midi belle, au sud petits nuages.
	pur	1/4 couv.	Le coucher de la lune est embrumé, le ciel se couvre complètement pendant la nuit, le ciel devient menaçant, le baromètre est à 726, 5 à 4 h. 1/2 au matin, il remonte vers 6 h. 1/2 le ciel est toujours très chargé.
ant	3/4 couv.	1/4 couv.	Le ciel est menaçant à 7 h. ; puis s'éclaircit, se recouvre vers midi jusqu'au soir.
ouv.	couvert	menaçant	Dans la nuit rafales de vent de Nord ; vers midi le ciel est complètement couvert, devient menaçant vers 7 h.
	pluie	menaçant	La nuit du 13 à partir de 9 h. pluie abondante tombant toute la nuit, la matinée pluie assez forte tombant une grande partie de la journée, rafales de vent de N. le ciel est menaçant. Il est tombé dans la journée du 14 environ 20 mm. d'eau
ant	menaçant	menaçant	Le ciel s'éclaircit vers 3 h. du matin, se recouvre vers 6 h. et devient menaçant, reste dans cet état presque toute la journée, vent de Nord-Est assez fort ; gouttes de pluie vers 6 h. du soir, ciel menaçant ; pluie vers 10 h.
ant	menaçant	1/2 couv.	Au matin ciel menaçant, petite pluie vers 9 h. du matin ; le ciel est complètement couvert dans l'après-midi.
ux	1/2 couv.	pur	Petite pluie dans la nuit ; vers 3 h. le ciel est dégagé, 5 h. du matin brouillard intense se dissipant au lever du soleil, nuages dans le N.-O. se dissipant vers 2 h. de l'après-midi, ciel pur le reste de la journée.
ouv.	1/4 couv.	pur	Rosée abondante, brouillard assez intense ne se dissipant que vers 9 h. 1/2 ; le ciel est parsemé toute l'après-midi de nombreux stratus.
	pur	pur	Rosée abondante, léger brouillard au lever du soleil, journée très belle.
	pur	pur	Rosée abondante, journée très belle, chihili faible dans l'après-midi.
	pur	brumeux	Légère rosée, petit vent de S.-E. soufflant toute la nuit, journée belle, le ciel est brumeux au coucher du soleil, vers 6 h. 1/2 grand halo lunaire.
ux	brumeux	pur	Dans la nuit vent de N.-O., dans la journée vent de N.-O. fort et froid, charriant du sable ; ce vent tombe peu après le coucher du soleil.
	pur	pur	Très belle journée, vent de N.-O. un peu froid.
	1/4 couv.	couvert	Petite gelée blanche ; après-midi belle ; le ciel se couvre au coucher du soleil.
rt	1/2 couv.	1/2 couv.	Toute la nuit ciel couvert, se dégage un peu vers 9 h., mais il reste parsemé de nombreux cirrus ; dans l'après-midi le ciel se couvre, petite ondée vers 3 h. ; au coucher du soleil le ciel se dégage, à 7 h. le ciel est complètement pur.
	pur	pur	Légère rosée, le ciel est un peu embrumé, reste parsemé de petits cirrus toute la journée.
	1/2 couv.	3/4 couv.	Rosée abondante ; au lever du soleil le ciel est couvert de petits nuages ; reste ainsi toute la journée, ne se dégage que vers 9 h. du soir.
	pur	pur	Petite gelée blanche, ciel magnifique toute la journée, petit vent de N.-O.
	pur	pur	Très forte gelée blanche, température froide ; au coucher du soleil le vent d'Est augmente de force, souffle jusque vers 8 h., tombe dans la nuit.
	pur	nébuleux	Forte gelée blanche ; vers 8 h. fort vent d'Est, reste froid, souffle toute la journée ; au coucher du soleil le vent tombe, le ciel est parsemé de nuages.
			Vent d'Est soufflant par rafales depuis 10 h. du soir jusqu'au lever de la lune, petits nuages au lever du soleil ; dans l'après-midi fort vent de S.-E. soulevant du sable ; l'atmosphère est embrumée, ce vent tombe vers 5 h. ; soirée très belle.

JANVIER 1894

JOUR	LIEU	THERMOM. CENTIG.				Baromètre réduit à zéro			VENT		
		à minima	7 h.	12 h.	7 h.	7 h.	12 h.	7 h.	7 h.	12 h.	7 h.
1	102 kil. E. de Timassânine.	+1°5	2°2	14°8	10 8	717 5	720	717 8	N.E.faibl.	N.E.faibl.	N. b.
2	137 — —	0	1 8	15 5	5	718 5	717	717	N.O.faibl.	N.O.b.b.	N.O.fa
3	id. —	—2	2 2	13	8	717 2	720	716 5	N.O.faibl.	N. O. fort	N.O.fa
4	Erg au S. O. d'Ohanet.	—2	+0 5	15 8	7 8	718 5	716 2	717	N.O à p.s.	S.O b.b.	S.O.fa
5	Erg près des Gour Abreha.	+7 5	10	20 8	18 5	715	720 5	717	S.O. b.b.	S.O. fort	S.O.b.
6	Hassi Tadjentourt.	12 2	13 2	19 5	14	719	720	718	S.O. b.b.	O. b. b.	N.O.fa
7	Id.	2 3	8	22 3	11 5	718	720	716	nul	S.E.faible	nul
8	Ouad Tanegholé.	4 6	7	19	10 5	715 5	721 5	721 5	nul	N.O.faibl.	N. à p
9	Ouad Assekkifaf.	3 9	6 5	19 5	8 2	718 5	726	723	S.E.faibl.	N. faible	N. à p.
10	Près Saghen.	1 5	7	15 5	7 2	720	721 5	719	nul	S.E. à p.s.	nul
11	Id.	0	2 2	18	8 2	718 5	720	719	nul	S.O. faibl.	nul.
12	Id.	1 5	3 5	18 9	11 2	718 5	717	719 5	nul	N.O.faibl.	N.O.fa
13	Id.	1	3 5	18	8 5	719	722	720	N.O.à p.s.	N.O.faibl.	N.O.fa
14	Afara-n-Ouechecherane.	1 5	4 5	16 3	6	718	719 5	720	N.O.faibl.	O. variab.	nul
15	Id.	1 8	4 8	18 5	12 5	713	715	712	E. à p. s.	E. b. b.	E. for
16	Id.	8 2	9 5	21 8	15	710 8	712	710 5	E. b. b.	E.N.E. fort	E. fort
17	Gour Isouitar (O. Tikhamalt).	7 2	9 5	23	12	711 5	711 5	711 2	S.E.b.b.	S.E. fort	S. E. fa
18	Près Tadjenout (O. Tikham.).	5 2	7 8	15	11 5	711 2	711 2	711	S.E. faibl.	E. à p. s.	N.E.fa
19	Ouad Mihero (près Edeych.).	0 2	4 2	11	4 2	711 8	713 2	712	nul	N.E.à p.s.	nul
20	Près Tatersine.	—3 2	5 2	16	10	712	714	715	N. à p. s.	N. à p. s.	nul
21	Afara-n-Ouechecherane.	+2	7 2	11	6	716 5	719 2	720	N.O.faibl.	N.O.faibl.	nul
22	Id.	—3 2	—1 2	14	8	716 5	720	719	nul	S.E.faibl.	S.E.à.
23	Ouad-Tiffozzoutine.	+1	+1 5	18 2	11 5	715 5	719 2	716	E. à p. s	S.E.faibl.	S.E.à.
24	Mechera de l'ouad Tiffozzout.	2 5	4 8	20 8	13	713 5	714	715 5	S.E. faibl.	S.E.faibl.	S.E.à
25	Au N. de l'ouad Issaouan.	1	4	22 5	11 5	714	717 5	714	S. à p. s.	S.O t. fai.	S.O.à
26	Erg au N. d'Issaouan.	7 5	11 8	24 5	12 5	711 2	712 5	714	S.O.b.b.	S.O. tr. f.	O.vari
27	Erg de Timassânine.	3 7	6 5	16	10 5	715 7	717 3	714 5	N.O.faibl.	N. O. fort	N.O.fa
28	Id.	—0 2	3 7	13	10	715 5	715	719 5	N. à p. s.	E. var.	N.E.fa
29	Campement des trois Gassis.	+3 2	5	14	8 5	712 5	716 5	714	N.O.faibl.	N.O. tr. f.	N.O.fa
30	Id.	2 8	4	8 5	6 8	712 5	714 5	717	N.O.faibl.	N. O. raf.	N.O fa
31	Dans l'Erg près du Djoua.	3 6	5 8	11 7	8 5	719	723	722	N.O.faibl.	N. O. fai	nul

JANVIER 1894

CIEL			OBSERVATIONS
7 h.	12 h.	7 h.	
	1/2 couv.	1/4 couv.	Le matin ciel pur ; vers 9 h. le ciel se charge de petits cumulus ; vers 2 h. les nuages augmentent, le ciel devient menaçant, de 3 h. à 7 h. gouttes de pluie par intermittences ; à 8 h. le ciel se dégage complètement.
...meux	brumeux	pur	Vent de N.-O. soufflant toute la nuit, le ciel est brumeux une partie de la journée, se dégage au coucher du soleil.
	pur	pur	Vent de N.-O. soufflant faible toute la nuit, augmente au lever du soleil, devient très fort vers midi ; ce vent tombe au coucher du soleil, nuit très belle.
couv.	brumeux	1/4 couv.	Petite gelée blanche, vers 10 h. le ciel s'embrume, ne se découvre que vers 6 h. 1/2.
vert	couvert	couvert	Ciel couvert toute la nuit, ne se dégageant que vers 7 h., reste en partie couvert toute la journée ; vers 6 h. le ciel devient menaçant, 7 h. gouttes de pluie.
vert	1/2 couv.	pur	Vent et averses de pluie toute la nuit, éclairs dans l'Ouest et le Nord ; vers 7 h. petite pluie, 8 h. le ciel se découvre, mais reste brumeux jusqu'au soir ; 7 heures ciel pur.
	pur	pur	Légère rosée, journée très belle, petit vent de Sud-Est.
	pur	pur	Journée très belle, petit vent de N.-O. ; légères brumes au coucher du soleil.
	pur	pur	Très belle journée ; petit vent de N.
	pur	brumeux	Journée très belle, quelques nuages dans l'Ouest, se dissipant peu après le coucher du soleil.
	pur	pur	Journée très belle, après-midi chaude.
	pur	pur	Très belle journée, petit vent de N.-O.
	pur	pur	Journée très belle ; après-midi chaude.
	pur	pur	Journée très belle, quelques nuages dans l'Ouest se dissipant au coucher.
	pur	couvert	Légère gelée blanche, après-midi belle ; au coucher du soleil, le ciel se charge dans l'Ouest, le vent augmente de force et souffle très fort, vers 9 h. ; à cette heure grand halo lunaire ; le ciel est en partie couvert, vent d'Est toute la nuit ; le matin vers 5 h. l'état du ciel et du vent ne changent pas, le barom. est à 711. 8.
...couv.	pur	1/4 couv.	7 h. le ciel est un peu dégagé sauf dans l'Ouest où les nuages sont très épais ; vent d'Est fort ; 8 h. le ciel se découvre, devient très beau vers 11 h. ; 2 h. vent d'Est augmente de force et soulève beaucoup de sable : ce vent souffle toute la nuit.
...ouv.	nuageux	1/4 couv.	Au matin ciel couvert, et vent de S.-E., le ciel reste en partie couvert ; dans l'après-midi chihili violent, température chaude, poussière en quantité, ciel brumeux.
vert	couvert	couvert	Ciel couvert, vers 8 h. gouttes de pluie, ciel en partie couvert toute la journée.
	pur	pur	Dans la nuit le ciel se dégage complètement, reste pur toute la journée.
	nuageux	beau	Forte gelée blanche, le ciel se couvre vers 9 h. du matin, ne se dégage qu'au coucher du soleil.
vert	couvert	1/4 couv.	Ciel couvert vent de N.-O., froid, ciel couvert toute la journée, se dégage au coucher du soleil.
	pur	pur	Forte gelée blanche, ciel pur ; après-midi superbe.
	pur	pur	Matinée belle, après-midi vent de S.-E. ; chihili de midi à 3 h.
	pur	pur	Matinée belle, après-midi chihili de 11 h. à 4 h. ; soirée très belle.
	pur	embrum.	Après-midi très chaude, chihili de 11 h. à 4 h. ; au coucher du soleil l'horizon est embrumé par le sable soulevé, le vent tombe peu après le coucher du soleil, soirée belle.
	pur	pur	Dans la nuit du 25 vent de S.-E. très fort de 8 h. à 11 h. soulevant du sable en quantité, l'atmosphère est tout embrumée, ce vent souffle toute la nuit un peu moins fort ; à partir de 9 h. du matin fort vent de S.-O. et chihili violent ; 2 h. le vent s'établit à l'Ouest, souffle avec la même force jusqu'au coucher du soleil ; dans la nuit ce vent tombe complètement.
	pur	pur	Beau temps, vent de N.-O. assez fort dans la journée, tombe au coucher du soleil.
	pur	pur	Très beau temps, ciel pur, petit vent de N. variable.
...ouv.	1/2 couv.	3/4 couv.	Au matin ciel en partie couvert ; vers 9 h. vent de N.-O. très froid, soufflant très fort vers 1 h. de l'après midi ; vers 2 h. le ciel se couvre, et devient menaçant ; vers 3 h. pluie glaciale durant quelques instants, le ciel reste nuageux, éclaircie dans la soirée.
	pluie	3/4 couv.	Ciel couvert, vent de N.-O. temps à grains ; averses à 7 h., 9 h. et 11 h. ; vers midi averses accompagnées de grêle, le vent de N.-O. souffle fort par rafales, grains dans l'après-midi ; vers 7 h. le ciel se dégage un peu, reste nuageux toute la nuit ; vers 10 du matin grains accompagnés de grêle ; le thermomètre qui était à +8°. 5 tombe subitement à +5.
...ouv.	1/4 couv.	pur	Au matin ciel nuageux ; vers midi le ciel s'éclaircit, se dégage complètement au coucher du soleil ; le vent tombe à la même heure. Soirée très belle.

FÉVRIER 1894 — 268 —

JOUR	LIEU	THERMOM. CENTIG.			Baromètre réduit à zéro			VENT		
		à minima	7 h.	12 h.	7 h.	7 h.	12 h.	7 h.	7 h.	12 h.	7
1	Pied de la falaise du Tinghert.	—0°7	—0°3	12°3	7°5	720	720 5	722	nul	S.E.faibl.	S.E.
2	Ouad-In-Aramas (supérieur).	+2	4 5	15 8	9 5	720	717 5	721 8	S.E.b.b.	S.E. b.b.	E.var
3	Hassi Tabankort.	7	9 3	16 2	10	720 2	723 5	726 5	E.var.fai.	N.E. b.b.	nul
4	id.	6 5	7 3	9 5	8 2	726	728	730	N. faible	N.N.O. fort	N.O.
5	Ouad-In-Amestekki.	6 5	7 5	13 8	9	731	730	732 5	N. faible	N.variabl.	N.var
6	Ouad Igharghar	2 3	5 5	15	9	732	736 5	734 8	nul	N. faible	N. fai
7	Grand Erg (Station G).	2 5	4	15	11	735 7	736	738 5	nul	E.N.E.faible	E. fa
8	H Mouilah-Maâttallah.	7 5	9 5	13 4	10 5	739 5	742 5	740	N. à p. s.	N. faible	N. fa
9	Draâ-El-Mouilah	5 5	6 8	15 4	11 8	738 5	739 8	736	E. à p. s.	S.E. faibl.	nul
10	Gassi El Mouilah (Station H).	6 5	7 5	15 6	13 2	734 7	736 5	735	N. faible	N.E faibl.	N.E.f
11	Gassi Touil (Station I).	8 2	8 5	15	11	736 5	739 8	738 5	N.E.b.b.	N. b.b.	nul
12	Gassi Touil (Station J).	7 1	10 2	15 2	13	737 5	739 2	739	N.N.O.faibl.	N.O.faibl.	N.O.
13	Gassi Touil (Station K).	5 4	8 5	16	11	738 5	741 5	741 9	N.O.faibl.	N. faible	N.O.
14	Gassi Touil (Station L).	6 7	8 5	17 8	13 2	742 8	745 5	745 6	S.O.à p.s.	N.O.faibl.	nul
15	Gassi Touil (Station M).	4 7	7 8	17	11	745	748	746 5	O. faible	nul	nul
16	Draâ Sbèitt.	2 4	5 8	18 8	13 5	745	748 8	748	S.O.à p.s.	S.O.faibl.	nul
17	Hassi Feidjet-El-Mezâbi.	4	5 5	18	10 7	748 2	752	751 8	E. à p.s.	nul	nul
18	Hassi Feidjet-El-Mezâbi.	+0 2	5 7	23	15	747 5	746	744	S. faible	S.O.tr.for.	S.O.f
19	3 kil. N. de Hassi-Bel-Ktouta.	9 5	10 5	19	13	738 5	740	740	S.O. fort	O. tr. fort	N.O.à
20	Hassi Gnifida Djedida.	9 5	11 5	14	0	740 8	741 8	»	S.E.faibl.	S.E. faibl.	»
21	Houd-El-Alenda.	5	8 3	13 5	9	739	740 5	741 3	nul	N.O.faibl.	N. fa
22	Près Hassi Rebâia.	7 8	9 2	14 6	10 5	742 5	742 5	743 5	N.E.à p.s.	N. faible	nul
23	Hassi Khaldïat.	6 3	8 8	15 5	12 5	745 5	748	747 8	N. faible	N. faible	N.N.E
24	5 kil. N. d'El-Alïa.	5	8 8	16	12	747 8	747	747 5	N.E.à p.s.	N. faible	N. fai
25	24 kil. S. de Dzioua.	9 4	10 5	15 3	11 5	748 5	746	746 8	N.E.faibl.	N.E. faibl.	N.E.à
26	11 kil. N. de Dzioua.	5 5	9 4	15 4	0	750	755	»	N. faible	N. faible	»
27	Ouad Rtem.	3 2	7 5	17 8	13 4	751	747 2	745 8	N. à p.s.	S.O.faibl.	nul
28	Hassi Zreig (Ouad Itel).	4 4	8	19 6	14 5	742 7	743	747 2	N.O.àp.s.	S.E.faibl.	nul

	CIEL		OBSERVATIONS
h.	12 h.	7 h.	
	pur	pur	Très forte gelée blanche ; après-midi belle, faible chihili de midi à 3 h.
eux	beau	pur	Petit vent de S.-E. soufflant toute la nuit ; dans l'après-midi chihili de S.-E. fort, sable soulevé ; au soir le vent remonte à l'est ; 8 h. vent d'est soufflant par rafales jusqu'à 4 h. du matin.
ouv.	couvert	couvert	Au matin ciel sombre et brumeux (sable) complètement couvert, vent d'Est faible soufflant jusqu'à midi ; vers 1 h. le vent remonte au N.-Est, le ciel se charge dans l'Est ; vers 3 h. grains de pluie violente accompagnée de grêle, vent d'Est, b.b. ; vers 5 h. tonnerre, dans le N.-O. le vent souffle avec violence du N.-E., du N., du N.-O., jusqu'à 6 h. 1/2 pluie et vent, éclairs et tonnerre dans le Nord ; vers 7 h. le vent et la pluie cessent, mais le ciel est complètement couvert.
	pluie	pluie	Toute la nuit et toute la journée vent et pluie, vers 8 h. du soir la pluie et le vent cessent ; ciel complètement couvert et menaçant.
rt	couvert	couvert	Ciel couvert toute la journée, vers 3 h. grains de pluie de courte durée.
ouv.	1/2 couv.	pur	Rosée abondante, ciel 1/2 couvert toute la journée, vers 3 h. 1/2 grains de pluie glaciale ; au coucher du soleil le ciel s'éclaircit sauf dans le Nord où il existe de petits nuages ; 7 h. le ciel est pur et reste ainsi toute la nuit.
	1/4 couv.	couvert	Rosée abondante ; vers 10 h., le ciel devient nuageux ; 2 h. ciel couvert complètement ; 4 h. petite pluie de courte durée. le ciel reste brumeux toute la nuit.
ouv.	1/4 couv.	brumeux	Au mat. ciel couvert, se dégageant vers 9 h. ; au couch. du soleil, le ciel côté ouest est brumeux
ouv.	brumeux	pluie	Légère rosée ; dans l'après-midi chihili, vers 5 h. le ciel s'embrume dans le Sud ; 3 h. 1/2 vent et pluie précédée d'un bruit sourd, produit par le vent sur les cailloux du reg du gassi, la pluie tombe jusqu'à 4 h. 1/2, à cette heure magnifique arc-en-ciel double ; après le grain, le vent remonte au N.-Est ; 7 h. pluie jusqu'à 9 h. ; 2 h. du matin averse, ciel couvert et menaçant.
rt	nuageux	3/4 couv.	Ciel couvert, éclaircie vers 11 h. ; 2 h. le ciel se recouvre ; la nuit ciel complètement couvert ; 2 h. 1/2 du matin petite pluie, N.-E. faible.
ouv.	1/2 couv.	1/4 couv.	7 h. ciel se dégage vers 10 h., mais reste nuageux, vent de N.-E. soufflant b.b. ; vers 11 h. le vent tale le Nord souffle avec la même force ; le vent tombe au coucher du soleil ; dans la nuit le ciel se couvre complètement, à plusieurs reprises, gouttes de pluie.
ouv.	1/2 couv.	couvert	Au matin ciel très nuageux se dégageant vers 10 h. ; le ciel se recouvre au coucher du soleil, vers 6 h. gouttes de pluie.
ouv.	3/4 couv.	pur	Au mat. ciel aux 3/4 couv., ne se dégage que vers 4 h. ; à 6 h. le ciel est complèt. dégagé.
	pur	pur	Nuit très belle, ainsi que la journée, petit vent de N.-O, variable, ciel beau.
	pur	pur	Légère rosée, très belle journée, vent d'Ouest très faible.
	N. embr.	pur	Rosée abondante ; vers midi brume dans le Nord ; chihili de 1 h. à 3 h.
	pur	pur	Très belle journée ; au matin légère rosée.
eux	brumeux	brumeux	Légère rosée ; vers 11 h. vent de S.-Ouest, après-midi vent de S.-Ouest très fort, chihili violent, sable soulevé, atmosphère embrumée ; au coucher du soleil le vent diminue de force et souffle faiblement toute la nuit, le baromètre baisse d'une façon sensible.
eux	brumeux	1/4 couv.	Chihili violent à partir de 1 h. jusqu'au coucher du soleil ; à cette heure le ciel se couvre légèrement ; vers 8 h 1/2 grand halo lunaire ; dans la nuit le ciel se couvre complètement, baromètre très bas 739,5 — Nota : Pendant le chihili la boussole est influencée à un tel point que l'aiguille aimantée reste adhérente aux parois de la glace.
ant	pluie	couvert	Ciel couvert, 7 h., gouttes de pluie, le ciel est très chargé ; vers 10 h. pluie abondante jusqu'à 2 h 1/2 ; 3 h. grain violent ; vers 5 h. grain très fort accompagné de pluie ; 10 h. du soir pluie violente, ciel complètement couvert toute la nuit. (Baromètre et vent pendant l'orage : Le baromètre est à 741,8 à midi, 741 à 1 h. vent Ouest fort, 740 à 2 h. 1/2 N.-O. fort, 739 à 3 h. 1/2 N.-N.-O fort, 4 h. 1/2 738, N. fort, 5 h. 1/4 737 N.-N.-E rafales, vers 7 h. 739, le vent souffle de l'Est, mais faible.
rt	couvert	3/4 couv.	Rosée abondante ; vers huit heures brouillard très épais ne permettant de voir qu'à une très petite distance ; à 10 h. 1/2 le brouillard se dissipe, mais le ciel reste couvert ; vers 6 h. le ciel s'éclaircit un peu.
rt	couvert	1/2 couv.	Au matin rosée assez forte, le ciel est couvert, le N.-O. est menaçant ; le ciel se tient dans cet état jusqu'au soir ; 8 h. petites éclaircies.
rt	3/4 couv.	1/4 couv.	Au matin vers 3 h. épais brouillard se résolvant en pluie fine, ne permettant de voir qu'à une très faible distance, se dissipe vers 9 h. 1/2, le ciel reste nuageux ; vers 2 h. gouttes de pluie ; au coucher du soleil le ciel se découvre un petit peu ; vers 8 h. éclairs dans l'Ouest.
uv.	1/4 couv.	1/4 couv.	Très forte rosée, ciel est aux 3/4 couvert, le sud chargé ; vers 10 h. le ciel s'éclaircit, mais reste très nuageux ; vers 8 h. 1/2 du soir petite éclaircie ; le ciel se recouvre complètement pendant la nuit.
rt	3/4 couv.	1/2 couv.	Au matin ciel complètement couvert, petit vent de N.-E. toute la journée ; vers 5 h. le ciel se dégage, et devient assez beau, il existe quelques nuages dans l'Ouest et le Sud-Ouest ; vers 8 h. éclaircie dans le nord, petite pluie vers 11 h. du soir.
uv.	1/4 couv.	»	Légère rosée, ciel assez beau, petits nuages dans le Nord-Ouest et le Sud-Ouest, le baromètre monte rapidement à midi, le ciel est presque pur, sauf dans le Sud-Est où il existe de petits nuages.
	pur	»	Légère rosée petit vent de Sud-Ouest ; dans l'après-midi faible chihili, ciel pur.
	pur	»	Légère rosée faible vent de Sud-Est ; faible chihili dans l'après-midi.

MARS 1894

JOUR	LIEU	THERMOM. CENTIG.				Baromètre réduit à Zéro			VENT		
		à minima	7 h.	12 h.	7 h.	7 h.	12 h.	7 h.	7 h.	12 h.	7 h.
1	5 kil. N. de l'ouad Fahma.	4°6	7°4	17°2	13°	744 5	751 5	749	N. faible	E. variab.	Nul
2	20 kil. S. d'Oumach.	5 8	8	17 6	15 3	747	753 5	755 8	N. faible	E. faible	E. fa
3	6 kil. N. d'Oumach	7	9 8	19 3	0	759	762 5	»	Nul	N.E. faibl.	»

	CIEL		OBSERVATIONS
	12 h.	7 h.	
uv.	1/4 couv.	S. nuag.	Petite rosée ; 7 h. légers cirrus dans le N.-Ouest, vent d'Est variable ; vers midi les nuages deviennent plus nombreux, 4 h. le ciel est 1/2 couvert.
rt	brumeux.	3/4 couv.	Légère rosée, ciel en partie couvert, se dégageant complètement au coucher du soleil, soirée très belle.
	pur	D	Journée très belle, petit vent de N.-E., ciel pur.

XV

SYNONYMIE ARABE LATINE DES PLANTES RENCONTRÉES

Aarfedj, Rhanterium adpressum.
Adjerem, Anabasis articulata (variété).
Alenda, Ephedra alata.
Alenda (petit), Ephedra fragilis.
Arisch, Calligonum comosum. — 3ᵉ forme.
Ascaf, Traganum nudatum. — 2ᵉ forme.
Attassa, Francœuria crispa.
Azal, Calligonum comosum. — 2ᵉ forme.
Baguel, Anabasis articulata (variété).
Belbal, Caroxylon tetragonum.
Betoum, Pistacia terebinthus.
Bettima ou Bothima, Hyoscyamus falezlez.
Bous-el-Begra ou Saâd, Cyperus conglomeratus (var. arenarius).
Chabrek ou Chabreg, Zilla macroptera.
Chaliat, Sysimbrium irio.
Chihh, Artemisia herba alba.
Chorreïka, Fagonia sinaica.
Dhamrane, Traganum nudatum. — 1ʳᵉ forme.
Dhanoune, Phelipæa violacea.
Diss, Ampelodesmos tenax — Imperata cylindrica.
Djedari, Rhus oxyacanthoides.
Djell, Salsola soda.
Drinn, Arthraterum pungens.
Ehébile, Graminée très voisine de l'Arthraterum plumosum.
Ethel, Tamarix articulata.
Ghalga, Dæmia cordata.
Ghessal, Halocnemum fruticosa.
Goulglane, Savignya longistyla.
Gouzzah, Deverra chlorantha.
Guedhom, Salsola vermiculata.

Guedhom-el-Azreg, Randonia africana.
Guetaf, Atriplex halimus.
Habalïa, Morettia canescens.
Had, Cornulaca monacantha.
Halma, Plantago ovata.
Hanna-ed-Djemel, Henophiton deserti.
Harra n° 2, Dyplotaxis Duveyrierana (et plusieurs autres crucifères).
Harta, Calligonum comosum. — 1ʳᵉ forme.
Kellekh, Ferula vesceritana.
Kesdir, Anthyllis cericea.
Khiata, Reseda.
Khreïs (bou), Crotalaria Saharæ.
Lemmad, Andropogon laniger.
Meleïfa, Frankenia pulverulenta.
Merekh, Genista Saharæ.
Metnane, Passerina hirsuta.
Mrokba, Pennisetum dichotomum.
Naâmïa, Mathiola livida.
Neci, Arthraterum floccosum.
Noggued, Astericus graveolens.
Reguig, Fagonia fruticans.
Remeth ou remtz, Caroxylon articulatum.
Rtem, Retama divers.
Saâd ou Bouss-el-Begra, Cyperus conglomeratus (var. arenarius).
Saâdane, Neurada procumbens.
Sarre ou Sogh, Echinops spinosus.
Sbott ou Sbeïtt, Arthraterum pungens (lorsqu'il est tout jeune et vert).
Sedra ou Seder, Zyzyphus lotus (jujubier).
Semhari, Helianthemum sessiliflorum.
Sffar, Arthraterum plumosum ; A. brachyaterum.
Sogh ou Sarre, Echinops spinosus.
Souid, Salsola vera, Suæda vermiculata.
Talha, Acacia tortilis (gommier).
Tamat, Acacia cavenia.
Tarfa, Tamarix gallica et divers autres.
Tarsous, Phelipæa violacea (variété).
Tassekra, Chardon à feuilles panachées de l'erg.
Tatrât, (*non déterminée*).
Tâzia Asphodelus tenuifolius.
Teurfas, Terfezia leonis, et divers — Tuber niveum.
Zita, Limoniastrum guyonianum.

XVI

GLOSSAIRE DES TERMES GÉOGRAPHIQUES ARABES

Adeb. Colline de petite dimension à pentes très douces, généralement rocheuses.

Areg, au sing. **Erg** ; dimin. **Arigat.** Massif de dunes.

Bakhbakha. Terrain spongieux quoique composé de poussières dans lequel les hommes ou les animaux enfoncent de 8 ou 10 centimètres en soulevant des flots de poussière. Ce terrain est généralement composé de poussières de gypse plus ou moins mélangé de matières terreuses en particules extrêmement ténues.

Bâten. Flanc en pente douce d'une montagne, d'une colline, d'un ghourd, d'une chaîne de dunes.

Chaâba, chaâb, châbet. Ravin dans une hamada ou entre des gour ; système de ravins sinueux, tourmentés et très multiples.

Chebka. Réseau de ravins ; pays sillonné de ravins.

Dabdaba. Sol de roche de gypse gris nu et uni.

Daïa, Daya, Dhâya. Petite dépression sans berges où se rendent les eaux de pluie et où l'on trouve presque toujours de la végétation.

Djedar. Vigie de route généralement construite avec des débris de roche.

Draâ. Chaîne de collines et surtout de dunes peu épaisse et assez longue.

Feidj. Trouée ou vallée plus ou moins grande entre des dunes, à sol plan et composé de reg fin et plus généralement de nebka ou sable fin dans lequel on enfonce peu. Les Feidjs ont presque toujours de la végétation.

Gara, plur. **Gour**. Témoin rocheux ou colline isolée à pentes très raides et à sommet généralement tabulaire.

Gassi. Couloir entre des dunes, à sol dur de reg ou de roche. Les gassis n'ont presque jamais de végétation.

Ghedir. Point qui conserve de l'eau plus ou moins longtemps après les pluies, soit que son sol soit de l'argile ou de la roche à petites cuvettes.

Ghourd, plur. **Oghroud** ; dimin. **Gheridat**. Grande dune ; pitons de sable du grand erg.

Gouïret, diminutif de **Gara**. Petit témoin rocheux isolé.

Guelta. Cuvette située dans un lit de rivière qui par sa position, sa profondeur ou la nature de son sol, conserve longtemps l'eau des pluies ou des crues.

Guentra, plur. **Gnater**. Ligne de hauteurs rocheuses entre des dépressions ; collines allongées à sol de roche.

Haïchat. Terrain de sable gypseux (en général), très mamelonné de petites buttes et couvert d'une forte végétation.

Hasba. Gravier, détritus fins de roches non roulés.

Hamada. Plateaux plats ou ondulés à sol de roche ou de détritus de roches.

Harka. Expédition armée ayant pour but le pillage ou la vengeance.

Houdh. Grandes dépressions à sol de reg, en général, et à berges très accentuées ; c'est le nom que l'on emploie pour qualifier les dépressions qui se trouvent dans la région des *Gnater*.

Kef, plur. **Kifane**. Promontoires rocheux, pics, escarpements dont les pentes sont à pic ou très raides.

Khelidj. Se dit d'un lit resserré encaissé dans le lit majeur d'une rivière, mais seulement lorsque ce thalweg mineur est étroit, à berges peu élevées et *couvertes de végétation*.

Maâder. Sol bas couvert de végétation ; estuaire de rivière où s'élargit le lit de l'ouad, généralement sol argileux couvert de végétation et submergé pendant les crues.

Martag. Promontoire, cap, éperon ; ne s'emploie guère que pour les éperons de l'erg.

Medjebed. Chemin de caravanes, composé d'un plus ou moins grand nombre de pistes de chameaux ; route.

Menkeb. Promontoire, cap, éperon, extrémité d'une chaîne ;

ne s'emploie que pour les éperons de l'erg ; à peu près équivalent à *Marfag*.

Mechera. Mare d'eau ; flaque d'eau temporaire laissée par les pluies ou par les crues en un point bas ou dans les lits de rivières.

Nebka. Terrain de sable fin et tassé où les hommes et les animaux enfoncent peu.

Ouar, El-Ouar. Partie de contrée très difficile à la marche ; s'applique surtout à l'erg.

Oudje. Bordure de l'erg ; joue de l'erg.

Redjem. Vigie de route.

Reg. Sol plan composé de graviers ou de petits cailloux roulés, ou de petits débris de roche, dans lequel on n'enfonce point. Il est assez généralement sans végétation.

Safia. Roche de calcaire uni et poli, brillant.

Sahal. Facile ; se dit d'un sol sans difficultés, d'une route, etc.

Sahane. Cuvette de petite dimension avec berges peu accentuées et plus généralement sans berges.

Schefra. Coupure, faille, entaille profonde à bords à pic faite par le passage d'une rivière dans un massif montagneux ; — s'applique à tous les grands ravins à bords à pic se jetant dans la rivière majeure ; s'applique surtout à la crête des berges desdites coupures, failles, etc.

Schouaf. Eclaireurs, sentinelles postées sur un point élevé, gardes chargés de surveiller le terrain.

Sebkha. Bas-fond à sol salé et souvent humide.

Sif, plur. **Siouf**. Lignes sinueuses de dunes basses à arêtes vives qui rejoignent entre eux les grands oghroud. — Rides de sables isolées.

Sil, plur. **Sioul**. Petits lits qui ont coulé dans le thalweg d'une rivière ou sur une hamada.

Sniga, plur. **Snaïg**. Cuvette profonde, chaudron, entonnoir, gouffre ; ne s'emploie avec ce sens que pour désigner les dépressions dans les dunes. Son équivalent littéral est sentier, ruelle.

Sobba. Cascade ; chute d'eau.

Teniet, Tenia, Tsenia. Col, défilé, passage élevé et sinueux franchissant une ligne de crêtes entre des sommets ; s'emploie aussi bien pour l'erg que pour les montagnes.

Tilmas, plur. **Tilmamis**. Point qui conserve les eaux de pluie, non pas à la surface du sol mais à une faible profondeur, sous une légère couche de sable ou de gravier. Les Tilmas sont toujours situés dans les lits de rivières (*Berbère*).

Zeriba, plur. **Zeraïb**. Sorte de gourbi ou de cabane construit avec des perches recouvertes de drinn et servant d'habitation d'été, dans le Sahara, aux nomades (ce sens est celui employé dans le Sahara algérien).

TABLE DES MATIÈRES

		Pages
I.	— De Biskra à El-Goléa et à Hassi El-Hadj-Moussa.	1
II.	— De Hassi El-Hadj-Moussa à Hassi El-Mongar.	15
III.	— De Hassi El-Hadj-Moussa à Timassânine.	44
IV.	— Le Djoua. — L'Erg d'Issaouan.	60
V.	— Le plateau d'Eguélé.	82
VI.	— Le Tassili des Azdjer.	96
VII.	— Retour en Algérie.	146
VIII.	— Les Touareg Azdjer.	198
IX.	— Conclusion.	217
X.	— Puits.	222
XI.	— Altitudes.	228
XII.	— Géologie.	232
XIII.	— Observations astronomiques.	237
XIV.	— Météorologie.	245
XV.	— Synonymie arabe latine des plantes.	272
XVI.	— Glossaire des termes géographiques arabes.	274

POITIERS. — TYPOGRAPHIE OUDIN ET Cie.